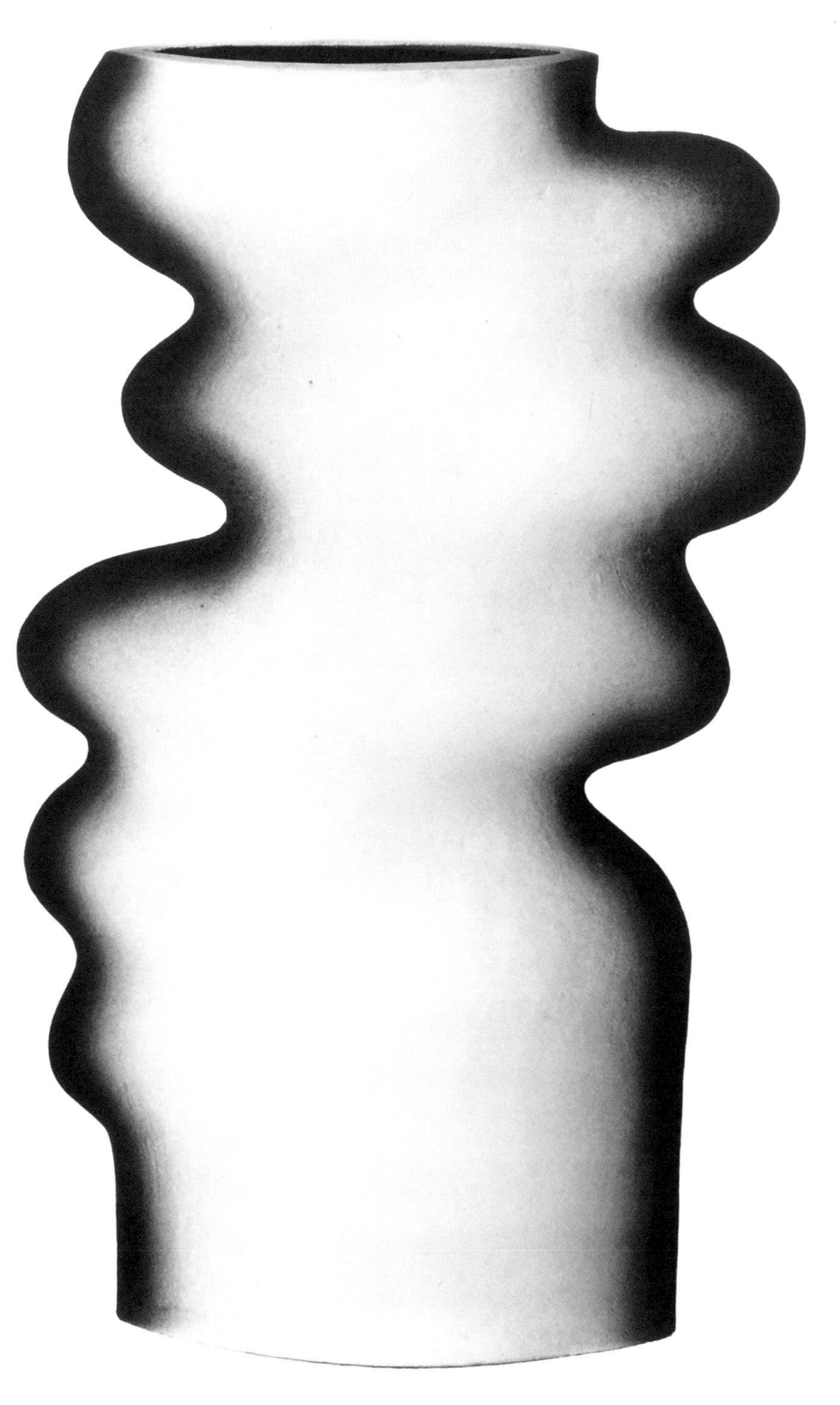

ELISABETH VON KROGH

RETROSPECTIVE PROSPECTIVE

1972 —— 2024

HAUGAR
ART MUSEUM

arnoldsche

2024

PROSPECTIVE

Elisabeth von Krogh har gjennom flere tiår vært en dominerende skikkelse i det norske keramiske feltet. Arbeidene hennes er innkjøpt til en rekke norske samlinger, og også utenfor kunstfeltet er kunstnerskapet godt kjent. Utstillingen på Haugar kunstmuseum er likevel den første store separatutstillingen i en museal kontekst, og det er av den grunn at det har vært viktig for oss å vise arbeider fra hvert tiår av karrieren.

Det er vanskelig å beskrive von Krogh sine arbeider uten å ty til det som ofte defineres som floskler. For hvordan kommunisere ut at noe samtidig er morsomt og fargerikt, seriøst og komplekst. Konklusjonen er at det er dualiteten i arbeidene som er styrken, og adjektivet lekent, som for øvrig både er en nyttig og sivilisert del av det å være menneske, får en ny dimensjon i hennes verden. Leken er et av de få stedene hvor, i likhet med keramikken, både kroppen og hodet får utfordret seg samtidig.

Vi har valgt å la denne boken starte i nåtiden og bevege seg bakover, på samme måte som vi har gjort det i utstillingen. Det er en måte å signalisere at kunstnerskapet er i bevegelse fortsatt, og samtidig en mulighet for å fortelle historien om hvordan formene har utviklet seg. Det var dessuten viktig for oss å ha med utstillingsdokumentasjon i boken, og formatet ga seg dermed nokså av seg selv.

Alle bøker er et samarbeid, og denne gangen er både bokdesign og utstillingsdesign gjennomført av Anette L'orange. Det er et gjennomarbeidet prosjekt hvor alle detaljer er viktige. Elisabeth von Krogh har viet oss stor tillit i dette, og vi hadde ikke kunnet gjøre det uten. Tusen takk også til Nordenfjeldske kunstindustrimuseum, Nasjonalmuseet, Fritt Ord og alle private innlån til denne utstillingen.

Velkommen til en magisk verden.

Ida Bringedal
Kurator for utstillingen
Direktør Haugar kunstmuseum

Elisabeth von Krogh has been a prominent figure in the field of ceramics in Norway for several decades. Her works have been acquired by numerous Norwegian collections, and her artistic oeuvre is well known even beyond the art world. The exhibition at Haugar Art Museum, Tønsberg, marks her first major solo exhibition in a museum setting, making it crucial for us to present works from each decade of her career.

Describing von Krogh's works without resorting to what are often deemed clichés is challenging. How does one articulate that something is simultaneously playful and colourful yet serious and complex? The works' duality is their strength, and the term 'playful' – referring to a beneficial and civilised aspect of humanity – assumes a new dimension in her realm. Play, akin to ceramics, is one of the few arenas where both the body and mind are simultaneously challenged.

We have chosen to commence this book in the present and then journey backwards, mirroring the layout of the exhibition. This approach not only signals the way that von Krogh's art is still evolving but it also provides an opportunity to narrate the story of the progression of forms. The inclusion of exhibition documentation in the book was paramount and has determined the layout.

Books are collaborative endeavours. This time, both book and exhibition design were executed by Anette L'orange. It is a meticulously crafted project, and every detail holds significance. Elisabeth von Krogh has granted us an immense level of trust for this project, and we could not have accomplished it without her support. We extend our heartfelt gratitude to Nordenfjeldske Kunstindustrimuseum (National Museum of Decorative Arts and Design) in Trondheim, Nasjonalmuseet for Kunst, Arkitektur og Design (The National Museum of Art, Architecture and Design), Oslo, Fritt Ord (The Fritt Ord Foundation), Oslo, and all private contributors to this exhibition.

Welcome to a magical world.

Ida Bringedal
Curator of the exhibition
Director of Haugar Art Museum, Tønsberg

Elisabeth von Krogh in her studio on
Nøtterøy, Norway, where she has been
a resident for the last 40 years.

Elisabeth von Krogh employs a variety
of techniques — turning clay on the
potter's wheel, modelling with clay
clumps, assembling turned parts,
processing flattened clay sheets
in plaster moulds — and she often
combines different methods in a
single work.

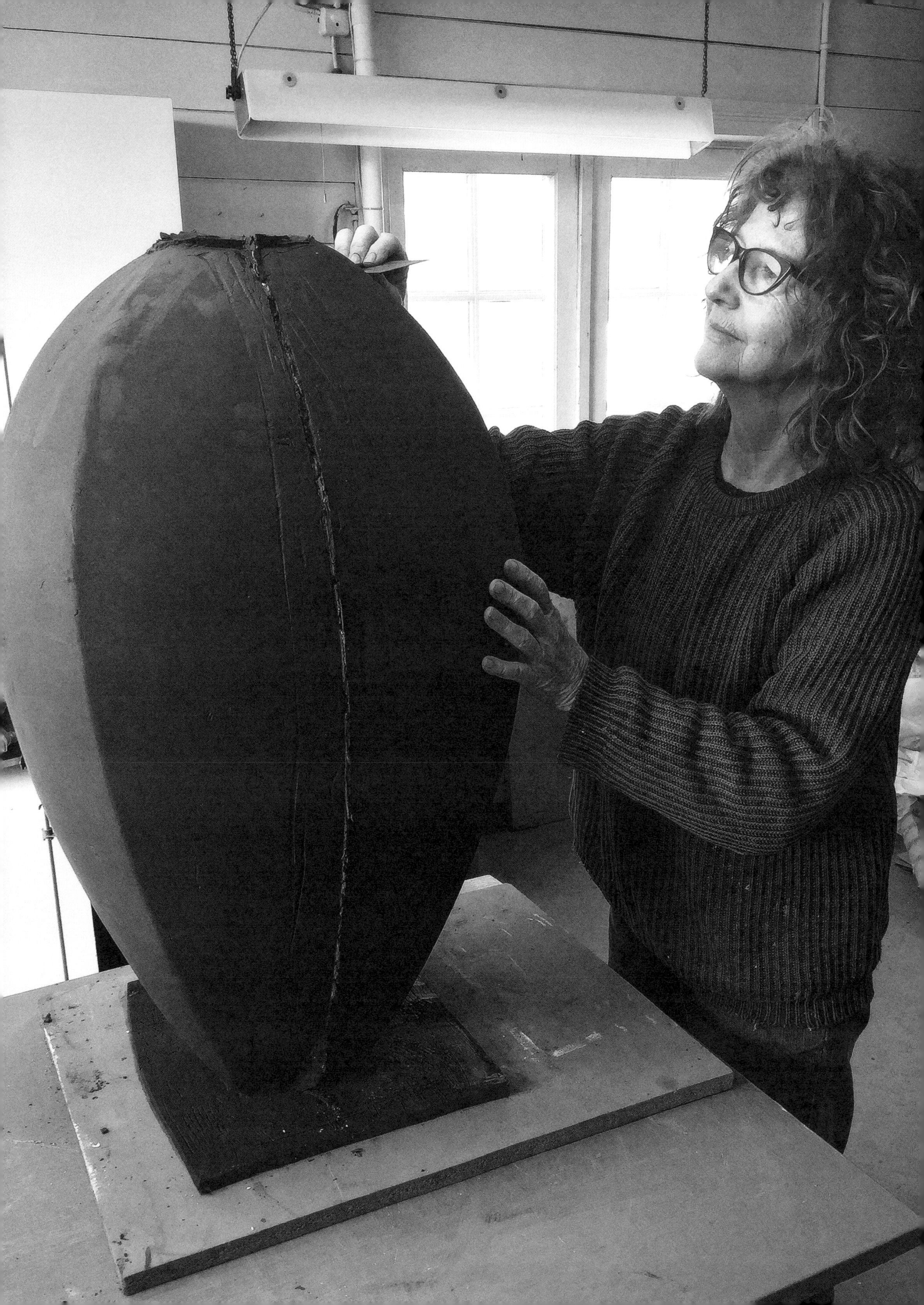

WHEN FORM MEETS THE WORLD

Curator Ida Bringedal

NÅR FORMEN MØTER VERDEN

Elisabeth von Krogh ble født 31. mars 1947 i Bergen, og har fortsatt beholdt dialekten. Hun har den klassiske utdannelsen for keramikere i Norge, nemlig fra Statens håndverks- og kunstindustriskole i Oslo, og startet, som mange kunstnere av hennes generasjon, med opprør. Arbeidet for kunstnernes vilkår og levekår ble viktig og personlig, så vel som det å ta vare på den ene planeten vi bor på.

Men det skulle heller ikke gå lang tid før abstraksjon og form ble motoren i utviklingen fremover, og von Krogh begynte å interessere seg for det å undersøke helt egne uttrykk i keramikken. Mye av det teoretiske innholdet hun har befattet seg med i sitt arbeid er, som jeg vil komme inn på senere, kanskje mer diskutert blant malere. Den tekniske kompetansen hun samtidig har opparbeidet seg gjennom kunstnerskapet har gjort at von Krogh kan «bygge» keramikk slik hun ønsker. Kunstnerskapet er med andre ord mangefasettert og omfattende.

I utstillingen *Innviklinger* på Kunstnerforbundet i 2022 ble det tydelig at Elisabeth von Krogh igjen hadde fornyet seg. Presentasjonen i forbundets første etasje ga preg av å være et overskuddsprosjekt, og følelsen av energi inn i prosjektet gjorde at det var vanskelig å si hvor i karrieren kunstneren var. Det kunne ved første blikk godt ha vært snakk om et yngre talent i det materialbaserte feltet som utfoldet seg. Ved nærmere ettersyn måtte det være en rutinert kunstner.

Det er ikke alle keramikere som er like gode teknisk. Det er dog helt i orden, for verkene blir det de skal bli for den enkelte. For von Krogh sin del er det ikke mulig å skille det tekniske og verkenes uttrykk fra hverandre – de er ett. Det er fristende å kalle henne perfeksjonist, og jeg ønsker å gjøre det i beste hensikt, for kunnskapen til den ambisiøse perfeksjonisten er i ferd med å bli skjøvet litt bort fra sentrum i mange anliggender om dagen. Tendensen til at dette med kunnskap ikke blir en del av argumentet synes i mye i samfunnet, og målbare resultater settes uten at fagmennesket blir lyttet til Det er den tekniske og faktiske kunnen som blir bortforklart med

Elisabeth von Krogh was born on 31 March 1947 in Bergen, and she still retains her native dialect. She received the traditional education in ceramics from the National College of Art and Design in Oslo. Like many artists of her generation, her career began with rebellion. Advocating for the improved rights and living conditions of artists has been a significant part of both her personal and professional life, along with a deep commitment to taking care of our only planet.

However, abstraction and form soon became the main driving forces in von Krogh's artistic work, and she began exploring her own unique expressions in the field of ceramics. A significant portion of the theoretical aspects she has incorporated into her work—which I will elaborate on below—are topics that are more often debated within the field of painting. Throughout her artistic career, von Krogh has continued to hone technical skills that have enabled her to craft ceramics in her desired manner. In other words, her artistic practice is both multifaceted and comprehensive.

In 2022, the exhibition *Innviklinger* (Entanglements) at Kunstnerforbundet demonstrated that Elisabeth von Krogh had reinvented herself yet again. The presentation of works on the first floor seemed to be an abundant project, brimming with energy. This intensity made pinpointing the exact stage of the artist's career challenging. At a cursory glance, one might initially see the works as those of a budding talent in the material-based field. However, upon closer examination, they were unmistakably the works of an experienced artist.

Not all ceramicists possess the same level of technical skill. Of course, this is completely fine, as each artist's work evolves to reflect their unique expression. In von Krogh's case, it is impossible to disentangle the technical aspects from the artistic expression—they are intrinsically linked. It is tempting to label her a perfectionist, and I do so with the very best intentions, as the expertise of such ambitious perfectionists seems to be increasingly sidelined in many contemporary discussions. This tendency reflects a broader societal inclination to prioritise measurable outcomes without heed to professional input. Technical and factual

floskler, og von Krogh demonstrerer hva man kan oppnå ved å knytte kunnskap om prosess og et resultat sammen.

For det tekniske og perfeksjonerte uttrykket hennes er alt annet enn dødt. Verkene er kontrollerte, balanserte og nøyaktige, og alltid like levende. Jeg synes dette er spesielt synlig i arbeidene etter 2000, hvor kompleksiteten i formene og det tekniske som kreves for å lage dem går sammen. Tar man for eksempel arbeidet *Søyle 2* fra 2019 nærmere i betraktning, er det i utgangspunktet å beskrive som en søyle i sort og hvitt. Arbeidet er 126 cm høyt, og er dermed som et keramisk objekt å regne som relativt stort.

Avslutningen på toppen av søylen med buede former som går i hverandre er veldig stilistisk gjort, med søylepølser som klatrer oppover søylens øverste del. Ser man etter er den øverste delen av søylen en egen form som hadde kunnet fungere alene. Det samme gjelder for den nederste delen av søylen. For eksempel har denne et møte med gulvet i en form som står i kontrast til den litt rigide søylen, og tilpasser den. Sammenligner man *Søyle 1* og *Søyle 2* ser man at komposisjonen av de sorte strekene på formene er ulike, og at de ikke ville ha fungert like bra dersom de hadde byttet topp. Streken går igjen i formen og utfordrer den gjennom samtidig å gjenta noe av bevegelsene i avslutningen, men på en langt mer rigid måte. Å addere elementer er krevende fordi komposisjonene da blir mer komplekse, og ikke minst er det krevende i keramikk, hvor tyngdekraften gjør seg gjeldene. Skulpturene må faktisk kunne bære seg selv til slutt. Betrakteren kan se og se, og vil stadig oppdage noe nytt.

Iblant videreføres elementer i et annet verk; sorte streker brukt på kanter eller som striper på et arbeid, enten som markering av formen eller som dekor, kan gå videre til andre og nye objekter. Iblant er det selve den keramiske formen som gjentas. Heldigvis verken kan eller skal arbeidene til Elisabeth von Krogh masseproduseres. Kunstneren benytter seg både av dreieskiven, modellerer med leirpølser, setter sammen dreide deler, bearbeider

competencies are often dismissed with clichés, yet von Krogh exemplifies the achievements possible when knowledge of the process and the end result are seamlessly integrated.

Her technical prowess and perfected expression are far from lifeless. The works are controlled, well-balanced, and precise, always exuding vibrancy. This is particularly noticeable in her works post-2000, where the intricacy of the forms and the technical expertise required to create them intersect. One example is *Søyle 2* (Column 2) from 2019. At a cursory glance, it can be described as a black-and-white column. Measuring 126 centimetres in height, it is relatively large for a ceramic piece. The culmination at the top of the column features interweaving curved shapes executed with great stylistic finesse as well as elements resembling tubular cylinders ascending the upper part of the column. Upon closer examination, the top part emerges as a distinct form that could stand alone. The same applies to the bottom part of the column, which meets the floor in a shape that contrasts with the somewhat rigid form, thereby altering its appearance. When comparing *Søyle 1* and *Søyle 2*, one notices that the composition of the black lines on the forms differs, and swapping their tops would not have yielded the same effect. The line recurs in the form, challenging it by echoing some of its movements in the finish, albeit in a more rigid manner. Adding elements is always challenging, as it renders the compositions more complex, which is especially demanding in ceramics, where gravity is a significant factor – the sculptures must ultimately be self-supporting. The viewer that keeps looking will continually discover something new.

Occasionally, an element from one work is incorporated into another; black lines that trace the edges, or stripes that serve either to mark the form or to decorate it are sometimes transferred to other, new objects. At times, it is the ceramic form itself that is repeated. Thankfully, Elisabeth von Krogh's works are such that they cannot and should not be mass-produced. She employs a variety of techniques – turning clay on the potter's wheel, modelling with clay clumps, assembling turned parts, processing flattened clay sheets in plaster moulds – and she often combines different methods in a single work. This results in each piece being unique. She never replicates a sculpture but continuously

utkjevlete leirplater i gipsformer eller kombinerer ulike teknikker i et verk. Dette gjør hvert enkelt arbeid unikt. Hun kopierer aldri en skulptur, men fortsetter stadig videre i søken etter nye uttrykk gjennom at noe hver gang er endret. Fordi hun fortsetter den kontinuerlige prosessen fortsetter hun også å prege nye generasjoner, og det er blant annet denne viljen til å eksperimentere som jeg mener gjør dette til det unike kunstnerskapet det er. Det krever utholdenhet og disiplin å gå bort fra noe som vekker begeistring.

Når formen møter verden

Selv om keramikken i dag oppleves relevant og får en stadig større plass i samtidskunsten, har keramikk historisk sett i stor grad blitt ekskludert fra de store samtalene om kunst. Opp gjennom årene er det som kjent maleriet som har regjert billedkunsten, og det er på flere måter interessant å trekke paralleller til nettopp maleriet som kunstform når det handler om Elisabeth von Krogh. En keramiker må forholde seg til rommet på en annen måte enn en maler gjør, rett og slett fordi keramikken ikke er todimensjonal. Mens maleren finner løsninger på montering i det hun står i rommet, må keramikeren i større grad ha tenkt på hvordan keramikken fungerer i det den lages. Møtet mellom keramikken som form og gulvet, sokkelen eller veggen er essensiell for hvordan keramikken oppleves. Du kan selvsagt montere et keramisk objekt på en hylle på vegg, slik også von Krogh ofte gjør, men det er vanskelig ikke å forholde seg til tyngdekraften.

Av den grunn ser man keramikken som en del av verden og, til forskjell fra maleriet, ikke bare som en verden i seg selv. Maleriet trer man inn i innenfor rammen av dens overflate, keramikken står i forhold til det som er rundt objektet. Det er heller ikke monteringen av maleriet som er kriteriet for maleriets kvalitet, men innholdet i det. Keramikken vil man vurdere ulikt ut fra hvor den plasseres og på hvilken måte. Trolig også fordi keramikk assosieres med bruk og er velkjent for oss i hjemmet, vil et keramisk kunstverk oftere relateres til et hverdagsobjekt og ikke nødvendigvis i utgangspunktet som et kunstverk.

seeks new expressions by always altering something. These continuously evolving processes not only are inspiring for new generations of artists but also illustrate von Krogh's willingness to experiment, aspects that I believe make her approach to art quite unique. It takes dedication and discipline to move on from something that generates enthusiasm.

When the form meets the world

Today, ceramics has gained relevance, and it is increasingly acknowledged as an art form that occupies more and more space in the contemporary art scene, although historically it has been largely excluded from the major art discussions. Over the years, painting has held the highest position in the realm of visual arts. It is intriguing to draw parallels between the discipline of painting and the work of Elisabeth von Krogh. A ceramicist interacts with space differently from a painter, primarily because a ceramic object is three-dimensional. A painter finds solutions for installing their work in situ, whereas a ceramicist must contemplate how the work will function in space during its creation. The interaction between the ceramic form and the environment – the floor, the pedestal, or the wall – is crucial to the experience of the work. Although a ceramic object can certainly be mounted on a wall shelf, as von Krogh often does, it is challenging to disregard the influence of gravity. Hence, a ceramic piece is perceived as an integral part of the world, in contrast to a painting, which is like a self-contained universe. One immerses oneself in a painting within the confines of its surface, whereas the ceramic object positions itself within its surroundings. The quality of a painting is determined not by its installation but rather by its inherent content.

Ceramic pieces will be perceived differently according to placement and position. Given that ceramic pieces are commonly functional objects and are familiar items in our homes, they are often associated with everyday objects. Consequently, they may not initially be recognised as works of art.

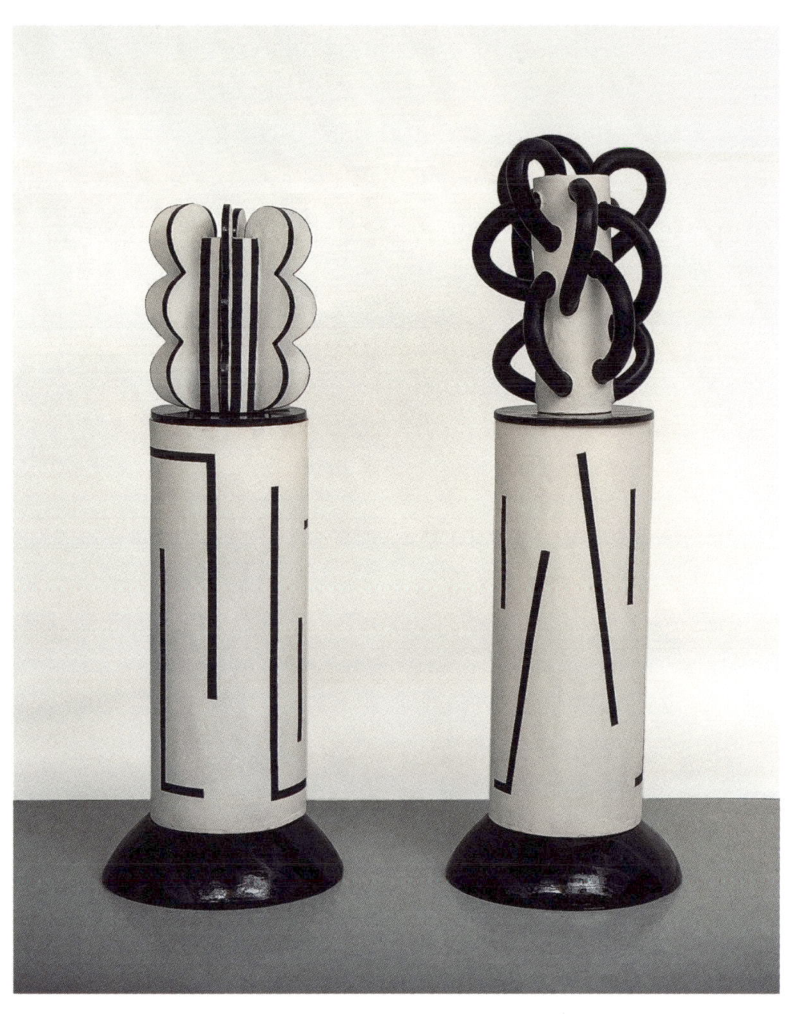

1.

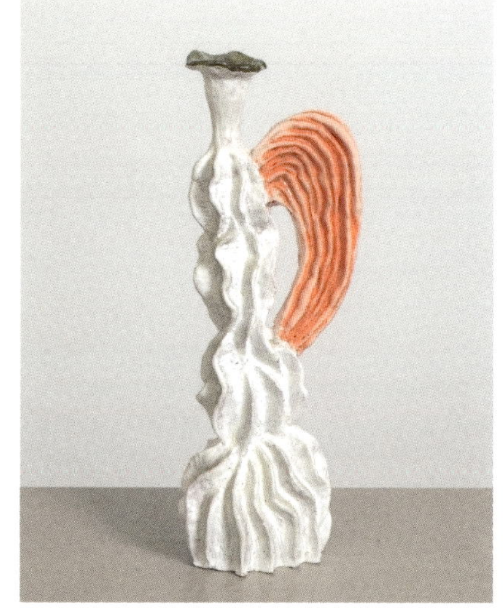

2.

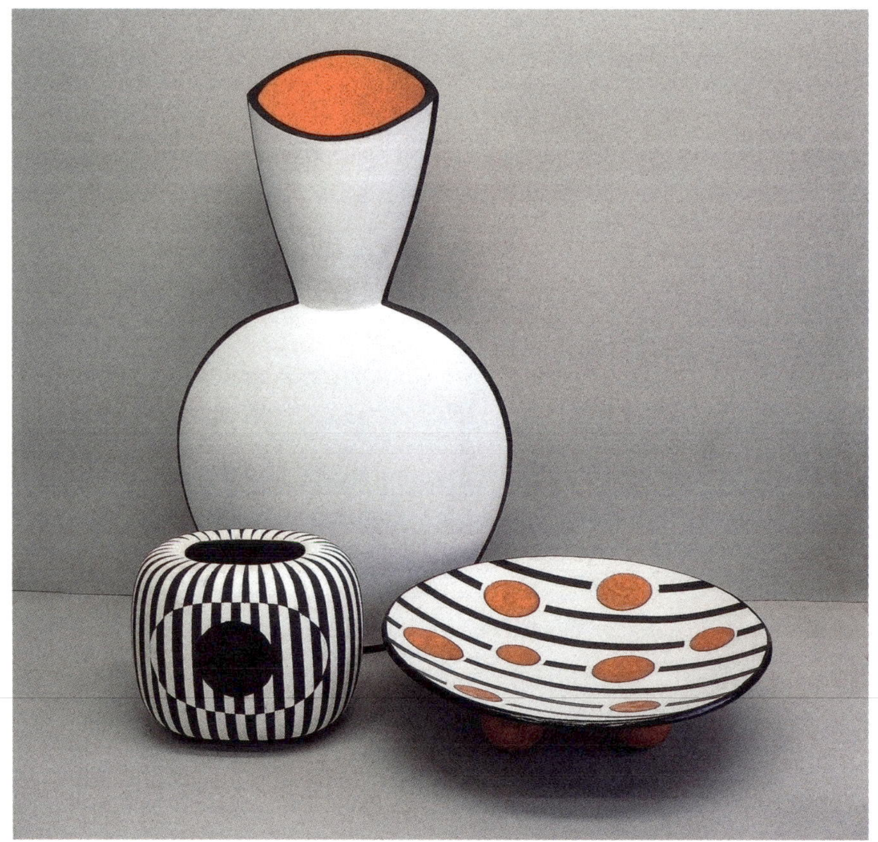

3.

1. *Søyle 1 and 2, 2019*
2. *Lysestake med vinge, 1988*
3. *Untitled, 2008*

Dette er Elisabeth von Krogh bevisst, og møtene mellom verkene og verden er velformulerte. Kunstneren leker seg med de ulike forventningene vi har til hvordan keramikken hennes forholder seg til verden rundt seg og lager møtepunkter som er runde, spisse, rette eller flate ut fra objektets form. En ting er objektene som er laget for å stå på bord eller sokler, som klassiske boller, skåler eller lysestaker, men parallelt lager hun også verk basert på konstruerte former uten bruksverdi eller gjenkjennelseseffekt.

Å jobbe i leire krever en kunnskap, og denne kunnskapen må være inngående dersom du samtidig skal eksperimentere med uttrykket. Når en keramiker arbeider med en enklere form, som en gjenkjennbar bolle, kan det være en mindre krevende prosess dersom hun ikke stadig eksperimenterer med bollens form. Elisabeth von Krogh utvikler imidlertid stadig formene sine videre, og hun har i korte perioder vært innom mange forskjellige uttrykk og avtrykk. Med bollen som eksempel har denne hos von Krogh gått fra å være tradisjonelt utformet med et motiv i midten, via en reise gjennom femkantede, firkantede og båtformede tilstander, hatt kuler og dråper i møte med bordet og endt opp som en abstrahert og mer lukket form. Formenes møter med verden er med andre ord en del av formen.

Tredimensjonalitet og todimensjonalitet — å forskyve perspektivet

Det er i likevel i krukkene at de kanskje viktigste eksperimentene skjedde for Elisabeth von Krogh sin del. Da hun i 1998 ble gitt oppdraget med å lage krukker til Oslo lufthavn er det tydelig hva som har skjedd: krukkene har vokst i størrelse og dramatisk endret seg i form. Fra å ha lekt seg med perspektiver som inne i, nede i og rundt, gjennom ulike faser i kunstnerskapet, blir det nå selve krukken som gjør en perspektivendring. Den velkjente krukkeformen blir blåst opp og trykket sammen, halsen skjæres skrått slik at vi ser krukken både rett forfra og ovenfra på samme tid som i et kubistisk maleri, og den flate krukken oppstår.

Elisabeth von Krogh is acutely aware of her works' interactions with their surroundings, and these encounters are always eloquently crafted. She playfully navigates our preconceived expectations of how ceramics engage with their environment, creating points of interaction that are round, sharp, straight, or flat, depending on the form of the object. She creates objects that are intended to be placed on tables or shelves, such as traditional bowls, dishes, or candlesticks. However, she also produces works based on abstract forms that do not serve a functional purpose, and even pieces that may be challenging to identify.

Working with clay requires skill, and this skill must be comprehensive if you are to experiment with expression. When a ceramicist works with a simpler form, like a recognisable bowl, it can be a less demanding process if she chooses not to continually experiment with its shape. However, Elisabeth von Krogh always develops her forms further, exploring various expressions and shapes. Taking the bowl as an example, von Krogh's works have evolved from the traditional, motif-in-centre design. They have journeyed through pentagonal, square, and boat-shaped forms to having designs where small balls and drop shapes make contact with the table, ultimately ending up as an abstracted and more closed form. In other words, the ways the forms interact with the world are part of the form itself.

Three-dimensionality and two-dimensionality: Alternating perspectives

It is perhaps through her work with the vessels that Elisabeth von Krogh has undertaken the most significant experiments. In 1998 she was commissioned to create a work at Oslo Airport, and here it became evident what had happened: her vessels had grown in size and dramatically changed in shape. From having played with perspectives such as inside, below, and around throughout various phases of her artistic career, it is now the vessel itself that shifts its perspective. The familiar vessel shape is now enlarged and compressed. The neck is cut diagonally so that we see it from the front and from above simultaneously, like in a Cubist painting, and the flat vessel emerges.

På avstand kan den synes å være like flat som i et maleri, og etter hvert gjør ulike farger, striper og ruter til at nettopp denne perspektivfølelsen forsterkes. En kan få en fornemmelse av at krukken bryter med sitt eget materiale, og kanskje tyngdekraften selv.

Og her er jeg ved noe av essensen i spørsmålet om hvordan von Kroghs arbeider relaterer til maleriet. Et maleri er i utgangspunktet avgrenset i sitt møte med omverdenen, veggen eller betrakteren, fordi det ikke er annet enn et maleri, altså maling på et underlag, iblant med en ramme rundt seg. Derfor jobber maleren med perspektiver i bildet, med flater og former som møtes, og slik skapes illusjonen av noe mer, eller en egen virkelighet i dette flate. Ettersom maleren, svært enkelt forklart, gjennom kunsthistorien endret målsetningen om å avbilde verden i maleriet, og så heller konsentrerte seg om maleriets andre muligheter, ble ikke veien så lang til å dekonstruere selve maleriet. Da kunne man heller arbeide med eksempelvis perspektivene i selve utstillingsrommet, altså hvordan gjøre maleriet til et tredimensjonalt objekt i seg selv.

Maleriet har blitt behandlet som et tema av kunstnere og i kunstfeltet over lang tid, og det er en samtale som er langt fra ferdig og sikkert vil pågå så lenge kunsten eksisterer. Med jevne mellomrom har samtalen dreiet inn mot påstander om maleriets død, at mediet har utspilt sin rolle og ikke lenger bør eksistere. Men maleriet har en tendens til å fortsette å eksistere, og ikke nok med det – til å tiltrekke seg en tilsynelatende uendelig mengde oppmerksomhet. Maleriet forblir ballets midtpunkt, uansett hvilken type maleri det er snakk om.

Keramikken har derimot en helt annen og divergerende rolle. Det er lett å forestille seg at det kan handle om kjønn, altså at det i utgangspunktet var kvinner og ikke menn som jobbet frem keramikken som kunstnerisk felt. Keramikken fortsetter samtidig å fungere i all sin prakt i de tusen hjem, og det har fortsatt et faglig oppsving i kunstfeltet. Det finnes svært mange måter å jobbe med keramikk på. Norges første professor i keramikk, Arne Aase, bruker for eksempel keramikken

From a distance, it may seem as flat as a painting, with various colours, stripes, and squares further enhancing this sense of perspective. It is almost as if the vessel transcends its own material, and perhaps even defies gravity itself.

And this is where I arrive at the crux of the question regarding how von Krogh's works correspond to painting. The painting is fundamentally limited in its interaction with the external world, the wall, or the observer, because it is nothing more than a painting – paint applied to a surface and occasionally framed. Consequently, the painter manipulates perspectives within the image, orchestrating the meeting of surfaces and shapes, thereby conjuring an illusion of depth or a unique reality within the two-dimensional plane. As painters throughout history shifted their objectives from figurative representation of the world to exploring the potentials of the medium, the deconstruction of the painting itself was a natural progression. This gave new opportunities for working with, for instance, perspectives within the exhibition space, transforming the painting into a three-dimensional object in its own right.

The painterly medium has long been a central theme for artists and within the realm of art. This dialogue, far from being exhausted, will undoubtedly persist as long as art itself does. At times, the discourse has veered towards declarations of painting's demise, asserting that the medium has lost its relevance and should cease to exist. However, it appears that painting has a tendency of resurging, even thriving, also after its alleged 'death', and it seems to hold an enduring allure. Regardless of its form, painting remains the star of the ball.

On the other hand, ceramics assumes a distinct and divergent role. It is plausible that its development as an artistic field is intricately linked to gender, as it was initially spearheaded by women rather than men. Ceramics continues to serve its purpose magnificently in countless homes, and the field has earned a significant professional revival in the art sphere in recent years. The medium of ceramics offers a multitude of creative approaches. For instance, Arne Aase, Norway's first professor of ceramics, employs it as his canvas. In my view, painting's particularly high esteem can be attributed to its marketability – its ease of transport and

som lerret. Selv mener jeg at maleri-
et har vunnet frem som medium på
grunn av sin omsettelighet – at det er
enklere å frakte og distribuere – og
at de kapitalistiske kreftene avgjør.
Uansett er de del av et etter hvert mer
og mer samlet felt.

Det interessante som binder de to
sammen, keramikken og maleriet, er at
de fra tid til annen også utforsker hver-
andre. Maleriet interesserer seg også
for taktilitet, men her kan det vanskelig
matche keramikken, mens også kera-
mikken oppsøker den optiske illusjonen
maleriet fra tidlig av perfeksjonerte.
Elisabeth von Krogh er en av få kerami-
kere som har gjort denne dikotomien til
sitt livsprosjekt. For i hennes arbeider er
ikke bare perfeksjonen noe som ligger i
håndverket, det svever i illusjonen.

Gjennom stadig å utvikle formen mot
en todimensjonalitet forskyver hun
perspektivet til oss som betraktere av
det keramiske objektet, og også i det
keramiske feltet. Ved å påstå gjennom
form skaper hun en tydelighet, og det
flate blir ikke noe man tyr til for å
beskrive, men for å forklare. Forskjel-
len ligger altså i at objektet selv endrer
utseende, ikke bare overflaten på det.
Og Elisabeth von Krogh går systematisk
til verks: hun undersøker flate former,
påmalte kanter, størrelsesforhold og
rommet mellom formene. Iblant er
objektene laget for å skape interessante
rom og samtaler mellom seg, iblant er
de laget for å fungere helt alene. Enkelte
ganger har de en bakside med et nytt og
annerledes perspektiv, andre ganger er
de laget uten at baksiden har betydning
for objektet i det hele tatt.

Å forskyve perspektivet i keramikken er
en krevende øvelse, og den som ønsker
å lage keramiske objekter som illusjoner
av en flate må forstå keramikk og per-
feksjonere balansen i materialene, hvis
ikke kan verkene ganske enkelt velte.
Det er igjen den allestedsnærværende
tyngdekraften som keramikeren er
tvunget til å forholde seg til. At enkelte
av objektene dessuten er veldig store
gjør dette arbeidet og utviklingen av
disse formene desto mer spennende; det
er på samme tid veldig forståelig og helt
umulig, og igjen en lekende dualitet i
kropp og tanke.

distribution – and the forces inherent in capitalist logic play
a decisive role in this scenario. Nevertheless, they are both
part of an increasingly cohesive field of art.

The fascinating aspect that also links the two fields is their
occasional reciprocal exploration. Painting also delves into
the realm of tactility, yet it struggles to rival the tangible
nature of ceramics. Conversely, ceramics ventures into the
domain of optical illusion, a technique that painting has
mastered since its inception. Elisabeth von Krogh is one
of the few ceramicists who have dedicated their life's work
to this dichotomy. In her work, perfection is not merely a
testament to her craftsmanship but also an ethereal quality
that pervades the illusions she conjures.

Elisabeth von Krogh continually develops the two-
dimensional qualities of form, altering the observer's
viewpoint of the ceramic object and the perspectives
within the ceramic field itself. She uses form to make
clear statements, transforming flatness from a mere
descriptive tool into an explanatory one. The distinction
lies in the transformation of the object itself, not merely
its surface. Elisabeth von Krogh approaches the work
systematically: she scrutinises flat forms, painted edges,
proportions, and the spaces in-between. Sometimes, her
objects are designed to generate intriguing spaces and
dialogues among themselves; at other times, they are
crafted to stand independently. Occasionally, they present
a novel and distinct perspective from the rear, while in
other instances the reverse side holds no relevance to
the object at all.

Altering perspectives in ceramics is a challenging task.
To create ceramic objects that give the illusion of flatness, it
is necessary to have a profound understanding of ceramics
and master the balance in the materials. Otherwise, the
pieces will simply fall over. The ceramicist is constantly
grappling with the ever-present force of gravity. The fact
that some of the objects are considerably large makes
the work involved in creating them and the evolution
of these forms even more thrilling. It is simultaneously
understandable and utterly impossible, creating a playful
duality between body and mind.

Det er ikke til å skyve under en stol at Elisabeth von Kroghs kunstnerskap har vært preget av et unikt og nært samarbeid med ektemannen, Tore Aarholt. Han er maler og grafiker, og en kunstner som hele tiden beveger grenser i bildene sine. De har også laget en rekke utstillinger sammen. Hvem som påvirker hvem i prosessen er ikke risset i stein, men at de påvirker hverandre er enkelt å få øye på.

Når de to kunstnerskapene møter hverandre i en utstilling, er forbindelsen mellom dem slående. Aarholt jobber med geometriske, organiske og optiske former som han plasserer rundt i bilder for å skape en helhet. Han er dempet i koloritt, ikke redd for å bruke den, men da kun punktvis og begrenset innenfor rammer og former, og har et tydelig slektskap med Elisabeth von Krogh i formsans, utforskning og nettopp – kontroll. Bildene hans kan raskt se ut som «noe som ligner på noe annet», kanskje tegn eller koder eller signaler. Enkelte av Aarholts collager er faktisk utskjæret form som henger på vegg, ikke ulik von Kroghs tydelige former, og det er gjenkjennelighet i fargefelt og former og for eksempel bruk av sort som kontrast og innramming av objekter. Der han bruker små sirkler i sine collager, lager hun keramiske kuler i samme størrelse i sine keramiske objekter. Når hun gjennom sin flate vase setter fokus på deler og elementer som like gjerne kunne vært todimensjonale, går disse delene og elementene igjen i hans collage. Jeg føler at det gjenkjennelige mellom dem er det tegneserieaktige og nærmest karikerte, som svarte felt langs alle kantene av et arbeid for å understreke. Det finnes en sammenfallende lekenhet i de to kunstnerskapene, men uten at det blir morsomt. Det er alvor i materialene.

Kanskje er det nettopp slike samarbeid som kan vise veien videre for det materialbaserte feltet, og gi grobunn for utdypede diskusjoner rundt kunnskap om håndverk i om det måtte være maleri eller keramikk. Det eneste jeg vet er at feltet i fremtiden vil utvides uansett terminologi – for kunnskap om håndverk vil garantert få gjenvunnet respekt når vi erfarer hva som skjer når slik kunnskap forsvinner.

There is no denying that aspects of Elisabeth von Krogh's artistic practice have been marked by the distinctive and close partnership with her husband, Tore Aarholt. As a painter and a graphic artist, he ceaselessly pushes boundaries in his artworks. Together, they have curated numerous exhibitions. The exact dynamics of their influence on each other in this creative process are not explicitly defined, yet it is evident that they mutually inspire each other.

When works by Tore Aarholt and Elisabeth von Krogh are juxtaposed, the links between them become remarkably evident. Aarholt works with geometric, organic, and optical forms that he positions within his images to create cohesive compositions. His palette is subdued; he is not hesitant to use colour but does so selectively and within specific frames and shapes. He shares a distinct affinity with Elisabeth von Krogh in terms of form, perception, exploration, and precision. His images may in an instant give the impression of being 'something referencing something else', perhaps symbols, codes, or signals. Some of Aarholt's collages are in fact cut-out shapes affixed to the wall, bearing a resemblance to von Krogh's distinctive shapes. There is also a commonality in the use of colour and forms, for example the use of black as a contrasting element and a means to frame objects. Aarholt creates small circles in his collages, while von Krogh crafts similarly sized ceramic balls in her works. Von Krogh highlights the flat, almost two-dimensional elements of her vases, and analogous elements reappear in his collages. I perceive a distinct similarity between them in the comic-strip style and other almost exaggerated elements, such as the black fields tracing the edges of a piece, serving to accentuate them. There is a shared playfulness in their artistic practices, yet neither cross into the realm of humour. There is a sense of seriousness inherent in the materials they use.

It may well be that collaborations such as this will be the very catalysts that propel the material-based field forward, laying the groundwork for comprehensive discussions about skill and craftsmanship, painting, and ceramics. One thing I am certain of is that the field will continue to expand in the future, regardless of the terminology used. The value of and respect for skilled

Og det er absolutt en av grunnene til at
det har vært viktig å lage utstillingen.
Ser man på presentasjonen av kunst-
nerskap i museene gjennom tidene er
det helt tydelig at det bør tas grep.   Så
hva betyr det egentlig å være kvinne og
ta plass? Det er muligens som en floskel
å regne å ville skrive om dette i det
likestilte 2024, men det er et helt grunn-
leggende spørsmål. Det er dessuten et
relevant spørsmål å stille seg i arbei-
det med utstillingen til Elisabeth von
Krogh, en kunstner som tar plass i både
farge, form, og som gjennom karrieren
har beveget seg opp i store formater. Det
er ikke alle keramikere som gjør dette.

En sympatisk del av Elisabeth von
Kroghs karriere har vært den pågående
produksjonen av bruksobjekter som
lysestaker, vaser og krukker med lokk,
ting hun har laget for at folk skal kunne
ha råd til å kjøpe dem. Hun har de siste
åtte årene blitt kjent for sitt julesalg fra
atelieret, og fortsetter å lage keramikk
til dette formålet alene. Jeg klarte å
oppdrive noen av disse brukstingene
som jeg ikke hadde sett tidligere inne
i et skap, noen krukker med lokk som
var litt annerledes enn de andre, mer
organiske i sitt utseende, og disse har
hun hittil ikke villet selge.

Og slik oppdager jeg at det har seg med
flere av arbeidene. Det hun ikke vil
selge er gjerne noe hun er knyttet til,
fornøyd med, stolt av eller flau over:
det kan være litt av hvert. Og vi har
hatt store og gode diskusjoner rundt
verksutvalg, hva som er viktig for hva,
hva som burde vært med i stedet for
osv. Jeg har forsøkt å forklare at det
å fortelle hele hennes historie gjen-
nom en utstilling alene er et umulig
prosjekt, og hun har insistert på at det
en retrospektiv utstilling bør forklare
er formenes påvirkning på hverandre,
hvordan en teknisk løsning har gitt en
annen, slike detaljer som er tydeligst
for kunstneren selv, og ofte litt uforstå-
elig for oss andre. Vi betraktere klarer
ikke å oppfatte den indre energien
som har gitt innspill til å utvikle noe
nytt ut fra noe eksisterende ettersom
det jo gjerne oppstår som noe usynlig
– nemlig en idé. Selv så fascinerende
denne overføringen fra idé til materiale

craftsmanship will undoubtedly be restored as we witness
the repercussions of its disappearance.

About the exhibition and the book

One of the main driving forces behind this exhibition
has been precisely to highlight skill and craftsmanship.
The historical underrepresentation of certain groups of
artists in museums clearly indicates the need for such
intervention. But what does it truly entail for a woman to
assert herself? While it might seem clichéd to discuss this
in the egalitarian society of 2024, it remains a fundamental
question. This question is particularly pertinent in the
context of curating an exhibition that presents Elisabeth
von Krogh – an artist who clearly asserts her presence
through her use of colour and form – and her progression
towards larger formats throughout her career, a path not
commonly taken by ceramicists.

A significant and commendable facet of Elisabeth von
Krogh's career is her continuous production of utilitarian
items like candlesticks, vases, and lidded vessels. She designs
these items with affordability in mind, enabling a wider
audience to purchase them. Over the last eight years, the
Christmas sales at her studio have gained notable recognition,
and she continues to produce some ceramics exclusively for
this annual event. During a recent visit, I discovered some of
these functional items that I had not seen before. Tucked away
in a cupboard were some lidded vessels that stood out from
the rest due to their distinct organic appearance. So far, she
has opted not to sell these pieces.

I learn that this is true for many of her works. The works that
she refrains from selling often hold a personal significance
and evoke feelings of attachment, satisfaction, pride,
and sometimes embarrassment. We have had long and
constructive discussions about the selection of works, delving
into what is essential, what else could have been included,
and so forth. I have attempted to express that encapsulating
her entire artistic narrative in one single exhibition is an
impossible task. Meanwhile, her emphasis has been that a
retrospective exhibition should highlight the interplay of

faktiske er, og selv så tydelig dette er for kunstneren selv.

Det kontrollerte og perfeksjonerte er en del av både Elisabeth von Krogh som person og av kunstnerskapet hennes. Samtidig finnes en ydmykhet og kanskje til og med en usikkerhet, knyttet til det å ville lage noe som alle kan forstå. Det er denne insisteringen og standhaftigheten, det ydmyke og det søkende, både idémessig og i det tekniske, som har gjort at hun behersker den dualiteten som så mange av arbeidene strutter av. De er komplekse og intrikate, og samtidig tilgjengelige og innbydende. Utstillingen og denne boken går hånd i hånd. Begge starter i nåtiden, i hovedsak med arbeider fra 2020 og frem til i dag. For selv om både utstilling og bok er delt opp etter tiår, så har jeg vært mer opptatt av sammenhenger i verk enn sammenhenger i årstall. Det siste rommet i både bok og utstilling er forbeholdt de arbeidene Elisabeth von Krogh laget aller først, nemlig på 1970-tallet.

Som man forhåpentligvis vil forstå av installasjonsbildene i boken har vi forsøkt å lage et utstillingsdesign som spiller på lag med verkene gjennom å ta i bruk former, hyller, bokser og reoler som på ulike måter knytter seg opp til verkene som blir plassert på dem. Utover i 2010-tallet produserte Elisabeth von Krogh en rekke skulpturer i stor størrelse, disse er plassert i en overdimensjonert hylle, slik at størrelsesforholdet forsterkes. På 2000-tallet gikk det mye i duse toner og sort/hvitt, dette har vi forsøkt å forsterke i opplevelsen. Samtidig suppleres dette rommet av store krukker, noe hun produserte mange av i denne perioden, og vi har forsøkt å repetere noe av det hun gjorde i serien *Optica* (2009) i et boksaktig utstillingsdesign.

Når vi trer inn i 1990-tallet er mye annerledes, og det er vanskelig å omtale arbeidene som annet enn organiske. Arbeidene ligner dessuten her i større grad på en serie enn arbeider fra andre tiår. Flere verk fra denne perioden står i samlinger, som Haugar kunstmuseums egen kunstsamling, og de er både fargesterke og spekulative, erotiske og vakre. I dette rommet er utstillingsdesignet kanskje minst prangende med en

forms, how one technical solution leads to another – those details that are most clear to the artist herself and often more obscure to the rest of us. As observers, we struggle to fully grasp the intrinsic energy that fuels the creation of something new from the existing, as it is often an unseen entity, an idea. Despite the captivating nature of the transformation from idea to material, and its clarity to the artist, it remains a complex process for others to comprehend.

The controlled and perfected are integral qualities to both Elisabeth von Krogh's persona and her artistic oeuvre. At the same time, there is a sense of humility, possibly even uncertainty, that stems from her aspiration to create something widely comprehensible. This combination of determination, humility, and exploration, both ideationally and technically, has enabled her to navigate the duality that radiates from many of her works. Despite their complexity and intricacy, they remain approachable and accessible. The exhibition and this book are closely intertwined. They both begin in the present, predominantly featuring works from 2020 onwards. Although both the exhibition and the book are organised by decade, I have primarily focused on the thematic links between the works rather than the chronological sequence. The final section of both the book and the exhibition is dedicated to Elisabeth von Krogh's earliest works, from the 1970s.

As one would hopefully discern from the installation images included in the book, the curatorial choices have aimed at creating an exhibition design that resonates with the artworks. Pedestals, display shelves, boxes, and shelving units have been utilised in various ways to correlate with the artworks displayed upon them. During the 2010s, Elisabeth von Krogh made a series of large sculptures. These have been strategically placed on an oversized shelf, thereby accentuating scale. The 2000s were characterised by works in subdued tones and a black-and-white palette, aspects we have sought to emphasise in the exhibition. This section is further complemented by large vessels, a staple in her production during this period. We have attempted to echo some of her techniques from the *Optica* series (2009) with the box-like exhibition design.

terrakotta-aktig bruntone, en tone som spiller på Elisabeth von Kroghs bruk av nettopp engelsk rødleire og en farge som følger utstilling og bok.

Fra 1980-tallet ligger fokuset på kaktusmotivet, ikke minst på grunn av to store kaktuskrukker som sto i Elisabeth von Kroghs kjeller og som tidligere kun har vært vist frem i en utstilling i 1990. Disse markerer starten på det som skal komme; de er dristige og særegne i både størrelse og utforming. Dette var også verk hvor det umiddelbart fremstod som interessant å supplere med et større antall kaktuser i mindre formater, samt fat og former med kaktusmotiver som også kunne supplere dette uttrykket. I det siste rommet, med arbeider fra fra 1970-tallet, var det rett og slett naturlig å lage et tablå, slik at kopper og tallerkener kunne bli vist i noe som imiterte en naturlig setting, og slik at vegghengte arbeider med tegneseriefigurer kunne oppleves slik de er tiltenkt, nemlig hengende på en privat vegg.

Målet med utstillingen har gjennomgående vært å skape en fremstilling av den viljen til å eksperimentere og balansere som Elisabeth von Krogh har, nettopp dette som jeg mener gjør kunstnerskapet så unikt. En vilje til å utforske formater, former, farger og perspektiver, det hele med en perfeksjonert stringens. Jeg synes materialet og prosessene er vakre, men for å lage arbeider som spiller på noe vi føler at vi trenger, så må det mer til. Utstillingens tittel, *retrospektiv/prospektiv*, er laget med tanke på at det ikke var nok med bare en retrospektiv utstilling når det handler om Elisabeth von Krogh. For hun er fortsatt i voldsomt driv fremover, og jeg vil ikke lukke karrieren før hun mener at det er på tide. Prospektiv viser at noe også vil komme – den tydelige og formsterke stemmen i Elisabeth von Kroghs keramikk vil gi mer lyd fra seg i fremtiden.

Entering the 1990s, there is a distinct shift, and these works are best described as organic. These works bear a stronger resemblance to a series compared with works from other decades. Numerous works from this period have found their place in collections, such as in the Haugar Art Museum's own art collection, and they are both vividly colourful and contemplative, sensual and aesthetic. The exhibition design in this room is perhaps the most understated, featuring a terracotta-brown hue. This tone, indicative of Elisabeth von Krogh's use of English red clay, harmoniously complements both the exhibition and the book.

From the 1980s, the cactus motif is in focus, largely due to two large cactus pots that resided in Elisabeth von Krogh's basement and which have only been exhibited once, in 1990. These pieces herald the onset of what was to follow: they are audacious and distinctive both in size and form. These works also presented an intriguing opportunity to augment the presentation with a larger assortment of smaller cacti, as well as dishes and shapes adorned with cactus motifs to complement the theme. In the final room, featuring works from the 1970s, it seemed natural to arrange a tableau where cups and plates are presented in a setting that imitates their natural environment, and where wall-hung works featuring cartoon characters can be appreciated as they were intended, adorning a private wall.

The overarching objective of the exhibition has been to capture Elisabeth von Krogh's inherent drive to experiment and maintain equilibrium, traits that I believe make her artistic practice quite unique. Her readiness to delve into various forms, formats, colours, and perspectives – all executed with meticulous precision – is noteworthy. Indeed, I find the materials and processes to be aesthetically pleasing, and yet crafting works that resonate with our needs demands even more. The exhibition's title, *Retrospective/Prospective,* is conceived with the understanding that a mere retrospective is insufficient to fully represent Elisabeth von Krogh's artistic oeuvre. She continues to propel forward with immense momentum, and I have no intention of drawing her artistic journey to a close until she deems it appropriate. 'Prospective' suggests that there is more to come – the distinct and potent voice in Elisabeth von Krogh's ceramics will continue to reverberate in the future.

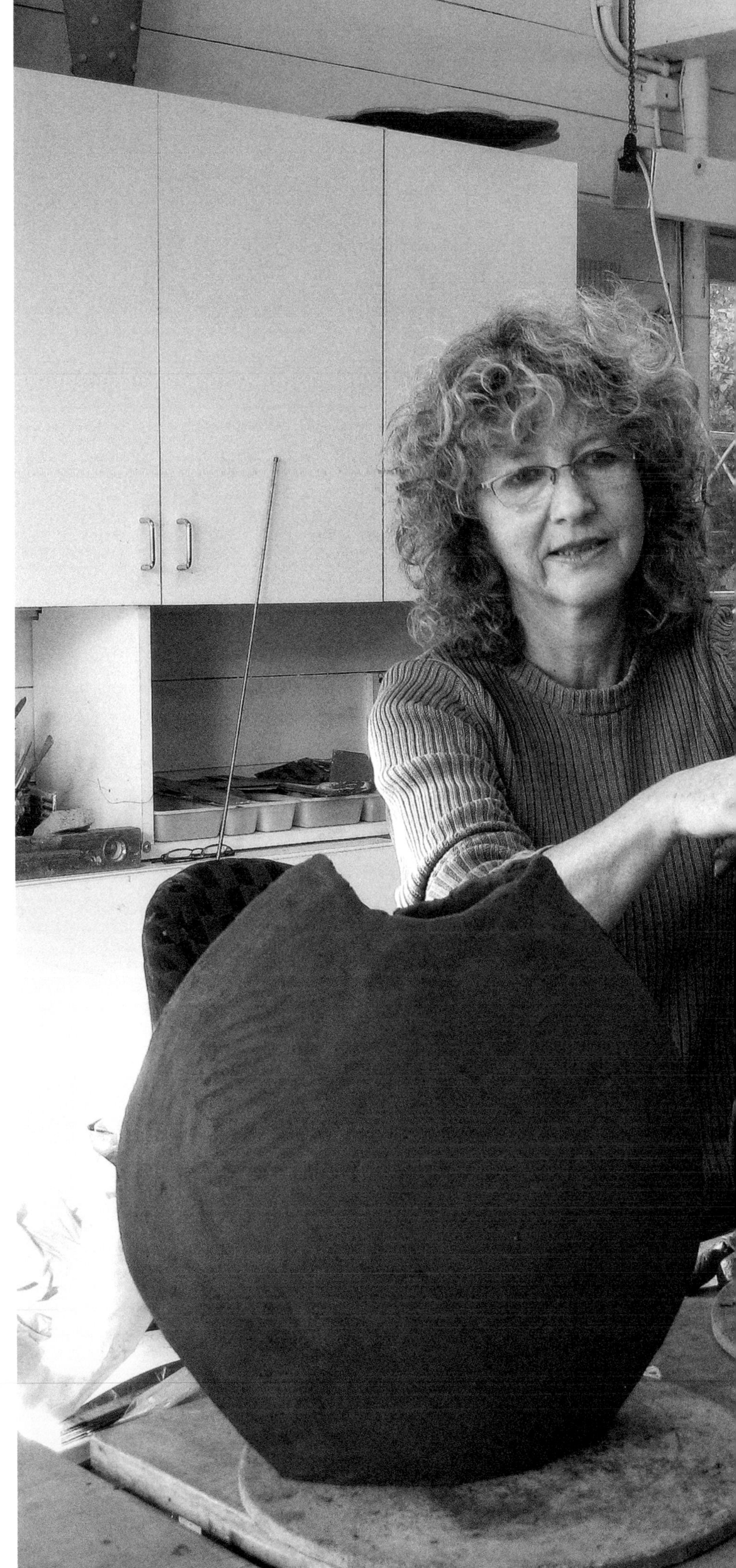

Elisabeth von Krogh has created
a diverse range of sculptures and
continually explores new expressions in
her work. She fires all her sculptures in
her studio. For her larger sculptures, she
first fires the pieces separately and then
assembles them by glueing
them together.

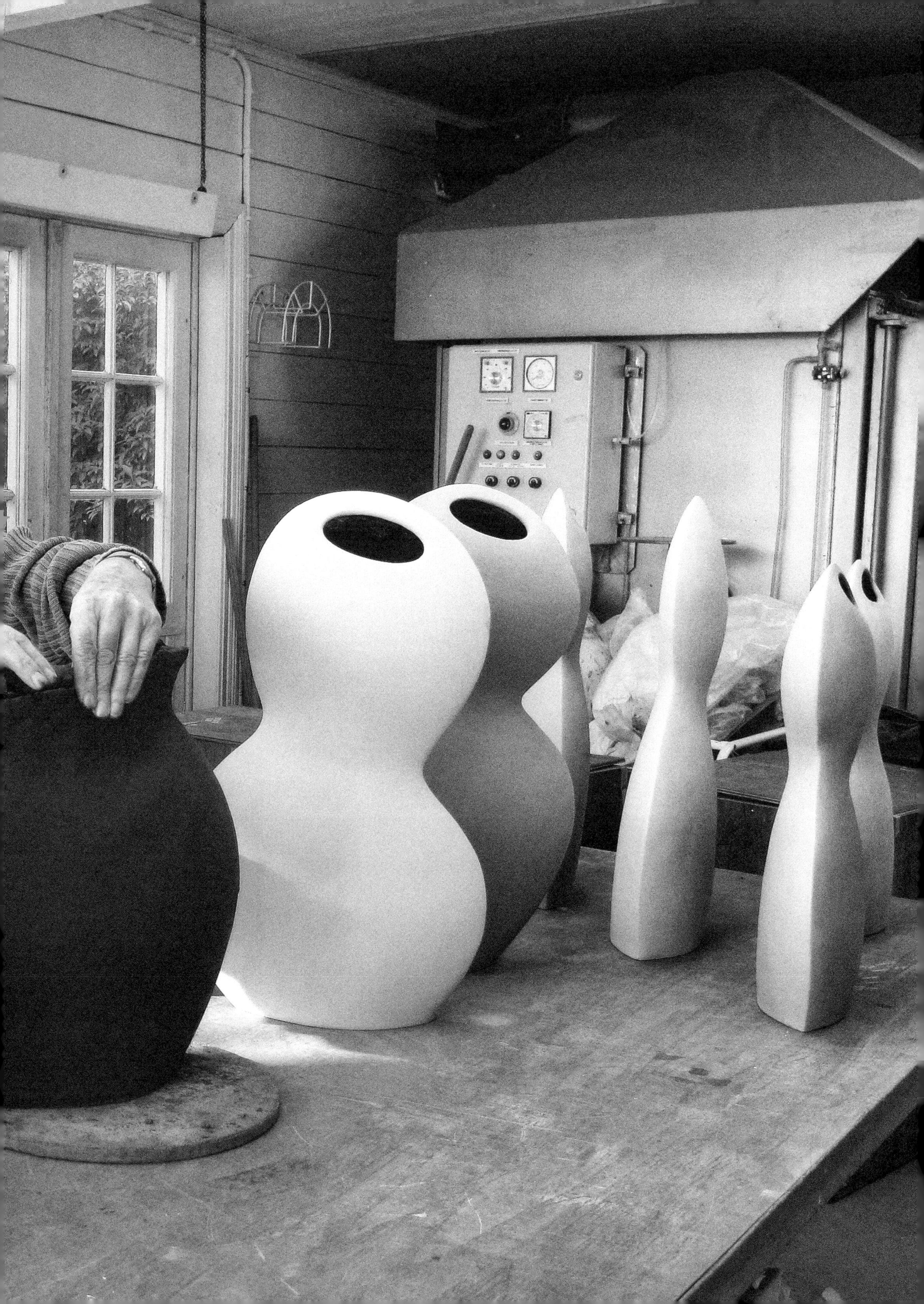

CROSSING THE LINE, DEPENDING ON WHERE IT IS DRAWN

Kjersti Solbakken

OVER GRENSEN, AVHENGIG AV HVOR MAN SETTER DEN

INTRODUKSJON
Taktile fornemmelser

Koppen stopper opp foran nesetippen. Jeg studerer formen, grundig, uten å vite nøyaktig hva det er jeg ser etter. Koppens sirkulære åpning utgjør fra denne vinkelen en ellipse: en matematisk kurve. For hvert punkt på ellipsen er summen av avstanden til to bestemte punkter, brennpunktene, konstant. Jeg senker koppen, denne gangen ned mot munnen. Hodet bøyes, blikket følger hodet og jeg bukker. Ellipsen er nå blitt en fullverdig sirkel: et spesialtilfelle av en ellipse, karakterisert ved at de to brennpunktene faller sammen til ett punkt, nemlig sirkelens sentrum.

Kaffen treffer tungen, den er glovarm. En liten eksplosjon og hånden rykker til før faresignalet har nådd hjernen. Koppen står med ett tilbake på bordet, som nå er fargelagt av to dråper kaffe.

Elisabeth von Krogh benytter noe så håndfast som leire for å konstruere fysiske illusjoner. Kanskje er det presisjonen i utførelsen som gjør at arbeidene fremstår som så selvsagte, så ubestridelige, på tross av sine kontinuerlige brudd med det konvensjonelle? Det er som om arbeidene presser seg ut av rammene for sine egne kategorier, samtidig som de bringer med seg noen nøye utvalgte grunnstoff eller hjørnesteiner som fastsetter at det stadig er snakk om en krukke. Von Kroghs arbeider er beholdere, hver og en, men de er det på sine helt egne premisser. De er krukker, på *tross* av, ikke på *grunn* av sin potensielt anvendbare form.

Et foto av en serie med vaser fra 2008, med tittelen *Tegning 1–8*, viser fire sjøgrønne og fire olivengrønne vaser fotografert forfra.[1] Vasene ser ut som tegninger, og jeg blir usikker på om de faktisk er keramiske verk eller skisser. Usikkerheten forflytter seg etter hvert til å handle om hvorfor jeg egentlig blir så usikker. Er det ellipsen på vasens åpning som ikke stemmer? Er det den matte glasuren som sluker lyset som ellers ville definert volumet? Plutselig ser jeg det, klart som dagen og så innlysende at jeg ikke lengre forstår hvorfor jeg ikke så det med en gang: En enkelt sort strek, et glasert omriss i form av

INTRODUCTION
Tactile sensations

The cup halts just in front of the tip of my nose. I examine the form carefully, without knowing exactly what it is I am looking for. From this angle, the cup's circular opening forms an ellipse: a mathematical curve. For each point on the ellipse, the sum of the distances to two specific points, the foci, is constant. I lower the cup towards my mouth. My head tilts, the gaze follows, and I bow. The ellipse now has become a full circle: a special case of an ellipse, as the two foci converge in a single point in the centre of the circle.

The coffee hits my tongue, scalding hot. It feels like a small explosion, and my hand twitches on reflex before the brain fully processes the potential harm from the hot liquid. The cup is suddenly back on the table, which is now speckled with two drops of coffee.

Elisabeth von Krogh uses a material as tactile as clay to create physical illusions. Could it be the precision in her craftsmanship that makes her works appear so self-evident and indisputable despite their continuous breaks with convention? Her works seem to extend beyond the bounds of their own categories, yet they simultaneously incorporate some carefully selected, essential elements and keystones that reaffirm that they are, indeed, still vessels. Von Krogh's pieces are vessels, each one distinct and uniquely defined on its own terms. They are recognisable as such, distinguished not by their potential functionality but in spite of it.

The photograph *Tegning 1–8* (Drawing 1–8) from 2008 depicts a series of eight vases – four sea green and four olive green—presented from a frontal perspective.[1] The vases resemble drawings, and I struggle to discern whether they are actually ceramic pieces or sketches. My puzzlement leads me to question this uncertainty: is it the ellipse in the vase's opening that seems slightly amiss? Or perhaps the matt glaze, absorbing the light that would otherwise define its volume? Then, suddenly, I see it. As it dawns on me, it seems

1. *Elisabeth von Krogh: Formal improvisasjon*
(Tønsberg: Yggdrasil Forlag, 2009).

en linje, tegner opp den modellerte fasongens ytre kant og forflater de tredimensjonale formene. Verket fremkalles mens jeg studerer det, og brått står jeg ovenfor en allegori - et noe som forteller om noe annet, en dobbel lesning.

Jeg både erfarer og erkjenner at vasen er både to- og tredimensjonal samtidig. Egentlig er det ikke så absurd som man skulle tro. Gjennom vinduet, lar jeg blikket låse seg fast i fjellrekken på den andre siden av fjorden, her hvor jeg sitter og skriver denne teksten. Formasjonen er på avstand like flat som den er tredimensjonal. Enkelte dager belyser kveldssolen en knaus som intensiverer de ulike sjiktene. Hovder, koller og berg fremtrer som om de er hugget ut av gigantiske steinblokker. Vegetasjonen kaster lange skygger, kontrastfilteret er skrudd opp til maks styrke og fjellrekken har kommet så nærme at du kan høre bekken sildre. Andre dager innhylles fjellsidene i en lett tåke som sletter alle rynker og furer i steinansiktet. Solen har gått ned bak rekken som nå utgjør en silhuett: et skyggebilde du kan klippe ut med øynene lukket. Alt du ser er fluene i ditt eget øye; prikker, streker, rumpetroll og spindelvev - såkalte floaters eller «mouches volantes» som du først ser når du er i stand til å la blikket vandre innover i øyet, inn i gelémassen som den bakre delen av øyet er fylt med. Bak disse grå kollagen-fluene som svømmer sakte rundt på glasslegemet, bak den grå vibrerende skjermen av tåke, står fjellet støtt. Jeg innfinner meg med at jeg må stole på at fjellet er skulptur, fordi jeg med hele kroppen vet at det er det.

Elisabeth von Kroghs arbeider kiler den barnlige lysten som oppstår når et flatt A4-ark, gjennom noen enkle folder og bretter, plutselig svever gjennom luften og vi aksepterer det som et fly. I Elisabeths arbeider kan det like gjerne være omvendt: den fysiske vasen foran meg har plutselig blitt en tegning. Konsekvensen av denne mutasjonen er en forskyvning av de grunnleggende verdispørsmålene knyttet til bruk og ikke-bruk.

På engelsk bruker man gjerne ordet *vessel* for å snakke om beholderen. Ordet kan samtidig, oversatt tilbake til

so obvious that I cannot understand how I did not see it straight away: a solitary black line, a glazed contour, tracing the outer edges of the sculpted forms, effectively flattening the three-dimensional shapes. The work gradually unfolds as I contemplate it, and I find myself confronted with an allegory – a symbol representing something else, offering a dual interpretation.

I both perceive and recognise that the vase possesses two and three dimensions simultaneously. In fact, it is not as absurd as it may seem. Looking out through the window of the room where I sit writing these words, I fix my gaze on the mountain range across the fjord. From afar, the three-dimensional range looks flat. On certain days, the evening sun highlights a ridge, bringing the different layers into sharp relief. Peaks, hills, and cliffs stand out as if chiselled from gigantic blocks of stone. The vegetation casts long shadows, the contrasts are dialled up to the maximum, and the mountain range seems so close that I can almost hear the trickling stream. On other days, the mountainsides are cloaked in a faint mist, erasing all wrinkles and crevices of the rocky face. With the sun set behind the chain, its silhouette is painted against the sky: a shadow form that you could cut out with your eyes closed. All you see are the specks in your own eye: dots, lines, tadpoles, and cobwebs – so-called floaters, or *mouches volantes*, only visible when your gaze wanders inwards, into the eye's gelatinous mass. Behind these slow-moving, grey collagen flies within the vitreous body and behind the grey vibrating screen of mist, the steady mountain stands resolute. I trust the mountain to be a sculpture because I know with my entire being that it is.

Elisabeth von Krogh's works spark the childlike delight akin to seeing a flat A4 sheet of paper suddenly transform with a few simple folds and creases into an aeroplane soaring through the air. In her works, it could just as well be the other way around: the concrete vase in front of me suddenly becomes a drawing. The consequence of this transformation is a shift of the fundamental questions regarding the value of functionality and non-functionality.

In English, the word 'vessel' is typically used to refer to a container, yet, similarly to the Norwegian word *fartøy*, it

norsk, bety fartøy. Leser vi krukken som et fartøy er spørsmålet hvem som reiser i eller med denne beholderen. En ting som er sikkert, er at Elisabeth von Kroghs fartøy byr på en reise utenom det vanlige. I et intervju med kunstneren Lotte Konow Lund forteller von Krogh at hun ikke er opptatt av å uttrykke følelser i arbeidet sitt, men at hun «lar en ting føre til en neste».[2] Som krukken, er denne teksten en beholder, med en fot, en mage og en hals. Innholdet er rester, påminnelser, fragmenter og sedimenter. Teksten utgjør et tidvis finkornet, stundom porøst materiale som er både statisk og bevegelig på en og samme tid. Den handler først og fremst om perspektiv - et ord som i bunn og grunn betyr å «se igjennom, se tydelig».[3]

Med alle sine utprøvinger, eksperimenter, nitide observasjoner, grep og strategier, er von Kroghs over femti år lange kunstneriske praksis en kontinuerlig påminnelse om at synet sjelden opererer alene.

FOTEN
Om å finne et ståsted

Elisabeth von Kroghs krukker inntar en posisjon. De unnskylder seg ikke, og de insisterer på at du skal se dem, før de lurer hjernen din når du plutselig ser verket fra to vinkler samtidig, uten at du hverken har flyttet kroppen eller blikket. Von Kroghs beholdere spiller oss et puss og det er som om øynene våre ikke helt vil godta deres eksistens. Ellipsen røper at du ser arbeidet både ovenfra og forfra samtidig. En annen bretter seg om seg selv og avslører at den har en bakside.

Krukken er mer enn en enkel beholder; den er en bærer av kultur, funksjonalitet og estetikk. Krukken bærer med seg et vell av historie som spenner fra de noen av de eldste sivilisasjoner til moderne tid og bruk. Historisk sett har krukken vært uunnværlig for bevaring. Enten det er snakk om syltetøy eller fermenterte grønnsaker, har beholdere i leire, glass, plast eller metall gjort det mulig for mennesker å bevare høstede frukter fra de ulike sesongene gjennom hele året. Krukken er på den-

can also signify a vehicle or craft, such as a large boat or ship. When we perceive the vase as a vessel, the intriguing question becomes, who travels in or with this container? One thing that is certain is that Elisabeth von Krogh's vessels take us on extraordinary journeys. In an interview with the artist Lotte Konow Lund, von Krogh explains that her artistic concern is focused not on expressing emotions but rather on 'letting one thing lead to another'.[2] Like a vessel, this text serves as a container with a foot, a belly, and a neck. Its content is a mix of remnants, reminders, fragments, and sediments. The text, a mutable material, fluctuates from finely grained to porous, capturing both stillness and motion. Above all, it revolves around the concept of perspective and the term's fundamental meaning: 'to look through' and 'to see clearly'.[3]

Elisabeth von Krogh's artistic practice, spanning more than five decades, is characterised by experimentation, exploration, meticulous observations, and diverse approaches. It serves as a continuous reminder that sight seldom operates in isolation.

THE FOOT
On finding a position

Elisabeth von Krogh's vessels assume a position. They are unapologetic, they insist on being seen, then they cleverly deceive your mind, and you realise that you are viewing the work from two angles simultaneously without moving your body or shifting your gaze. Von Krogh's vessels play tricks on us, as if our eyes cannot fully comprehend their existence. The ellipse reveals the work's dual perspective, showing it from above and the front at the same time. Another work folds in on itself and reveals its back.

The vessel is more than just a mere container; it is also a signifier of culture, functionality, and aesthetics. Its extensive history spans from ancient civilisations throughout to

2. Lotte Konow Lund, 'Flat og formfull', *Tid i form* (2022), p. 4.
3. https://www.merriam-webster.com/dictionary/perspective, 17.01.2024.

ne måten med på å forskyve kroppens sanseopplevelser: Smaken av jordbær en vintermorgen, sylteagurk i april.

For von Krogh er det viktig at leira er til stede i arbeidet. «Fatet har en tyngde, godset en tykkelse og klang, en matthet og en blankhet som forteller at dette er keramikk.»[4] I et intervju med *Kult* fra 1995 deler von Krogh sin interesse for materialets historiske arv: «Leire er vel ett av de eldste materialene mennesket har tatt i bruk når det ville noe mer enn å lage nyttegjenstander. Selv i ekstremt gamle funn av potteskår er det spor av utsmykninger i form av små kultiske figurer.»[5] I samme intervju kommer det også frem hvordan kunstneren forholder seg til forholdet mellom to fagfelt som kontinuerlig er i bevegelse: «Det faktum at grensene mellom billedkunst og kunsthåndverk er blitt nokså uklare, er tegn på at tradisjoner er levendegjort gjennnom utvikling.»[6]

I år 2000 reiste von Krogh sammen med tv-personligheten Arne Hjeltnes og arkeolog Øystein Koch Johansen for å besøke *Krukkesletten* i Laos. Det hele ble filmet som en episode av tv-programmet *Mysterier* på TV2. De 700 krukkene i stein som har stått der i over 2000 år, utgjør et storslått, men stadig like uforklarlig, fenomen. Teoriene er mange og spenner fra vinproduksjon til gravsted, og de kolossale krukkene er laget i massiv kalkstein som ikke er å finne på området. Von Krogh var invitert med på bakgrunn av arbeidet med sine monumentale krukker på Gardermoen. Besøket til Krukkesletten, på engelsk referert til som Plain of Jars, skal naturlig nok ha gjort inntrykk på von Krogh og inspirerte hvordan kunstneren senere skulle plassere ut verk i rom. Området bærer på mange komplekse historielag. I Bergens Tidende skildrer forfatter Sissel Hamre Dagsland von Kroghs reise til området med de opp til 4 meter høye krukkene. Dagsland beskriver hvordan vegetasjonen på sletten nærmest forsvant under Vietnamkrigen, grunnet sprøyting av giftstoffer. Kratre etter bombingen er visstnok fremdeles synlig i landskapet hvor man i dag benytter droner som et verktøy for å kunne bedre analysere seg frem til en forklaring på mysteriet.

modern times and uses. Historically, the vessel has been an indispensable object for preservation. Foods such as jams and fermented vegetables have been preserved in jars made of clay, glass, plastic, and metal and enabled people to store the bounty of all seasons for year-round consumption. In this way, the jar contributes to shifts in sensory experiences: offering the taste of strawberries on a winter morning or pickled cucumber in April.

For von Krogh, the presence of clay in her works is crucial: 'The weight of the plate, the thickness and tone of the pottery, and the matt and glossy finishes all testify to their ceramic nature.'[4] In an interview with the magazine *Kult* from 1995, von Krogh expresses her interest in the material's historical legacy: 'Clay is arguably one of the oldest materials used by humans wanting to create something more than utilitarian objects. Even in extremely old pottery shards, traces of embellishments have been found in the form of small, cultic figures.'[5] In the same interview, she reflects on how she navigates two fields that are constantly evolving: 'The increasingly indistinct boundary between fine art and handicraft illustrates how tradition is constantly revitalised through development.'[6]

In 2000, von Krogh travelled with the TV personality Arne Hjeltnes and archaeologist Øystein Kock Johansen to the Plain of Jars in Laos. Their visit was filmed as an episode of the TV programme *Mysterier* (Mysteries) for the Norwegian television channel TV2. The 700 stone jars which have stood there for over 2,000 years still constitute a magnificent and inexplicable phenomenon to this day. There are numerous theories about their origin, ranging from wine production to burial sites. Furthermore, the colossal jars are crafted from solid limestone, a stone not native to the surrounding area. Von Krogh was invited due to her work on the monumental vessels at Oslo Airport (Gardermoen). Naturally, the visit to the Plain of Jars left a considerable impression on her and influenced how she would later arrange works in space. The area is layered with a complex history. In the newspaper

---

4. Interview in *Kunsthåndverk* 25, 1987.
5. Bernt Eggen, 'Leiren i Kunsten',
Kult: Vestfolds tidsskrift for kunst, kultur og debatt 2, 1995.
6. Ibid.

Kunsthistoriker Jorunn Veiteberg spør i sin tekst «Frå bruk til bilde» hvorfor von Krogh valgte krukken som formspråk dersom formålet var å lage kunst. Et av svarene, ifølge Veiteberg, handler om krukken som symbol på sivilisasjon og på liv og død. Ordet *keramikk* stammer fra gresk og betyr at noe er brent. Jeg tenker på den kremerte kroppen; pulver, rester og askestøv, oppbevart i en uthulet klump med leire. Akkurat som kroppen, har også beholderen som bærer den, blitt brent. Jeg lukker det venstre øyet mitt og forsøker å feste blikket med det høyre, før jeg gjentar øvelsen, nå med motsatt øye lukket. Den lysende skjermen jeg skriver teksten min på beveger seg, først til høyre, så til venstre. Hvor befinner egentlig objektet seg? Hos optikeren fikk jeg for noen år siden beskjed om at en rett linje, for mine skjeve hornhinner, i realiteten er en bølgete linje, men at hjernen hadde lært seg å lese den som en strek. På veien ut, med nye briller på nesen, snublet jeg i asfaltkanten.

Ifølge et forskerteam i Australia er hjernen visstnok i stand til å undertrykke synsinntrykkene fra det ene øyet og favorisere det andre, dersom hjernen ikke skjønner hva øynene forteller.[9] Hjernen kan visstnok også finne på å sende tilbakemelding for å sensurere det som sees. Fenomenet kalles *binokulær rivalisering*[10] og handler på mange måter om hvor ubegripelig vanskelig det er å ikke se noe en allerede har sett, uansett om det er virkelig eller ikke. Jeg reflekterer over om man permanent kan skade hjernen ved å kontinuerlig lure den. Den ti år gamle artikkelen avslutter med setningen «Hvis forskerne har rett, klarer vi bare å se det hjernen forventer at vi ser.»[11]

Leire som materiale har til enhver tid blitt behandlet i kunsten gjennom utallige tilnærminger og posisjoner. De senere årene har prosjekter som tar opp i seg materialets bestanddeler, plastisitet og forhold til erosjon, bærekraft og menneskets påvirkning på våre omgivelser fått en fornyet oppmerksomhet. Leiren er et materiale som avdekker og agerer når fornektelsens krefter har strukket strikken litt for langt. Bevaring av etablerte

Bergens Tidende, the author Sissel Hamre Dagsland describes von Krogh's visit to the area where the massive vessels, some measuring up to four metres, are located. Dagsland recounts that during the Vietnam War, the vegetation on the plain almost vanished due to the spraying of toxins.[7] Craters from the bombing are reportedly still visible in the landscape, where drones are now being used as tools to enhance analytical efforts and potentially unravel the mystery.

In her essay 'Frå bruk til bilde' (From Function to Fine Art), art historian Jorunn Veiteberg reflects on why von Krogh chose the vessel as a central motif and form in her artistic expression, considering her intention to create art. Veiteberg suggests that one reason could be the vessel's significance as a symbol of civilisation, life, and death.[8] The term 'ceramics' originates from Greek, denoting objects that have undergone transformation through firing. I think of the cremated body – powdered dust, remnants, and ash, kept encased inside a hollowed-out clump of clay. Like the body itself, the container that holds it also burns. I close my left eye to focus with the right, then switch, and repeat with the other eye closed. The luminous screen, upon which I pen these words, seems to move – first right, then left. Where is the object actually located? I recall a visit to the optician a few years ago, where I learnt that what appeared as straight lines to my astigmatic eyes were actually wavy lines. Yet, my brain had learnt to perceive them as straight. Stepping out with brand new glasses, I remember tripping over the curb.

According to an Australian team of scientists, the brain is capable of suppressing visual input from one eye in favour of the other, particularly when it struggles to make sense of the information received.[9] Moreover, the brain might even send back signals to censor what is being seen. This phenomenon, known as binocular rivalry,[10] highlights the profound difficulty of 'unseeing' something once it has been

7. Sissel Hamre Dagsland, 'Inspirert av Laos og Dolly Duck', *Bergens Tidende*, 18.01.2002.
8. Jorunn Veiteberg, 'From Function to Fine Art', *Krukker* (2002), p.11.
9. https://www.forskning.no /hjernen-psykologi-oye-og-syn/nar-oynene-krangler/1056761, 12.01.2024.
10. https://sml.snl.no/binokul%C3%A6rt_syn, 12.01.2024.

blindsoner skaper uopprettelige sår som over tid danner verkebyller som omsider blir umulig å ignorere. Hva er det vi som sivilisasjon og samfunn står overfor dersom vi fortsetter å se verden fra kun ett ståsted om gangen? Mange kunstnere leter etter nye svar i nettopp leiren, eller gjørma, og det kan se ut som en ny kurs vil kreve skitt under neglene. Den Paris-baserte, libanesiske kunstneren Ali Cherris prosjekt *The Book of Mud* avdekker historien om gjørmen som både er dypt forankret i skapelsesberetninger og som synes å alltid finne veien tilbake til jorda. Gjennom å belyse den komplekse produksjonen av soltørkede byggesteiner fra en leire-rik gjørme, et arbeid gjennomført i omfattende skala, men med manuelle krefter, skisseres en fortelling om vannets, solens og jordens betydning for sivilisasjonen.

Her i Norge må boken *Vi er fem* av kunstner og forfatter Matias Faldbakken[12] nevnes som et eksempel på en helt annen skapelsesberetning med utgangspunkt i en klump med leire som skal vise seg å spinne fullstendig ut av kontroll. Fortellingen om den trauste familiefaren Tormod, kona Siv og hunden Snusken bretter ut en grøsser av et bygde-epos som viser hvor galt det kan gå når mennesket omsider må speile seg i et materiale som til syvende og sist består av konsekvensene av våre egne livsvalg og handlinger.

En levende leirklump er kanskje ikke fullt så absurd som en skulle tro, i hvert fall dersom en velger å forstå menneskehjernen som et plastisk materiale, som noe vi både kan forme og skape. Den franske filosofen Catherine Malabou spør seg i boken *Hva skal vi gjøre med hjernen vår?* hvordan vi mennesker kan forbli uvitende om vår egen hjernes plastisitet – sagt på en annen måte: at vi skaper vår egen hjerne.[13] Malabou tar utgangspunkt i at nevrovitenskapene de siste 30–40 årene gradvis har forlatt tanken om at hjernen er en sentralisert og hierarkisk enhet. Hjernen blir i stedet oppfattet som plastisk: Den formes av og gjennom de erfaringene som det enkelte individet gjør gjennom sin personlige historie. Hennes påstand er at vi forstår plastisitet som det samme som

observed, regardless of whether it is real or not. This leads me to wonder if continuously tricking the brain could potentially cause permanent damage. The ten-year-old article concludes with the following statement: 'If the scientists are correct, we are only able to see what the brain expects us to see.'[11]

Throughout history, clay as a material has been utilised for artistic expression in numerous ways. In recent years, there has been a surge in projects delving into the material's essential components, malleability, relationship with erosion, sustainability, and human impact on nature. Clay is a material that reveals and reacts when denial pushes reality a little too far. The neglect of well-established blind spots can lead to irreparable wounds that eventually become glaring issues impossible to overlook. What awaits our civilisation and society if we persist in viewing the world from one singular perspective? Several artists are now turning to clay, or mud, to seek fresh answers, and it seems that charting a new course will require getting our hands dirty. The project *The Book of Mud* by the Paris-based Lebanese artist Ali Cherri delves into the history of mud, which is deeply entwined with creation myths and the seemingly inevitable return to the earth. By shedding light on the intricate processes of creating sun-dried bricks from clay-rich mud, an expansive and labour-intensive endeavour, a narrative unfolds that underscores the crucial roles of water, sun, and the earth in shaping civilisation.

In a Norwegian context, the book *Vi er fem* (We Are Five) by artist and author Matias Faldbakken[12] stands out as a more unconventional creation myth. It starts with a simple clump of clay and rapidly spirals into chaos. The story about Tormod, a dedicated family man, his wife, Siv, and the dog Snusken unfolds as a chilling rural epic. It starkly portrays the dire consequences when human beings are confronted with the material that ultimately reflects our own life choices and actions.

11. https://www.forskning.no
/hjernen-psykologi-oye-og-syn/nar-oynene-krangler/1056761, 12.01.2024.
12. Matias Faldbakken, *Vi er fem* (Oslo: Forlaget Oktober, 2020).
13. Catherine Malabou, *Hva skal vi gjøre med hjernen vår?*
(Moss: Forlaget H//O//F, 2017), p. 47.

fleksibilitet, men fleksibiliteten er noe Malabou mener er kun *en* av plastisitetens betydninger, forbundet med det å motta form. Fleksibiliteten mangler, ifølge Malabou, evnen til å gi form, evnen til å skape, finne opp nye ting eller til og med til å utviske et avtrykk.

Nettopp evnen til å skape form gjør det interessant å reflektere over en gjenganger i von Kroghs praksis, både som form og motiv: kaktusen. Planten har utviklet bemerkelsesverdige tilpasninger som gjør den spesielt egnet til å overleve i tørre områder. Den er en levende beholder. Kaktusens evne til å lagre vann ligger i den sukkulente stammens egenskaper. Riller i stammen gir den mulighet til å ese ut når den suger til seg vann etter en sjelden og etterlengtet regnskyll. Kaktusens helt egne fotosyntese styres etter temperatur og døgnrytme, med spalteåpninger som lukkes om dagen og åpnes om natten. Vanlige blader er erstattet med pigger som i tillegg til å begrense fordampning fungerer som en beskyttelse mot tørste planteetere. Kaktusplanten er en livgivende kilde, en krukke programmert til å beskytte sitt dyrebare innhold, med et hulrom konstruert for å bære væske.

MAGEN
Å konstituere en kropp

Vi må snakke om hullene.
En hullete vase er i seg selv et interessant konsept. Et tydeligere bilde på en ikke-funksjonell bruksgjenstand er det i mine øyne vanskelig å finne. En krukke som lekker, en beholder som ikke holder, en rebelsk form som nekter å adlyde ordre. I Von Kroghs praksis dukker etterhvert varianter av hullete beholdere opp, og det er som om de insisterer på at vi må se gjennom overflaten. Von Krogh forteller at hun ville vise at materialet var leire, og da ble hulrommet inne i krukken særlig viktig. Hullene er tittehull, på en eller flere sider av figuren, og der noen av dem er reelle hull er andre konkave malte former som illustrerer åpninger. På innsiden lures øynene av blanke og matte felt som skaper nye illusjoner og synsbedrag. Hullene, tomrommene, presser seg ut gjennom

The idea of a living clump of clay might not be as absurd as it sounds, especially when considering the brain as a pliable organ, capable of being moulded and formed. In her book What Should We Do with Our Brain?, the French philosopher Catherine Malabou reflects on our apparent obliviousness to the plasticity of our brain or, to put it differently, to the fact that we shape our own brain.[13] She bases her argument on the developments in neuroscience over the past 30 to 40 years that move away from perceiving the brain as a rigid and hierarchical unit. Instead, the brain is understood as malleable: shaped by each individual's experiences and personal narratives. Malabou asserts that we often tend to equate plasticity with flexibility, but flexibility, she argues, is just one aspect of plasticity, associated with receiving form. She contends that focusing on flexibility overlooks the brain's capacity to give form, to create and invent, to generate new ideas, and even to obliterate existing imprints.

The very ability to create form is an intriguing starting point for reflecting on a recurring shape and motif in von Krogh's practice: the cactus. The plant has developed remarkable adaptations that make it particularly suited to survive in arid areas. It is a living container. The cactus's ability to store water is due to the succulent properties of its stem, where grooves allow it to expand while absorbing water following a rare and long-awaited downpour. The cactus conducts its own unique photosynthesis, regulated by temperature and circadian rhythms: stomata, microscopic openings on the cactus's body, close during the day and open at night. Instead of leaves, it is equipped with spikes that serve not only to reduce evaporation but also to protect the plant from thirsty herbivores. Cacti are life-giving sources, vessels made to safeguard their precious contents and cavities designed to hold liquid.

THE BELLY
To constitute a body

We need to talk about the holes.
A vase full of holes is in itself an interesting concept. In my view, it is difficult to find a more vivid example of a futile functional object. A pot that leaks, a container that cannot

vaseveggen, former utvekster som buler ut av krukkekroppen. Som på et pinhole kamera danner blenderåpningene i de keramiske kroppene pupiller, variable i størrelsen, med evnen til å slippe inn ulike mengder lys avhengig av hvor mørkt eller lyst det til enhver tid er. Til tidsskriftet Kult forklarer von Krogh om forholdet mellom de indre og de ytre formene hun skaper: «Jeg arbeider med en skulpturell form som både har utside og innside. Det indre volums utforming og farge er like viktig som den ytre form og farge. Målet er å la alle komponenter smelte sammen i en helhet som gir like-verdighet mellom form og farge.»[14]

I 2017 ble Elisabeth von Krogh sammen med tekstilkunstner Ellen Grieg invitert til å stille ut på Design Curio under Design Miami for Norwegian Crafts. Under tittelen *Insubordinate Creatures*, oversatt til ulydige skapninger, ble de to dristige og markante kunstnerskapene presentert for et internasjonalt publikum. Ved å bringe de to kunstnerskapene sammen pekte kurator for prosjektet, Lars Sture, på det rebelske og ukuelige aspektet i både von Krogh og Griegs praksis. Presentasjonen viste samtidig til verkenes resolutte evne til å definere rommet, verkenes fremtoning og vesen. Begge kunstnerne kan betraktes som kunstnere som inkorporerer postmodernismens prinsipper i sine verk, og deres bidrag speiler kompleksiteten i denne kunstneriske perioden.

Det kuratoriske grepet involverte også et unikt utstillingsdesign fra Sean Griffiths/Modern Architect (UK) som bidro til å ramme inn de to kunstnerskapene, både i billedlig og bokstavelig forstand. Tilsynelatende tilfeldige striper på vegger, gulv og tak smeltet fra gitte synsvinkler sammen til illusjoner av tredimensjonale rammer, som understrekte den tvetydige lesningen av de skulpturelle arbeidene. Gjennom å skape fiktive rom i rommet, bidro designet til å illustrere et midlertidig opphør av tyngdekraften, og de tredimensjonale verkene kunne fra enkelte observasjonsposter fremstå som svevende bilder på en flate.

Von Kroghs rebelske side kan man spore helt tilbake til hennes første separatutstilling som fant sted i Kunstnerforbundet i 1982. Under overskriften «Eksotisk

contain, a rebellious form that defies orders. In von Krogh's practice, variations of perforated containers gradually emerge and insist that we look beyond the surface. Von Krogh explains that she wanted to showcase the material as clay, hence the inner cavity of the jars became significant. The holes are peepholes, found on one or multiple sides of the form. Some of these are actual holes, while others are concave shapes painted to imitate apertures. Looking inside, our eyes are deceived by glossy and matt areas, creating new illusions and visual tricks. The holes, empty spaces, protrude from the vase's wall, forming bulges that swell from the vessel's body. Similar to a pinhole camera, the apertures in the ceramic bodies form pupils, variable in size, with the ability to admit different amounts of light depending on the current level of brightness. In Kult, von Krogh elaborates on how her works relate to the inner and outer form: 'I work with a sculptural form that possesses both an exterior and interior. The shape and colour of the inner volume are equally crucial as the external form and colour. The aim is to let all components blend into a cohesive whole that provides balance between form and colour.' [14]

In 2017, Elisabeth von Krogh and textile artist Ellen Grieg were invited to exhibit together at Design Curio at Design Miami for Norwegian Crafts. The exhibition, which was titled *Insubordinate Creatures*, presented the bold and distinctive works by the two artists for an international audience. By juxtaposing the two artistic practices, the curator Lars Sture emphasised the defiant and unyielding aspects inherent in both von Krogh's and Grieg's works. The exhibition demonstrated not only the works' innate ability to define space but also their striking presence and character. Both artists infuse postmodernist principles into their works, embodying the characteristic complexity of this artistic period.

The curatorial approach included a unique exhibition design made by Sean Griffiths/Modern Architect (UK), functioning as a framework for the artists' works, both literally and figuratively. Seemingly arbitrary stripes on the walls, floors,

14. Bernt Eggen, 'Leiren i Kunsten',
Kult: Vestfolds tidsskrift for kunst, kultur og debatt 2, 1995.

new wave-keramikk» skildrer skribenten i Dagbladet, Arnstein Arneberg utstillingen von Kroghs arbeider «ganske ville og til dels lite stuerene» og utstillingen omtales som «en sjelden kombinasjon av mangfold og helhet» – en bragd i seg selv når man tenker over at utstillingen viste hele 141 (!) gjenstander. Det er liten tvil om at utstillingen skaket opp flere med sin uredde og punkete holdning, som langt på vei manglet sidestykke. Den nyetablerte keramikeren plasserte effektivt seg selv på kunstkartet og staket ut en kurs ved hjelp av tigermønstrede lysestaker med sikkerhetsnåler trykket tvers gjennom leira.

At von Kroghs vågale og lekne tilnærming fortsatte å overraske har blitt påpekt av kunsthistoriker Jorunn Haakestad: «Nettopp uhøytidelighet og humor er stikkord for von Kroghs rustikke fat og vaser fra de første årene. Hun brukte den velkjente tallerkenen til å fortelle historier, ja hele tegneserier dukket opp på hennes store og små fat til veggen. Med enkle penselstrøk malte hun mennesker med dyr i pussige situasjoner, gjerne med en brodd rettet mot samfunnets kjønns- og kulturhierarkier.» Sissel Hamre Dagsland trekker frem von Kroghs interesse for et uttrykk som kan minne om tegneseriene og selv oppgir von Krogh at hun mener noen av vasene «kunne stått på bordet til Dolly Duck med tre blomster i».[17]

I et av von Kroghs egne album dukker det plutselig opp et lite bilde av et maleri av den selvlærte kunstneren Niko Pirosmani, som viser seks menn ved et festdekket bord – et lett gjenkjenlig motiv av den georgiske maleren. Noen buede banan-liknende objekter på bordet ser ved første øyekast ut som skåler av Elisabeth von Krogh. Men skålene er slett ikke malte skåler, de er stiliserte representasjoner av Khachapuri, en tradisjonell georgisk rett med ostefylt brød. Brødet surres, hever, støpes til forskjellige former, og fylles i midten med en blanding av ost, egg og andre ingredienser.

Meloner og bananer, fisk, papegøyer og stiliserte undervannsvekster har preget utstillinger og utsmykninger av cruise-skip, skoler og sykehus. «Nytt og eksotisk på resepsjonsveggene i Vestfold

and ceiling converged from specific viewpoints and created the illusion of three-dimensional frames that enhanced the enigma of the sculptures. The design, which crafted illusory spaces within space, created a sensation of gravity being momentarily suspended – from certain viewpoints, the three-dimensional works appeared as floating images on a flat surface.

Elisabeth von Krogh's rebelliousness can be traced back to her very first solo exhibition at Kunstnerforbundet in 1982. Arnstein Arneberg, writer for the newspaper *Dagbladet*, described the exhibition with the headline 'Exotic New Wave Ceramics' and von Krogh's works as 'pretty wild and quite unruly'.[15] Arneberg further noted the exhibition's 'rare blend of variety and cohesion', a remarkable feat considering how it featured an impressive 141 (!) pieces. Undoubtedly, the exhibition had a staggering impact on several in the audience due to its fearless and anarchistic attitude, which was rare at the time. The newly established ceramist efficiently positioned herself in the art scene and chartered a distinct course by means of tiger-striped candlesticks in clay pierced by safety pins.

Von Krogh's daring and playful approach to art continued to astonish, as emphasised by art historian Jorunn Haakestad: 'Informality and humour are key terms to describe von Krogh's rustic plates and vases from the early years. She used the recognisable plate and narrated stories; even entire comic strips appeared on these large and small wall plates. With simple brushstrokes, she painted humans and animals in odd settings, which often included sharp commentaries directed at the gendered and cultural hierarchies in society.'[16] Sissel Hamre Dagsland also draws attention to von Krogh's visual style that is reminiscent of comic-strip aesthetics, and von Krogh herself has noted that some of her vases 'would fit well on Dolly Duck's table holding three flowers'.[17]

In one of von Krogh's personal albums, there is a photograph of a painting by the self-taught artist Niko Pirosmani,

15. Arneberg, Arnstein, 'Eksotisk new wave-keramikk', *Dagbladet*, 1982.
16. Jorunn Haakestad, 'Lovsang til hverdagens objekter — et tilbakeblikk', *Tid i Rom* (2022), p. 24.
17. Sissel Hamre Dagsland, 'Inspirert av Laos og Dolly Duck', *Bergens Tidende*, 18.01.2002.

sentralsykehus om dagen», stod det å
lese om von Kroghs nye utsmykning i
Tønsbergs Blad, våren 1986.[18] Etter å ha
hatt verksted i et kjellerlokale i Oslo i
2 år, fikk hun tildelt verksted på Frysja
kunstsenter hvor hun ble i ca 7 år. Deret-
ter flyttet von Krogh til Nøtterøy , til ste-
det som nesten fire tiår senere fremdeles
er hennes hjem og arbeidssted. Lokalene
som på den tiden utgjorde sentralsyke-
huset, huser i dag en kafé og verket er
forduftet, men denne junidagen i '86
kunne man observere et nymontert
motiv komponent av fliser i ulike former,
satt sammen som et puslespill som var
innfelt i panelveggen. Materialet var
blåleire brent ved 1030 grader, som
krympet 7% etter to brenninger. (Senere
skulle rødleire bli det primære materia-
let for kunstneren, en leire som brennes
på 1060 grader, med 10% krympning).
Von Krogh leker seg med å innfatte
matte ikke-glaserte flater sammen med
blanke fargesterke glasurer.

Den todimensjonale formen bryter opp
motivene som består av palmeblader,
siv og strå. Begitningen, en tyktflyten-
de hvit leire farget med metalloksyder
og andre fargepigmenter, er påført
godset i våt tilstand før den har tørket
langsomt over tid. Verket er siden
brent, glasert og brent på nytt.[19] De
omstendige og nitide prosessene er
noe som går igjen gjennom hele von
Kroghs praksis. Til FylkesStikka i 1998
beskriver von Krogh at hun gjerne
bruker flere ulike teknikker. Noen
arbeider er modellert mens andre er
utkjevlete leirplater lagt i gipsformer
og bearbeidet.

HALSEN
Imaginære manifestasjoner

Halsen er krukkens munn. Den gaper
etter blomstens stilk, tørster etter vin
eller vann. Den både spiser og spytter,
som fuglen mater sine små yngler.
Halsen er samtidig krukkens øye. Sett
ovenfra stirrer det på deg med et åpent
blikk. Velger du å møte krukkens blikk
fra siden myser den tilbake til deg,
med smale øyne.

I utstillingen *Innviklinger/Entangle-
ment* på Kunstnerforbundet i 2022
presenterte von Krogh et tyvetalls

depicting six men seated around a festively set table – a
recognisable motif by the Georgian painter. On the table are
some banana-shaped objects that, at first glance, resemble
Elisabeth von Krogh's bowls. However, these bowls are not
painted bowls; they are stylised depictions of Khachapuri,
a traditional Georgian cheese-filled bread. The bread is
prepared, shaped in various forms, and filled in the middle
with cheese, eggs, and other ingredients.

Melons and bananas, fish, parrots, and stylised underwater
flora have been presented in exhibitions and on cruise ships,
at schools, and in hospitals. In the spring of 1986, an article
in *Tønsberg Blad* highlighted von Krogh's 'new and exotic
decoration adorning the reception wall at Vestfold Central
Hospital'. [18] After eight years at Frysja, von Krogh relocated to
Nøtterøy (via a workshop in a cellar, in a side street, behind
Kunstnernes Hus in Oslo). Nearly four decades later, this is
still her home and workplace. The building that once housed
the central hospital now serves as a café, and von Krogh's
piece has since disappeared. Rewinding to June 1986, visitors
could observe the newly installed motif composed by tiles
in various forms, assembled like a puzzle inlaid within
a panelled wall. The material was blue clay, fired at 1,030
degrees Celsius and shrinking seven per cent after two
firings. (Later, red clay became the artist's primary medium,
fired at 1,060 degrees with a shrinkage of ten per cent.) Von
Krogh's playful approach involves combining matt, unglazed
surfaces with shiny, brightly coloured glazes.

These two-dimensional forms are disrupted by motifs of
palm leaves, reeds, and straws. The engobe, a thick liquid of
white clay coloured with metal oxides and other pigments,
is applied to the damp clay before slowly drying over time.
Thereafter, the work is fired, glazed, and refired.[19] These
meticulous and time-consuming processes are hallmarks of
von Krogh's practice. In *FylkesStikka* in 1998, she describes
her fondness for technical variety, ranging from modelling to
rolling out clay sheets and pressing them into plaster moulds.

18. Grethe Hald, 'Keramiker som utsmykker',
Tønsberg Blad, 10.06.1986.
19. Grethe Hald, 'Keramiker som utsmykker',
Tønsberg Blad, 10.06.1986.

fargesterke mindre skulpturelle objekter i den lille salen med vinduer ut mot gaten.[20] I flere av verkene hadde krukken utviklet seg til amorfe former som omkranset negative rom - som igjen modellerte en tradisjonell vase. Hullet var ikke lengre en åpning, det var motivets materiale. I andre tilfeller var vasen blitt et lukket kretsløp, hvor irregulære rørformer dannet en vaseliknende skapning og den tradisjonelle vase-åpningen ble erstattet med perforeringer i formens skall.

Arterier, arterioler, kapillarer, venoler og vener. Om kroppen er en beholder så bærer den ustanselig rundt på blodkar, eller kanaler som fører blod gjennom hele kroppen. Samlet danner årene en lukket sløyfe, en krets som begynner og slutter ved hjertet.

De stramme og stilrene formene til von Krogh refererer til Bauhaus og fransk art deco, kubisten Fernand Léger, Le Corbusiers arkitektur og til den italienske postmodernistiske Memphis Group.[21] Samtidig er det mest slående med von Kroghs praksis den kontinuerlige eksperimenteringen som så tydelig henger sammen med hennes konstante begjær etter å skape. Et atelierbesøk hos henne gir den aller største forståelsen for produksjonskraften som ligger bak den omfattende og rikholdige praksisen hennes. På hver eneste hyllecentimeter står keramiske arbeider som balanserer og poserer, som forfører og bedrar. Von Krogh ser på materialet i seg selv som en drivkraft som inspirerer og gir næring til arbeidet: «Det er begeistring som driver meg. Jeg er glad i det jeg gjør, og synes jeg er heldig som kan gjøre akkurat det. For meg er leiren med tiden blitt materialenes materiale (…)»[22]

KONKLUSJONEN
Flipp, flow, rotor[23]
Øynene er en del av hjernen

På vei ned rulletrappen mot Gardermoens ankomsthall konsentrerer jeg meg om å feste blikket på de monumentale krukkene som samlet utgjør et stilleben. Kroppen min forflytter seg nedover og nærmere, til tross for at jeg står helt stille. Kofferten min

THE NECK
Imaginary manifestations

The neck of the vase is its mouth, gaping for a flower stem, thirsting for wine or water. It both consumes and expels, reminiscent of a bird feeding its young. The neck is also the vase's eye. When viewed from above, the vase stares at you with an open gaze; when viewed from the side, it squints back through narrowed eyes.

For the exhibition *Innviklinger* (Entanglements) at Kunstnerforbundet in 2022, von Krogh presented about 20 smaller, boldly coloured sculptural objects in a small exhibition space with windows facing the street outside.[20] In some of the works, the vases had transformed into amorphous shapes, encircling voids, and shaping traditional vases within. The holes were morphed from openings to the very material of the motifs. In other works, the vase formed a closed loop; irregular tubular forms created vase-like shapes, and typical openings were replaced by perforations in the form's exterior.

Arteries, arterioles, capillaries, venules, and veins – if the body is a container, it embodies these vessels and channels, ceaselessly circulating blood throughout. Together, they form a closed circuit, beginning and ending at the heart.

The austere and streamlined designs of von Krogh's works draw references from the Bauhaus movement and French Art Deco, the Cubist works of Fernand Léger, the architectural style of Le Corbusier, and the postmodern aesthetics of the Italian Memphis Group.[21] The most striking aspect of von Krogh's practice is the ceaseless experimentation that testifies to her intense desire to create. A visit to her studio confirms the formidable creative will behind her extensive and diverse body of work. Every shelf is filled with ceramic works – balancing and posing, both seductive and deceptive. For von Krogh, the material itself is a catalyst that inspires

---

20. At this point it should be noted that the author of this text was the manager of this institution until 2022 and therefore had a significant role in planning for this exhibition.
21. Press release, Kunstnerforbundet, 2022.

39

vakler ustø og lealaus på trappetrinnet med sine fire hjul i sort plastikk og jeg strammer grepet rundt håndtaket for å forhindre at den velter. På det motoriserte bagasjebåndet går koffertene i bane før de trilles videre mot busser, biler og tog i komplekse koreografier. Jeg er på vei hjem og mener bestemt å kunne merke at jorda beveger seg i ellipseformede baner med solas sentrum som ett av sine to brennpunkter.[24]

Verket *Arrangement av fem krukker* (1998) utgjør et imponerende tablå av fargesterke beholdere med skarpe kanter, inspirert av kubistiske malerier som vred på perspektivet. Verket skulle ikke bare vise seg å definere en ny retning for Von Krogh, det har endt opp med å bidra til å brenne keramikken inn i vår kollektive bevissthet.

Hvordan kan man oppsummere en skaperkraft så massiv, en praksis så omfattende, med røde tråder som har blitt til blod i årer som igjen går i sløyfe mellom hjørnebrutte motiver, vitsetegninger, kaktuser og vektløse krukker? For å følge von Kroghs egen logikk blir det naturlig å ta en kjapp omvei via Elvis. I et intervju fra 1986[25] forklarer hun nemlig at et program om rockekongen på TV ble startskuddet til en ny ide. Hun jobbet med en serie skjoldformede fat, som skulle vise seg å være en utfordrende form, og hun strevde intenst med å integrere det hun da omtalte som dekorasjonen i helheten. Von Krogh forklarer videre at stjernen med sin sterke utstråling og sine visuelle kjente melodititler fremstod som et godt assosiasjonsmateriale.

En naturalistisk fremstilling av Elvis sammen med innfelte små biter av speil, ble til slutt fatet som fikk den taktile tittelen *Love me tender*. Intervjuet med von Krogh avslutter med at hun gir det samme fatet en beskrivelse som 38 år senere, skal vise seg å oppsummere hennes kunstneriske virke på en eksemplarisk måte:

«(…) det kan sikkert oppfattes som over grensen, avhengig av hvor man setter den.»

and fuels creativity: 'Enthusiasm is my driving force. I love what I do, and I think I am fortunate to be able to do it. Over time, clay has become the quintessential material for me.'[22]

CONCLUSION
Flipp, flow, rotor [23]
The eyes are part of the brain

Descending the escalator to the arrival terminal at Oslo Airport, I fix my gaze on the monumental vessels which, arranged together, emerge like a still life. I am standing still, but my body is moving downward and closer. My suitcase wobbles precariously on the step, its four plastic wheels teetering, and I tighten my grip on the handle to prevent it from falling over. On the motorised conveyor belt, suitcases circulate before being wheeled towards buses, cars, and trains in complex choreographies. I am on my way home, and I am certain that I can sense the Earth moving in elliptical orbits with the Sun's centre as one of its two foci.[24]

The work *Arrangement of Five Jars* (1998) is an impressive tableau of brightly coloured vessels with sharp edges, inspired by the Cubist painters who invented twisted perspective. The work not only came to define a new direction for von Krogh but it has also played a crucial role in firing ceramics into our collective consciousness.

How do we begin to encapsulate such an immense creative force and such an expansive artistic practice? Von Krogh's works weave together threads that transform into veins looping between angular motifs, comic-strip paintings, cacti, and ethereal vessels. Following von Krogh's own logic, it is natural to take a brief detour via Elvis. In a 1986[25] interview, she explains that a TV programme about the King of Rock 'n' Roll ignited a new idea.

22. Grethe Hald, 'Keramiker som utsmykker', *Tønsberg Blad*, 10.06.1986.
23. The title of one of Elisabeth von Krogh's works from 2014.
24. https://snl.no/ellipse_-_matematikk, 02.01.2024.
25. From the interview in *Kunsthåndverk* 25, 1987.

She was working on a series of shield-shaped dishes, a challenging form, and she persistently tried to integrate what she then referred to as 'decoration' into the overall design. Von Krogh explains that the star, with his strong aura and recognisable melodies, emerged as excellent associative material.

A realistic portrayal of Elvis, combined with small inlaid mirrors, became the plate with the tactile title *Love me tender*. In the same interview, von Krogh describes the piece, and her words seems to be an accurate description of her artistic voyage, 38 years later:

'It can certainly be perceived as crossing the line, depending on where it is drawn.'

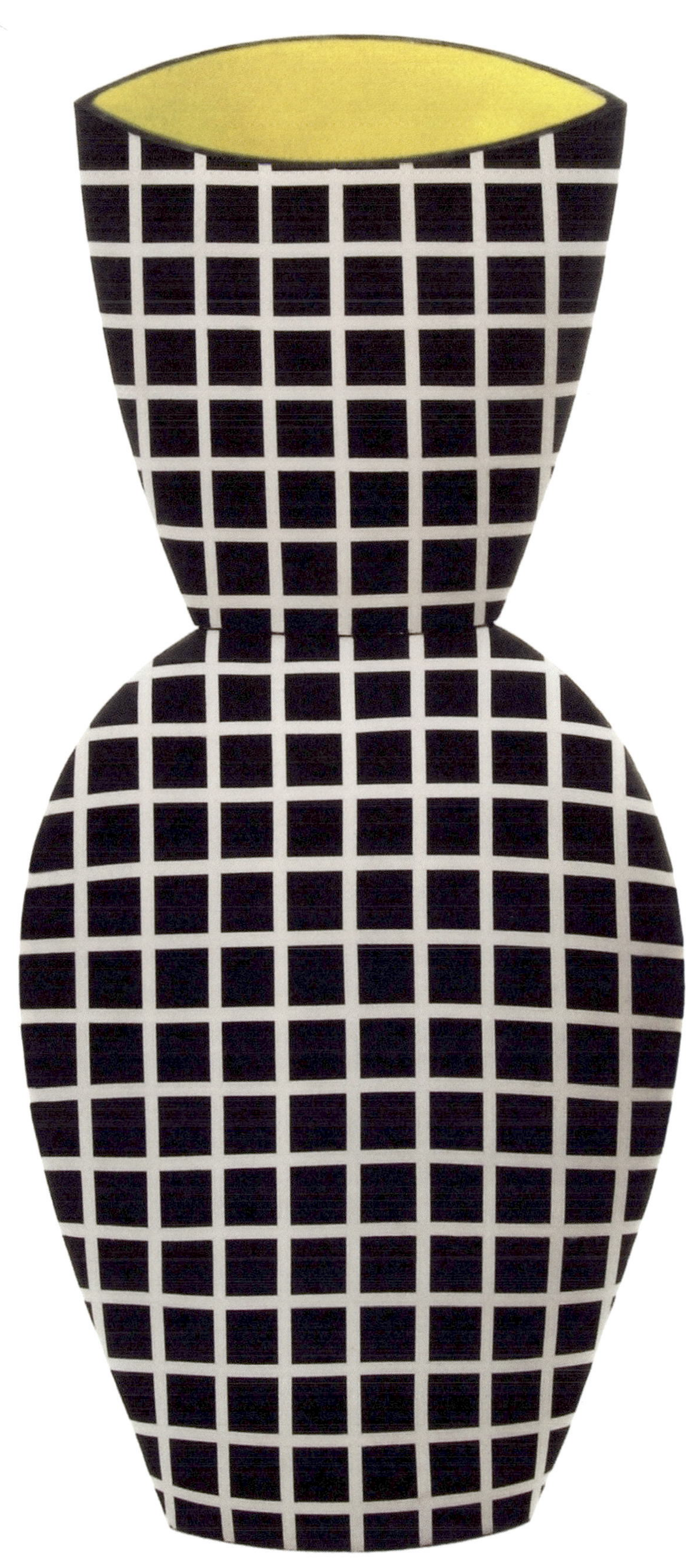

Squares 1 and 2, 2005 (H: 130 cm)
Nordenfjeldske Kunstindustrimuseum

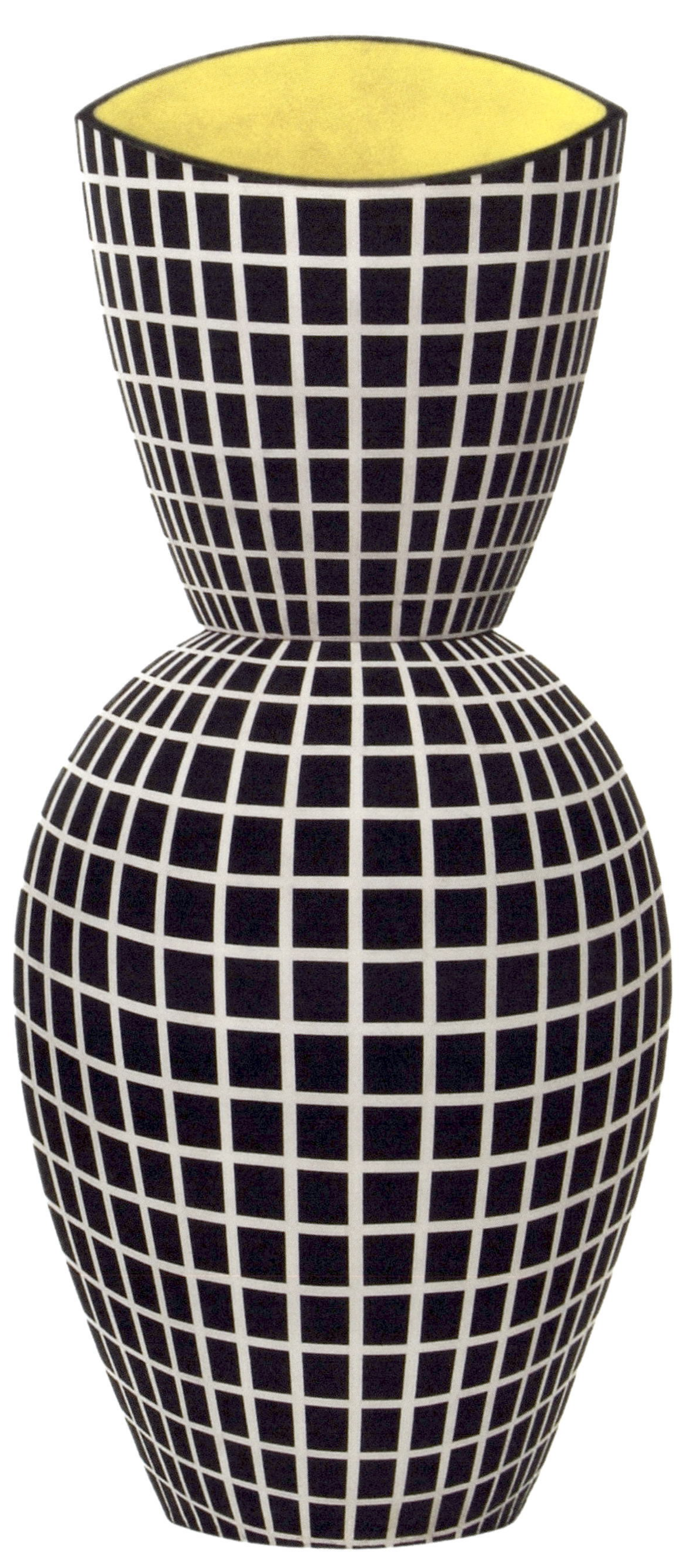

2020 —— 2024

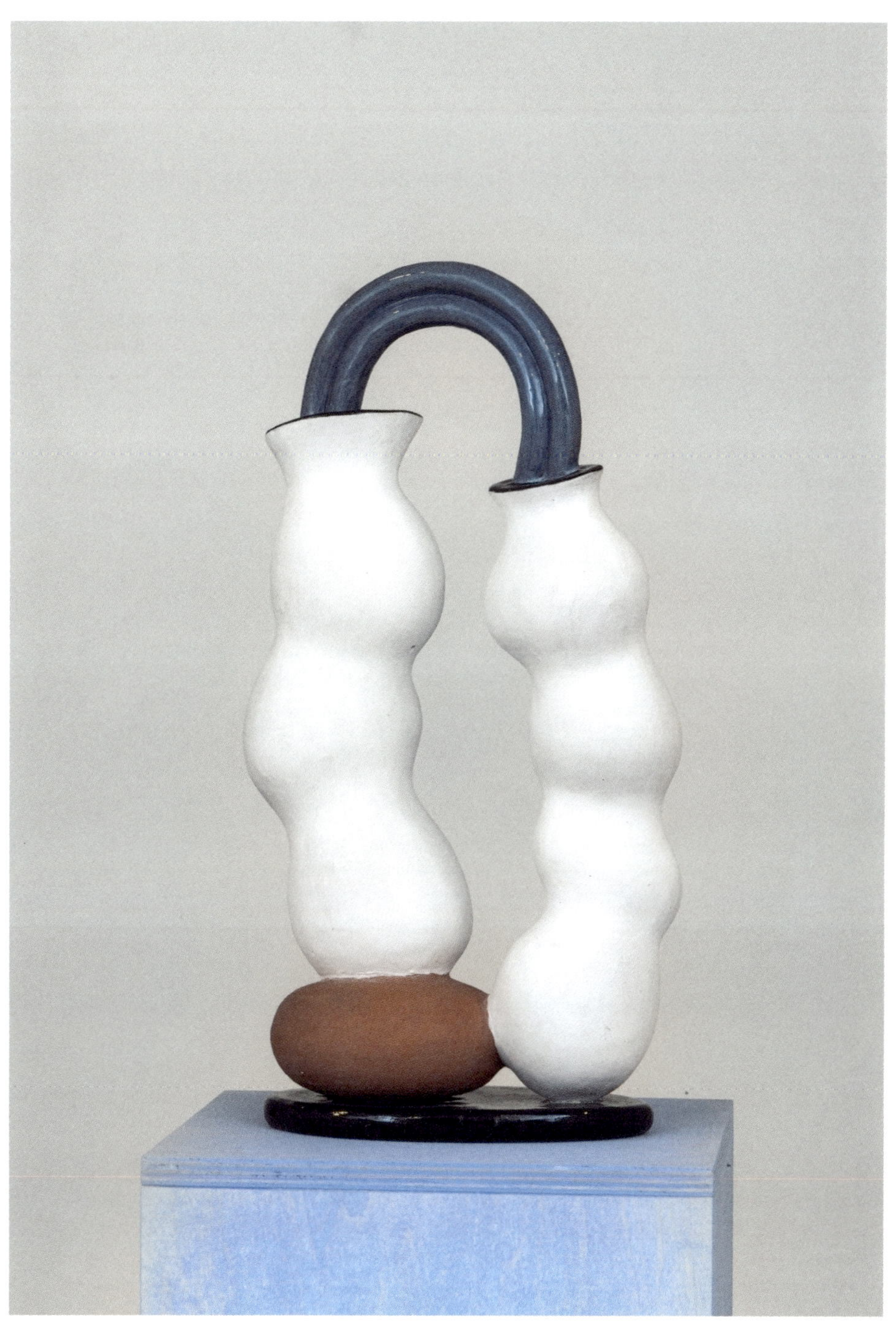

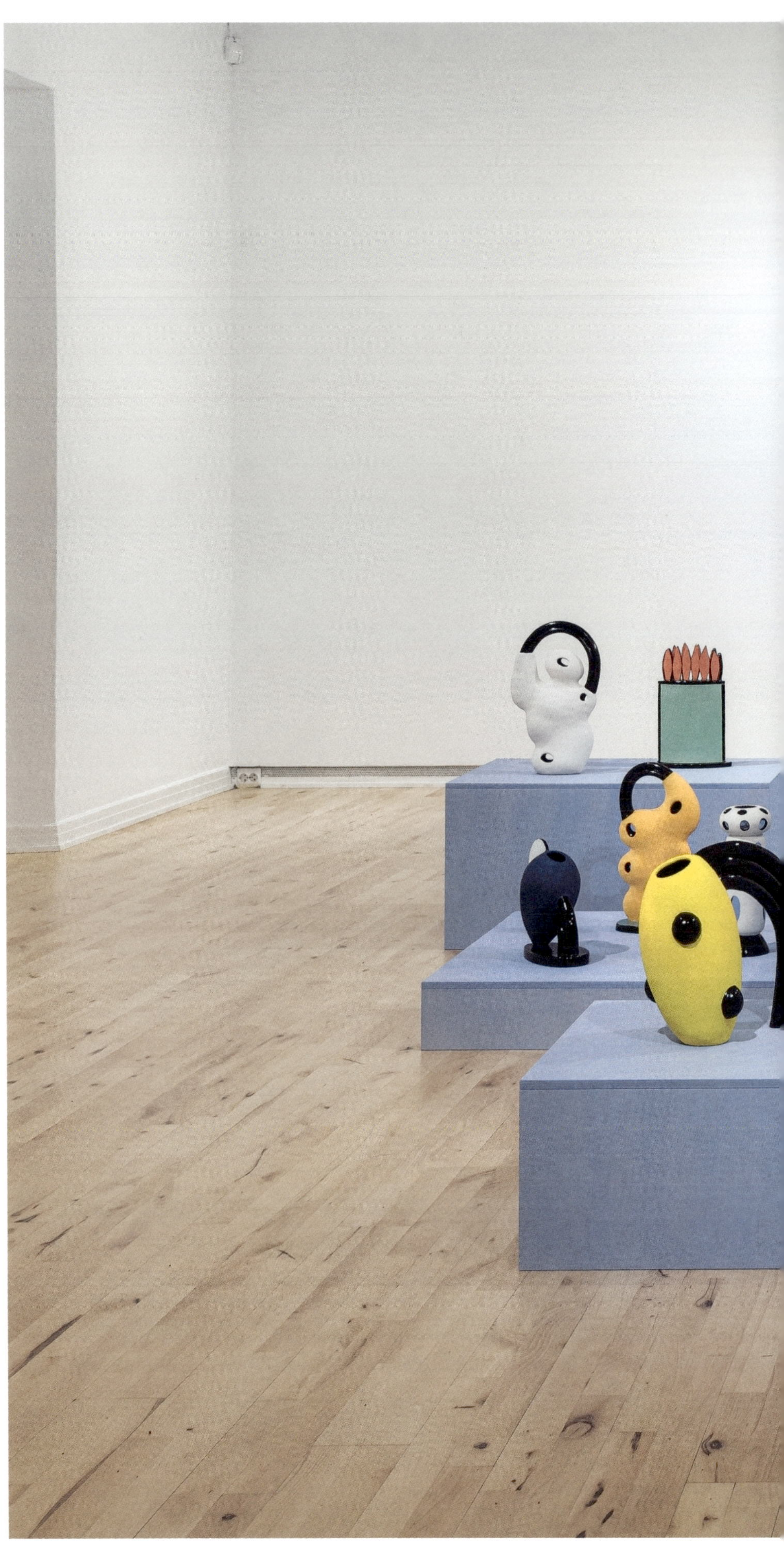

Previous page:
Tospann, 2022 (H: 47 cm)

This page:
Ceramic works from 2008—2024.
Various titles, mixed techniques,
H: 28 cm — 53 cm

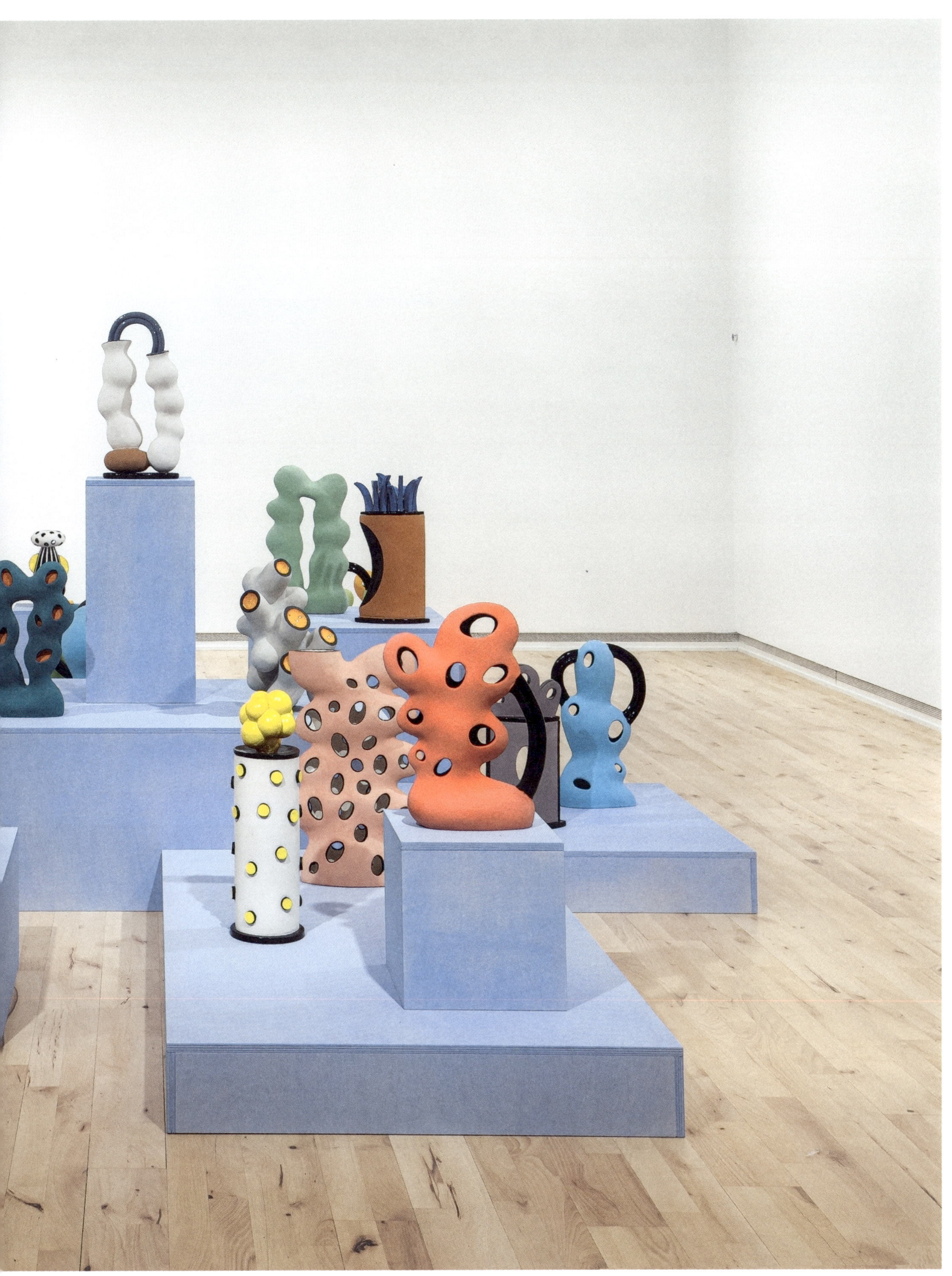

Skapning X, 2021 (H: 40 cm)
Hull og buer, 2019 (H: 76 cm)

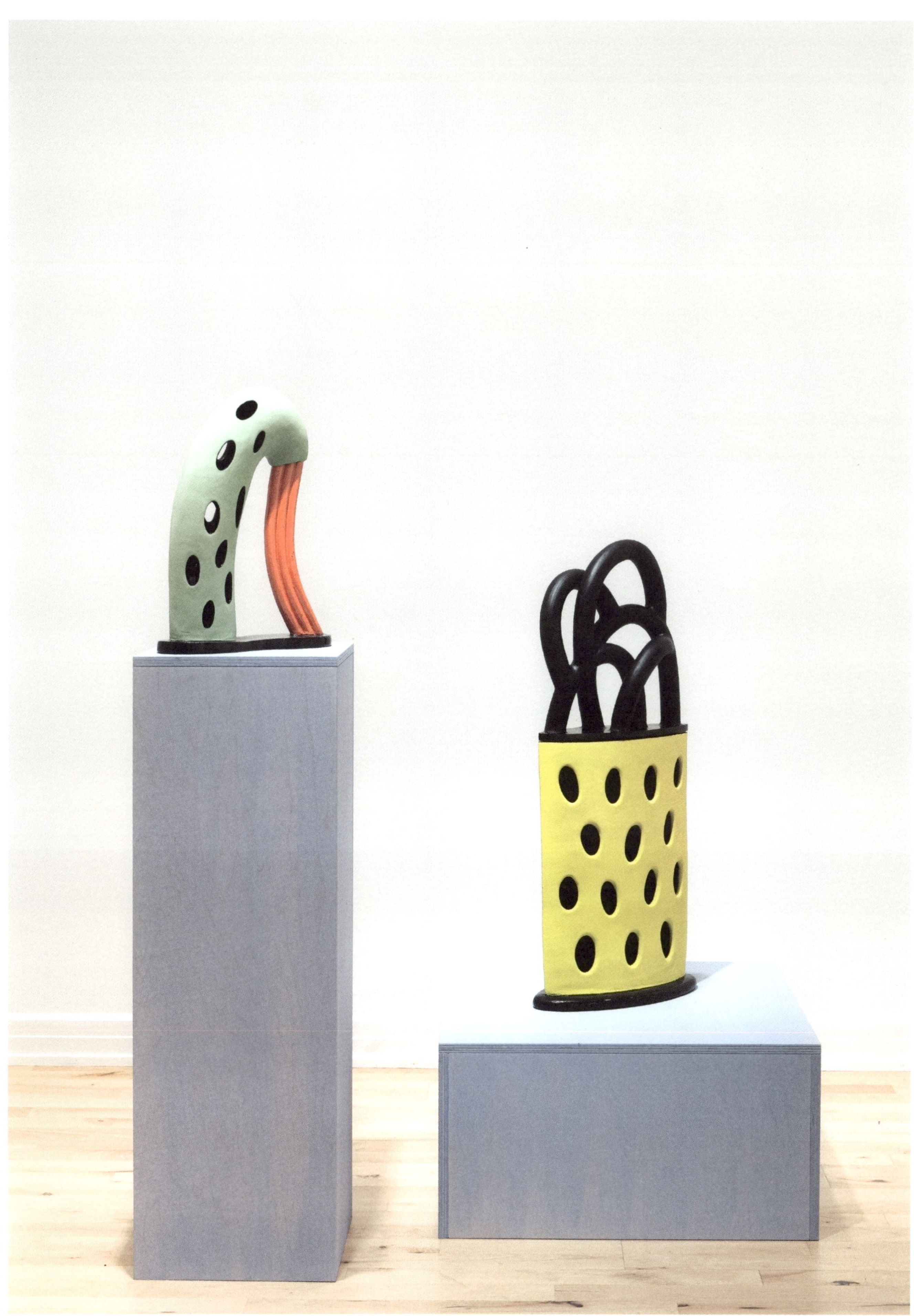

Skapning X, 2021 (H: 40 cm)

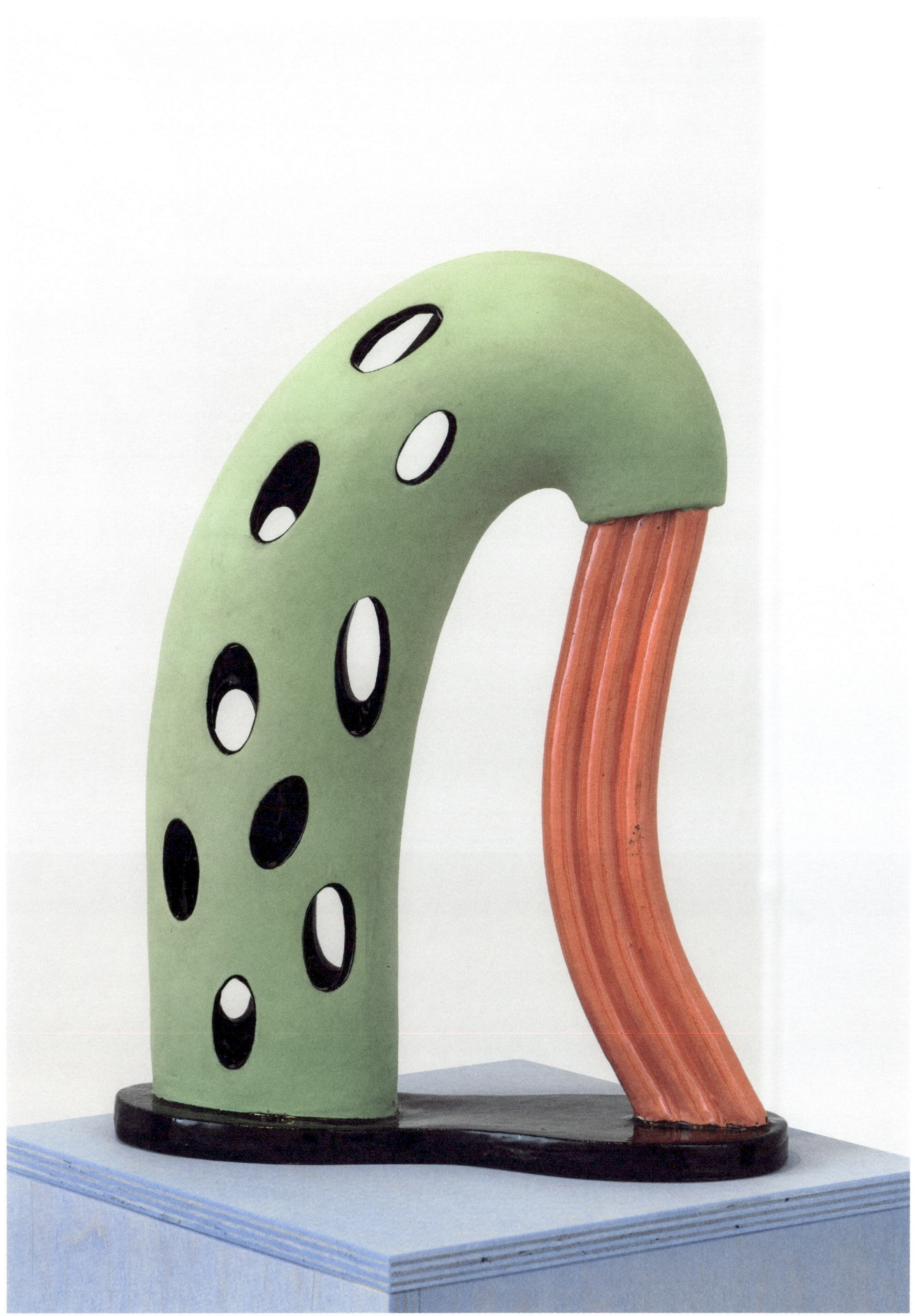

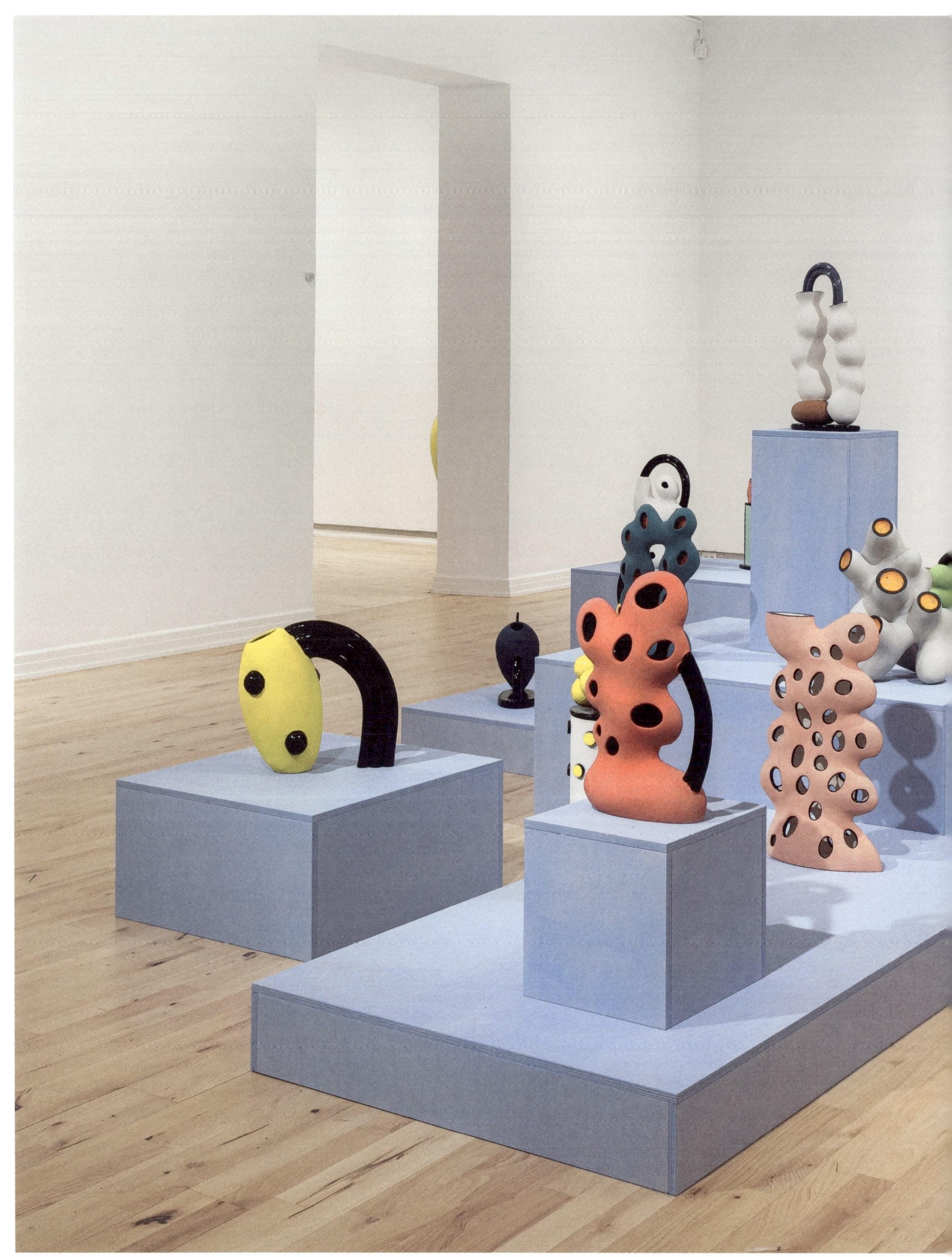

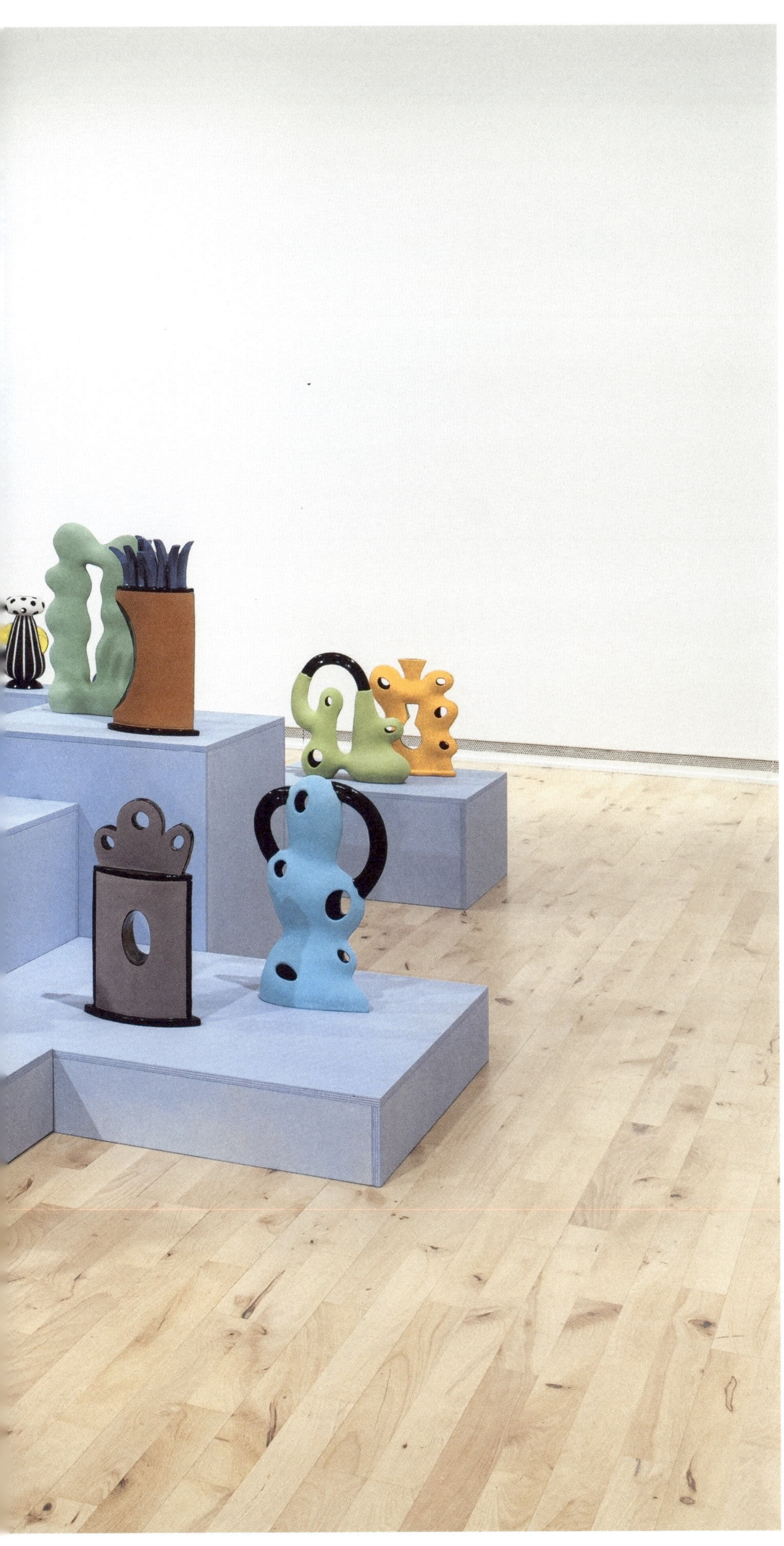

Ceramic works from 2008—2024.
Various titles, mixed techniques,
H: 28 cm — 53 cm

Figur 1, 2008 (H: 41 cm)

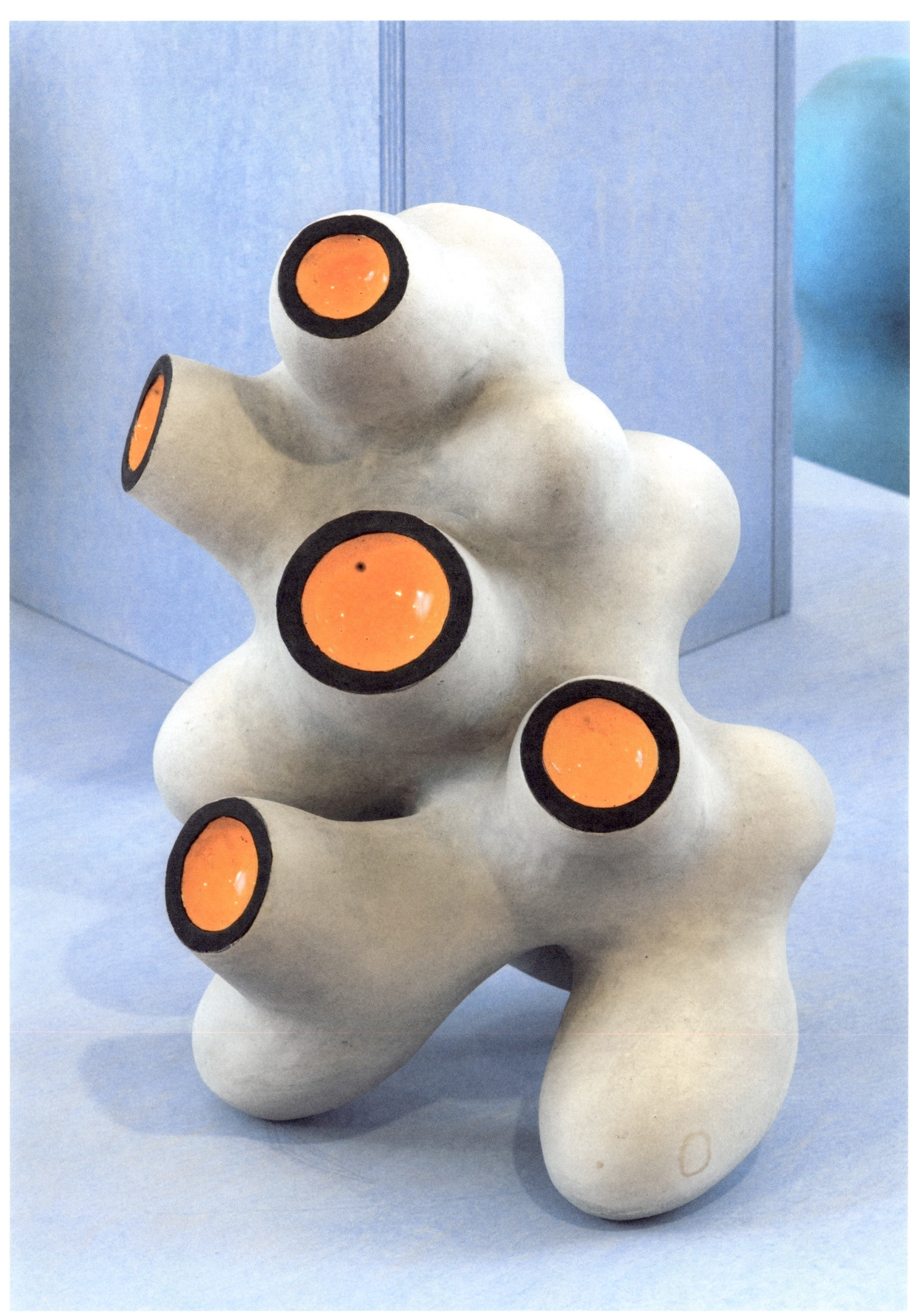

Hei, 2024 (H: 41 cm)
Sammensatt, 2021 (H: 35 cm)

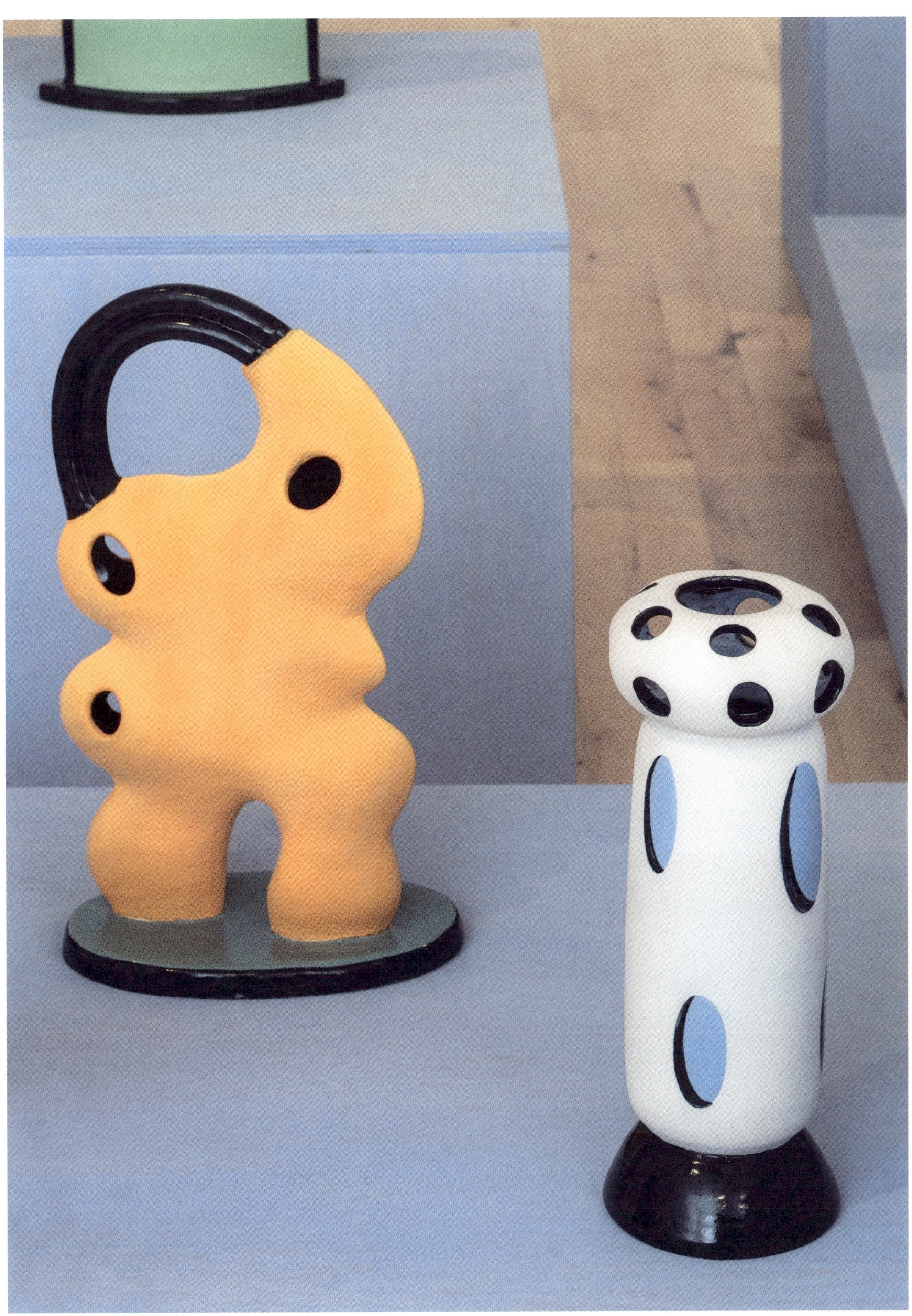

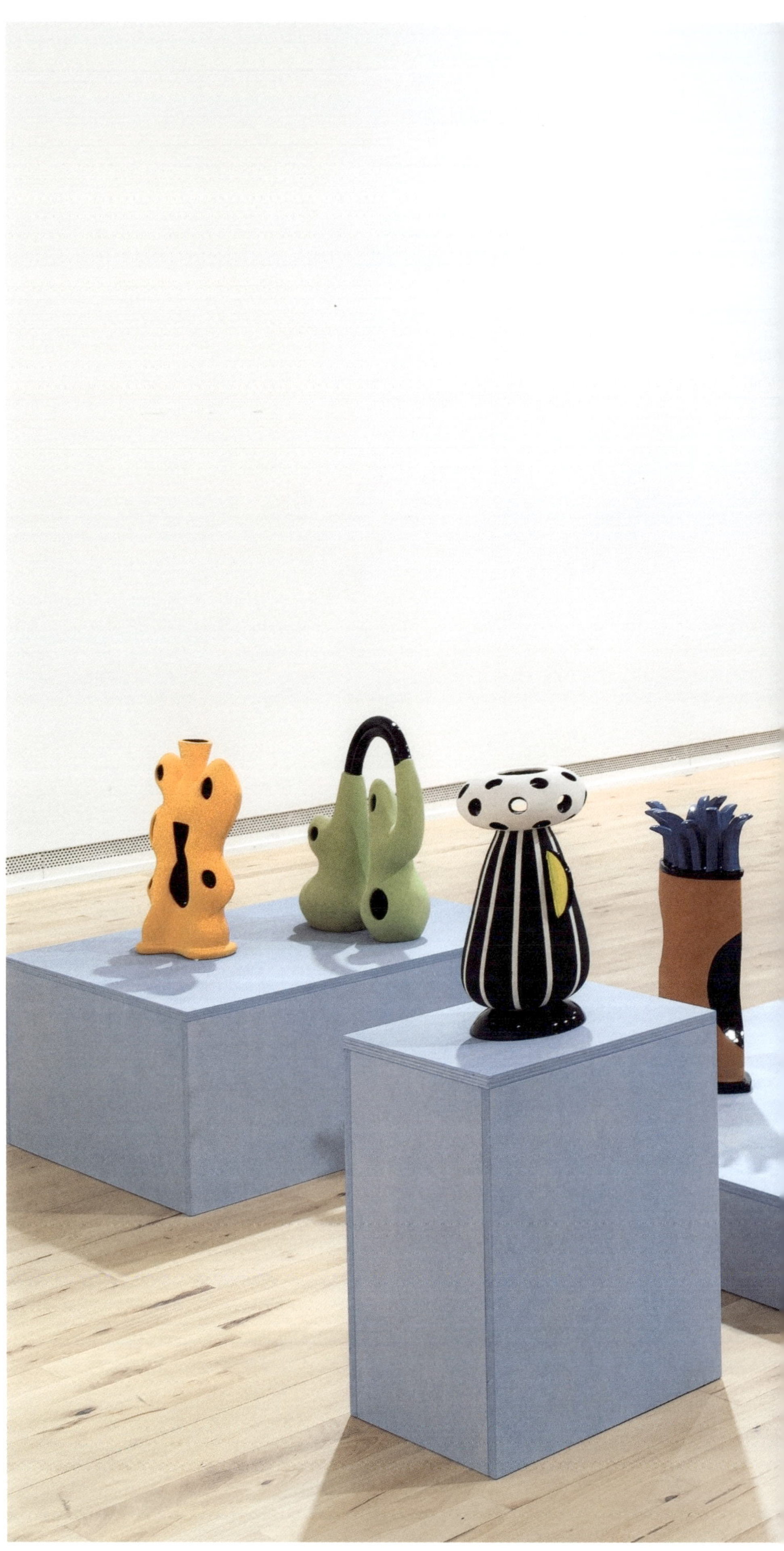

Ceramic works from 2008—2024.
Various titles, mixed techniques,
H: 28 cm — 53 cm

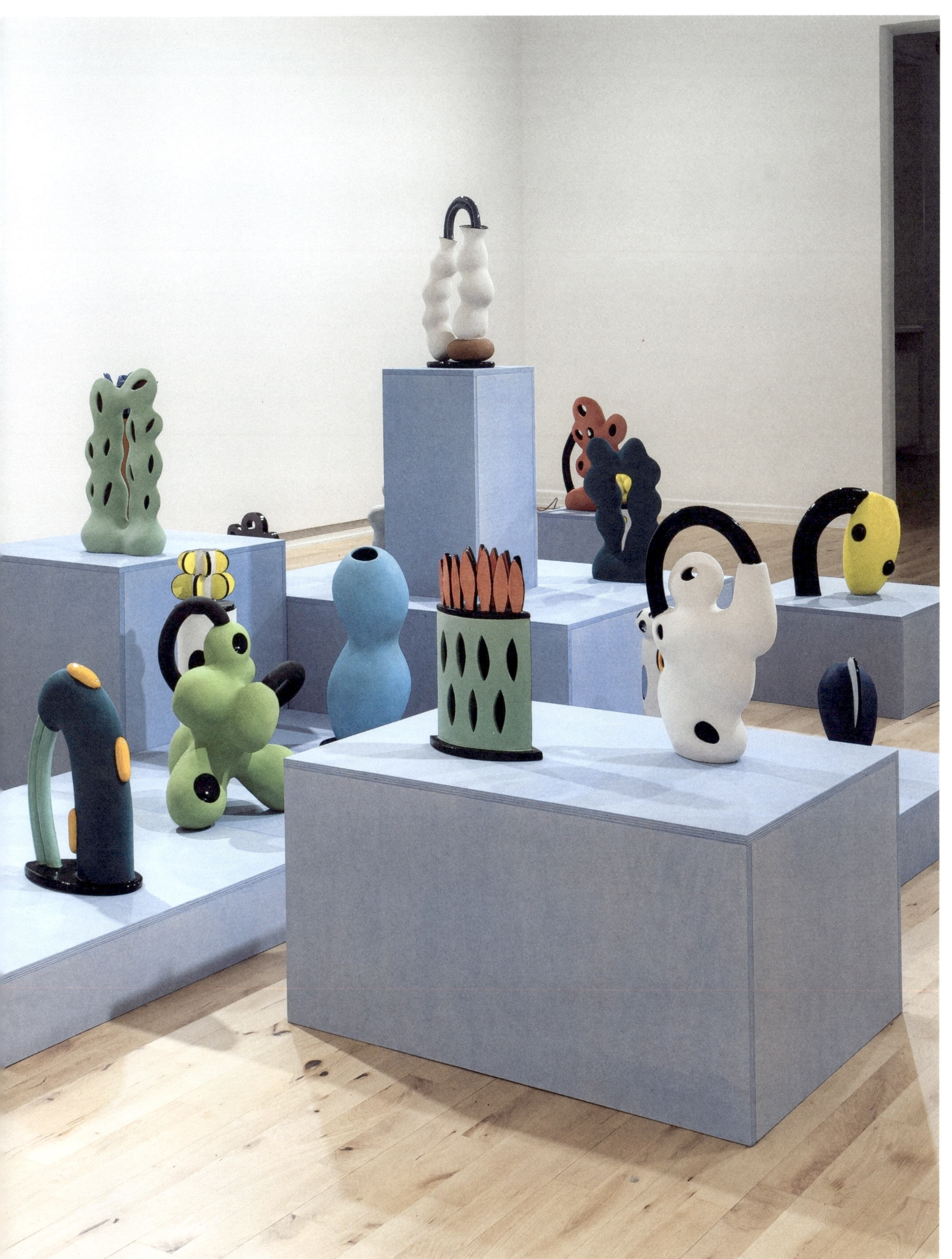

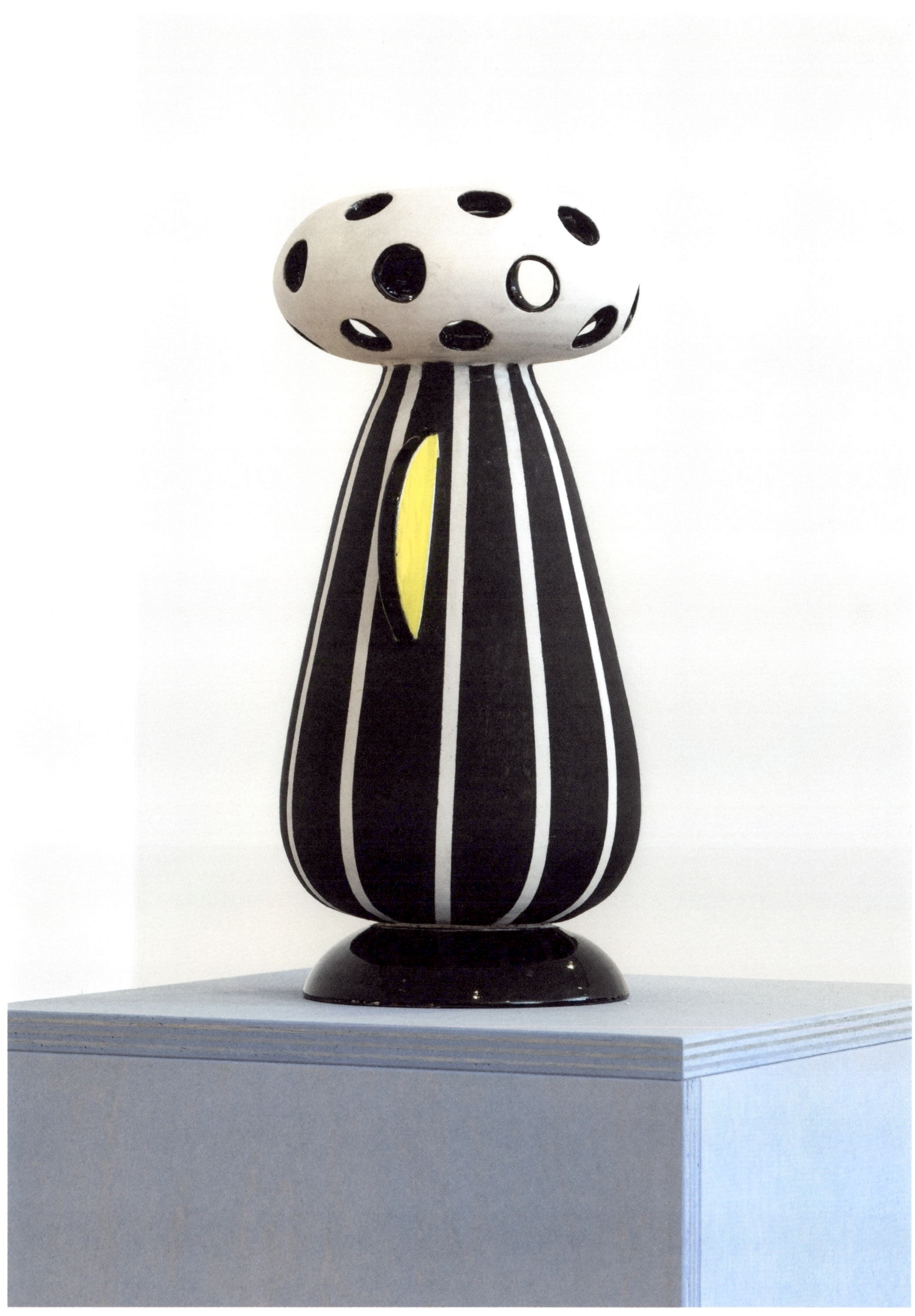

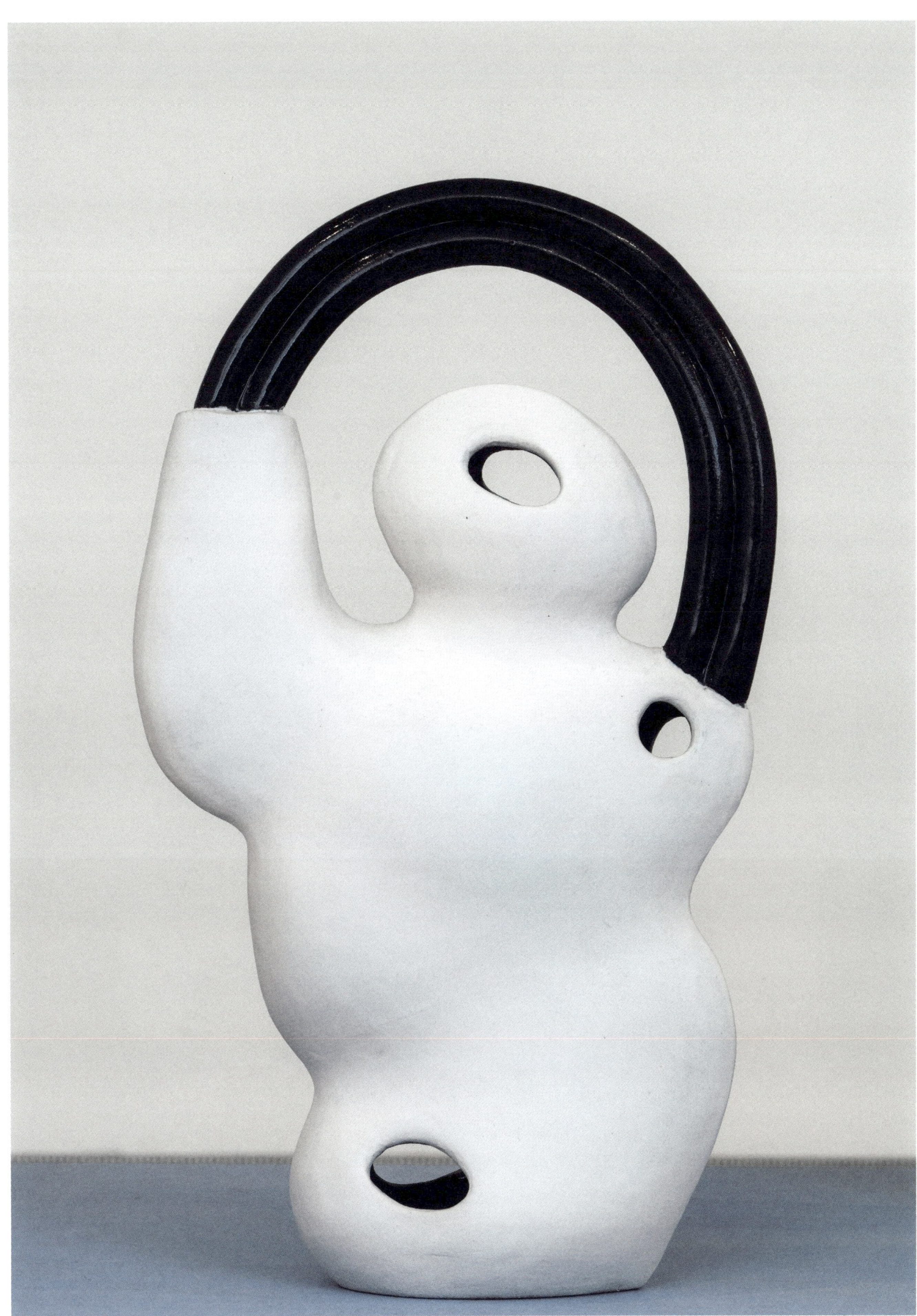

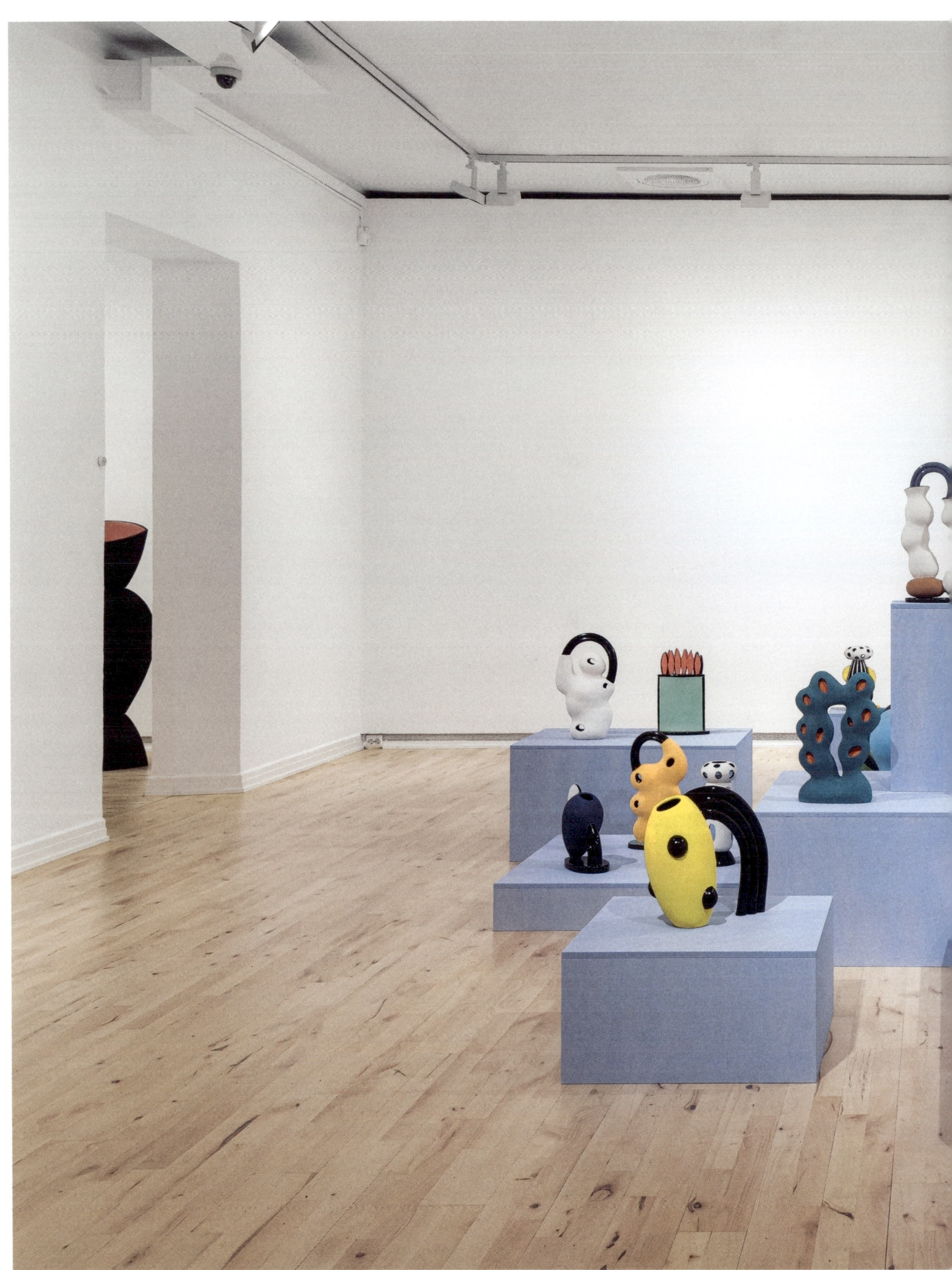

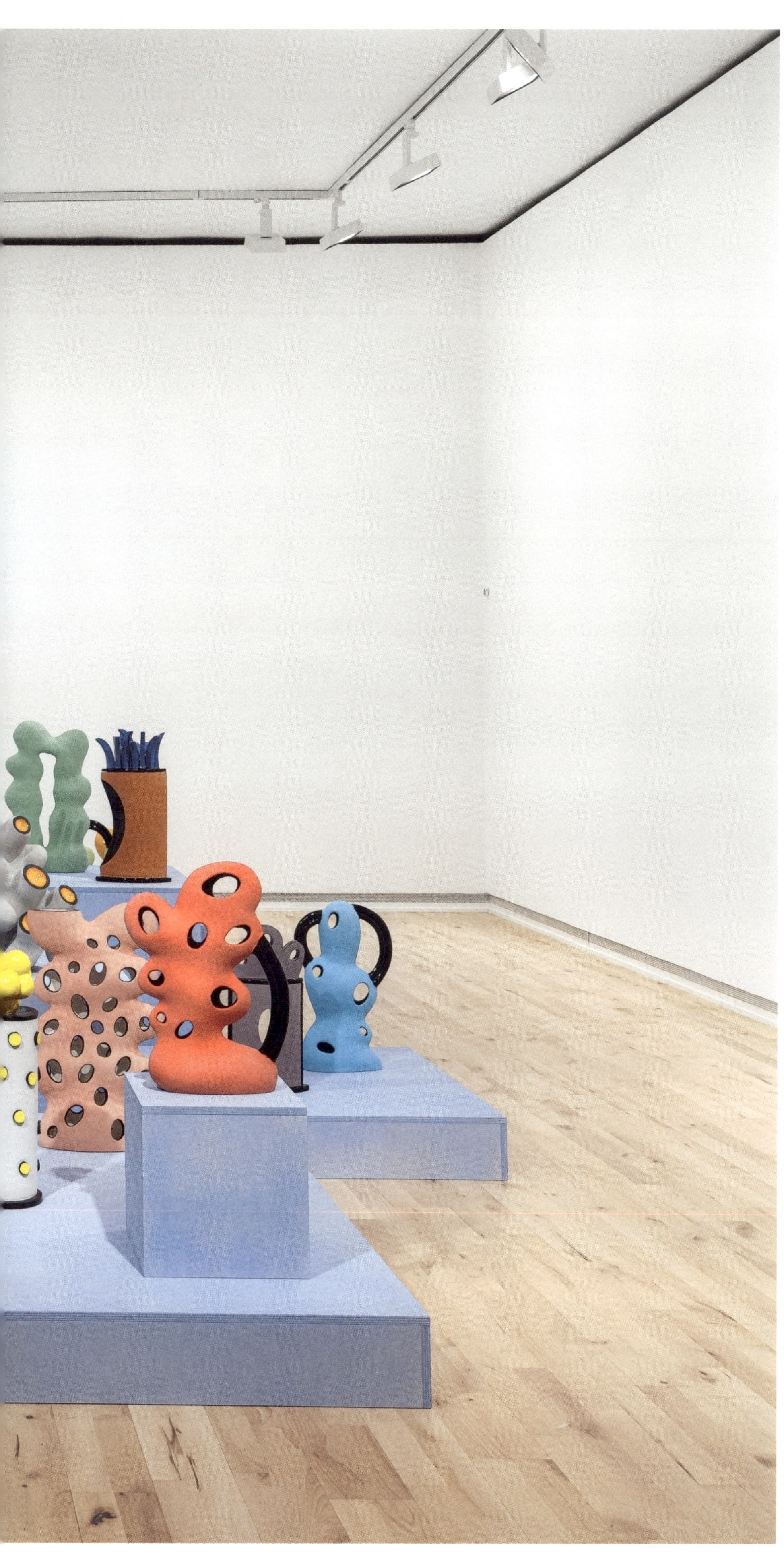

Ceramic works from 2008—2024.
Various titles, mixed techniques,
H: 28 cm — 53 cm

Sint, 2023 (H: 42 cm)
Hullete, 2006 (H: 53 cm)

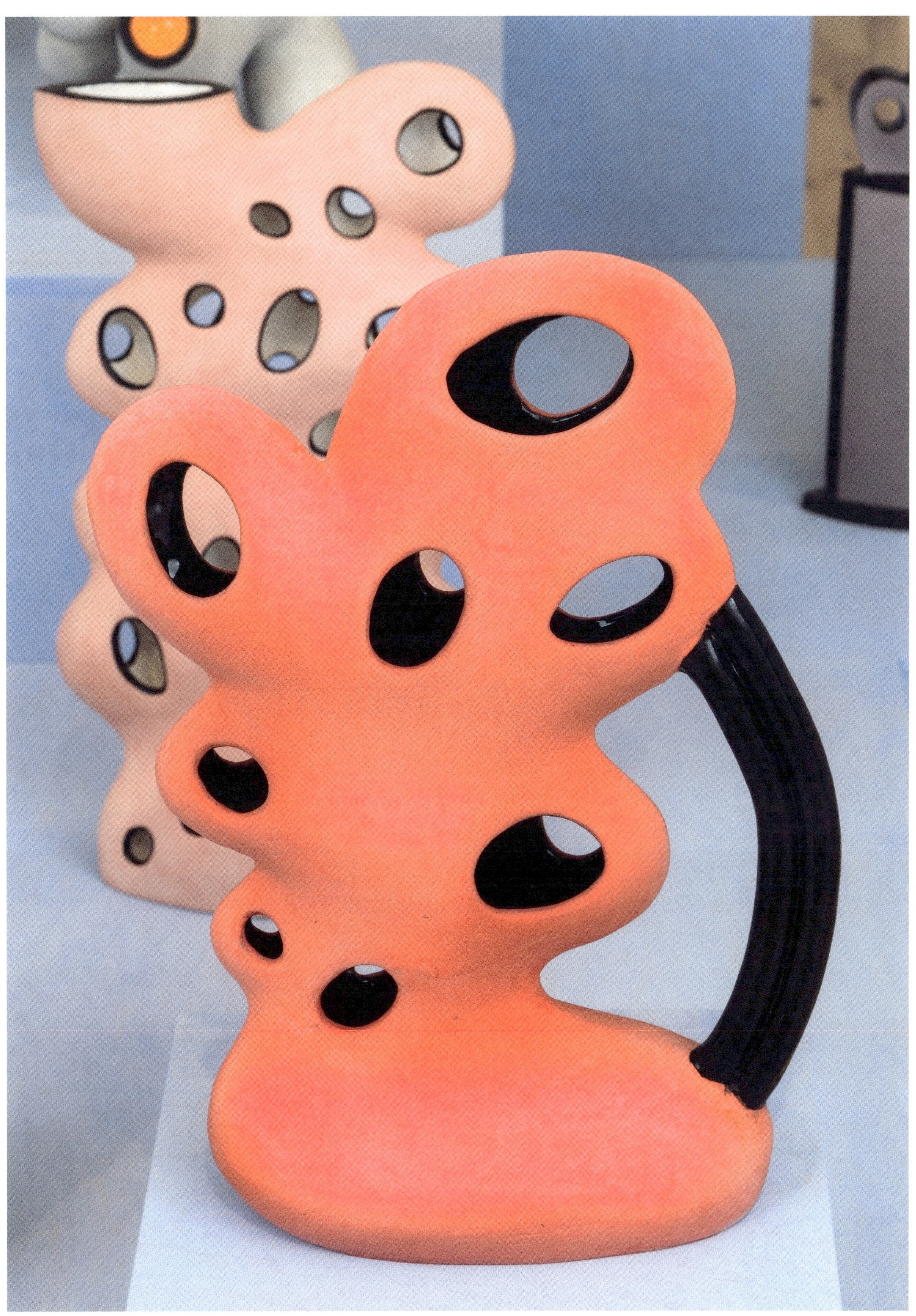

Gul med kuler, 2022 (H: 36 cm)

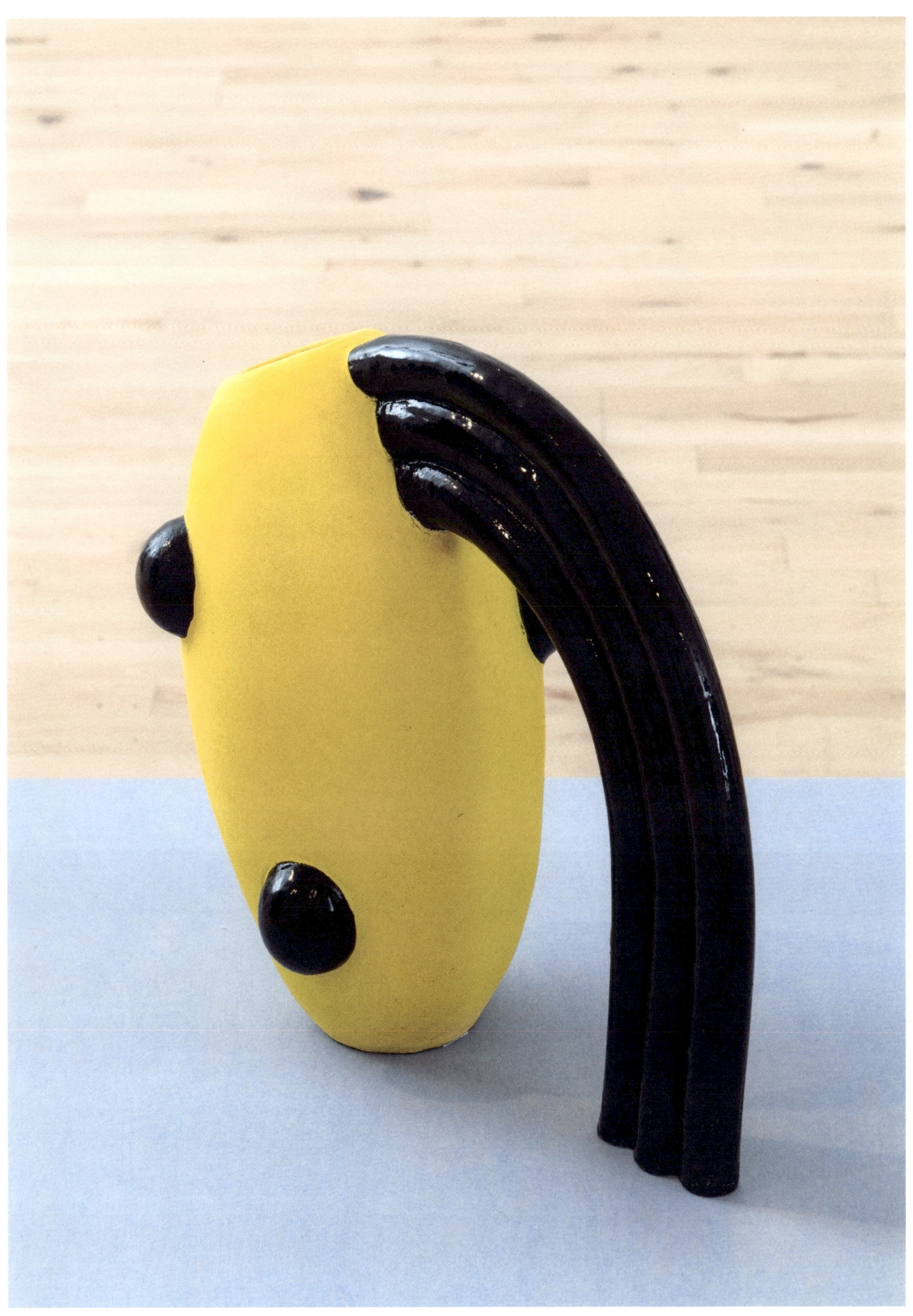

2010 —— 2020

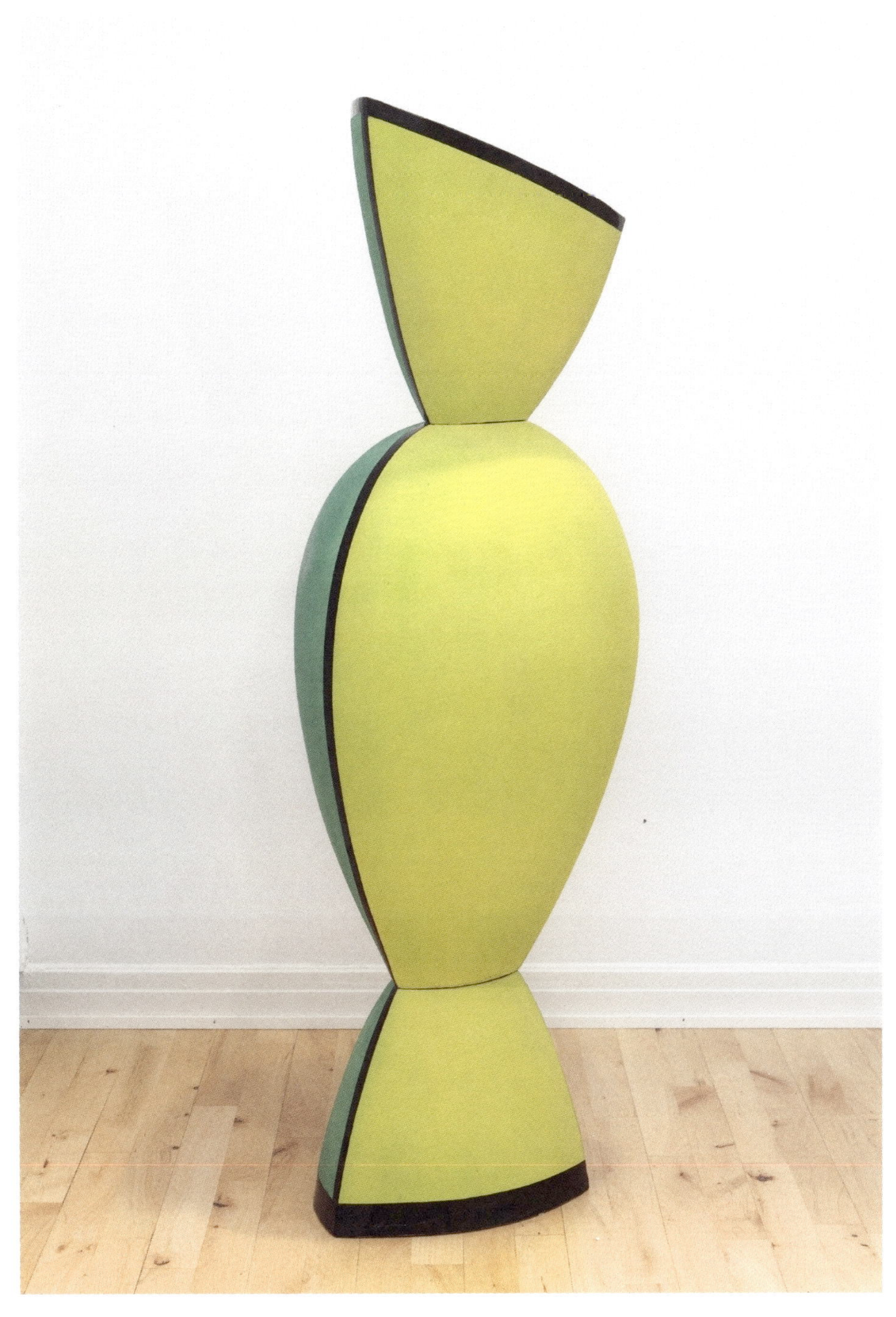

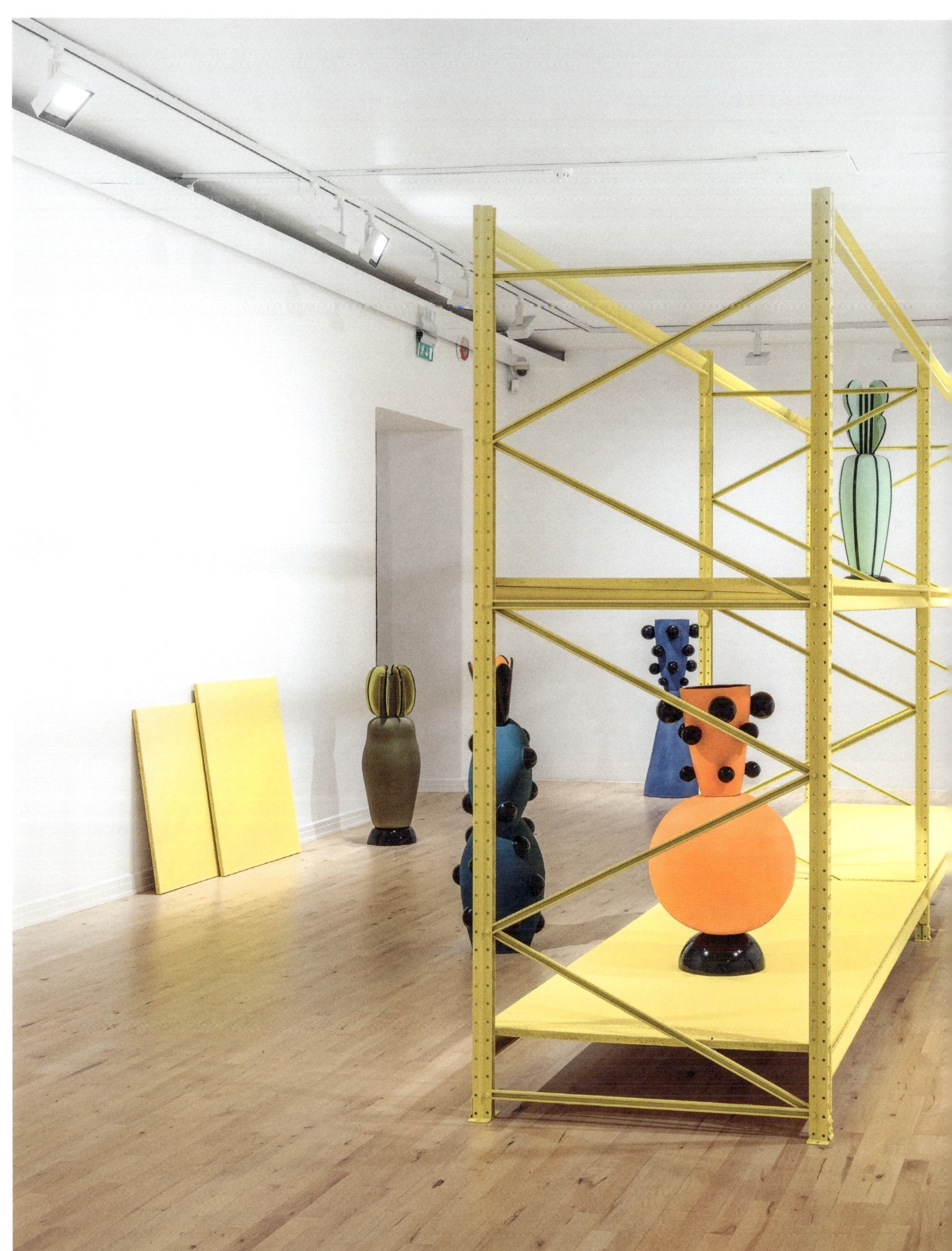

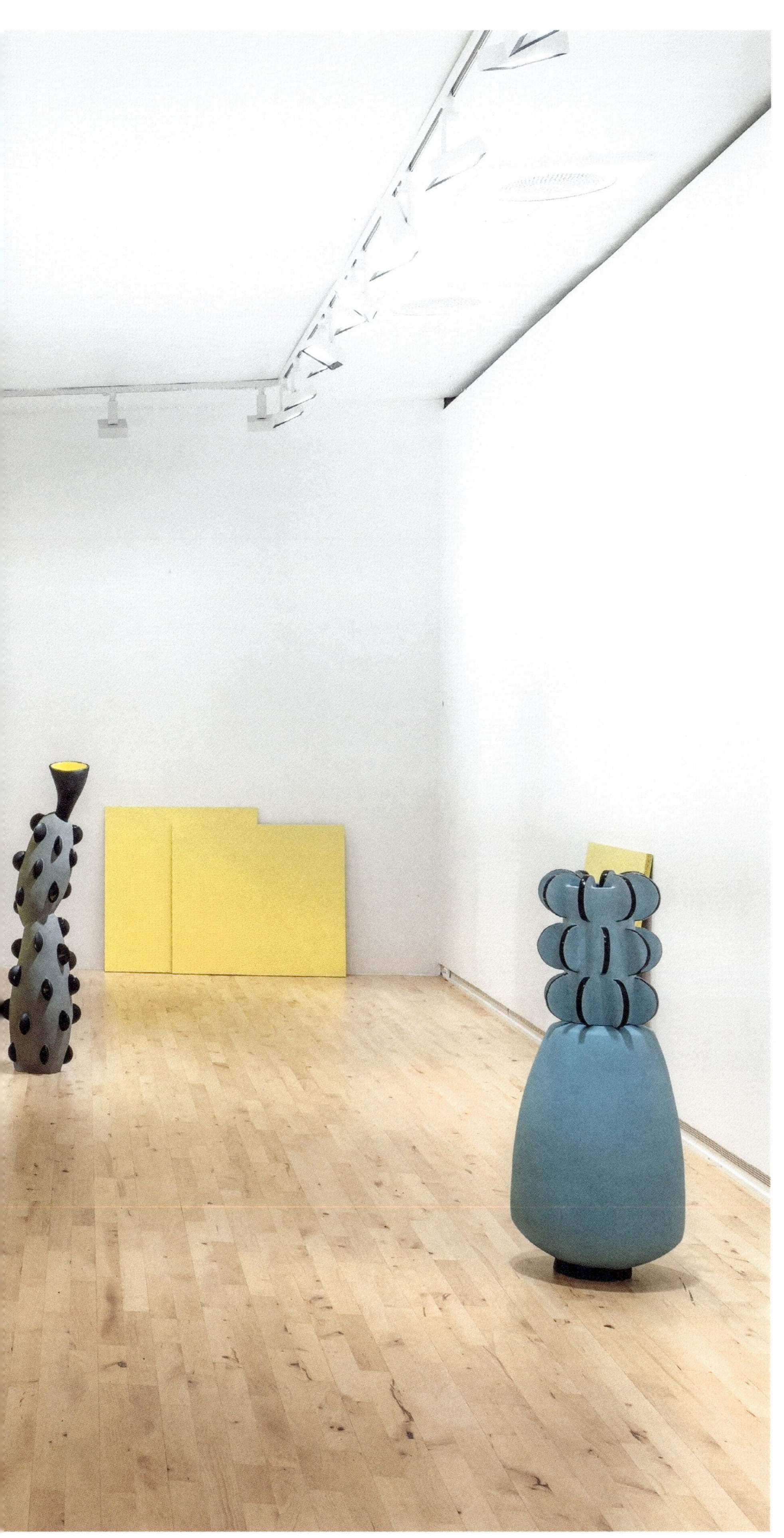

Page 75:
Tre–delt, 1998—2017 (H: 130 cm)

This page:
Ceramic works from 2010—2019.
Various titles, mixed techniques,
H: 75 cm — 132 cm

Toppen, 2018 (H: 110 cm)

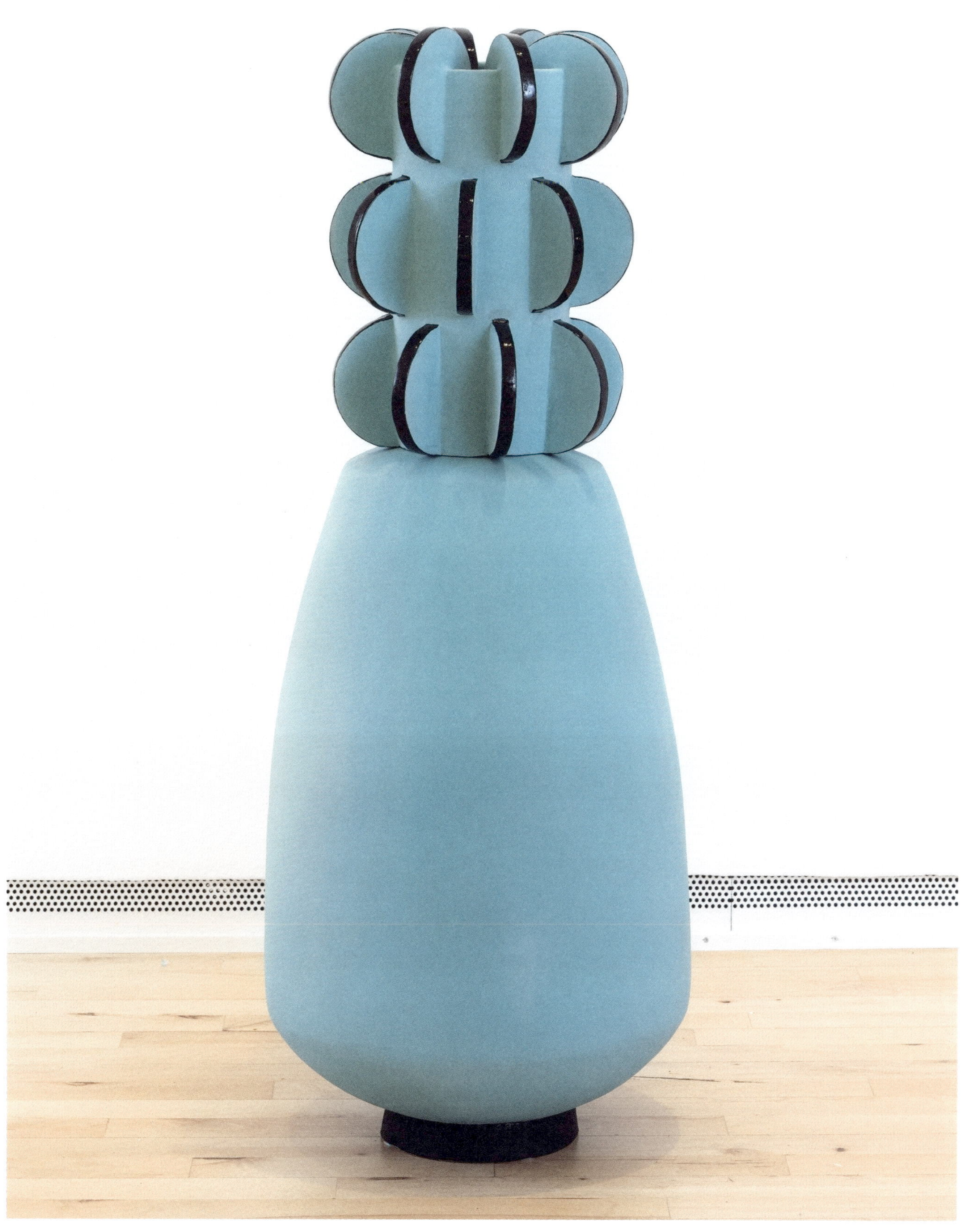

Dynamo, 2014 (H: 105 cm)

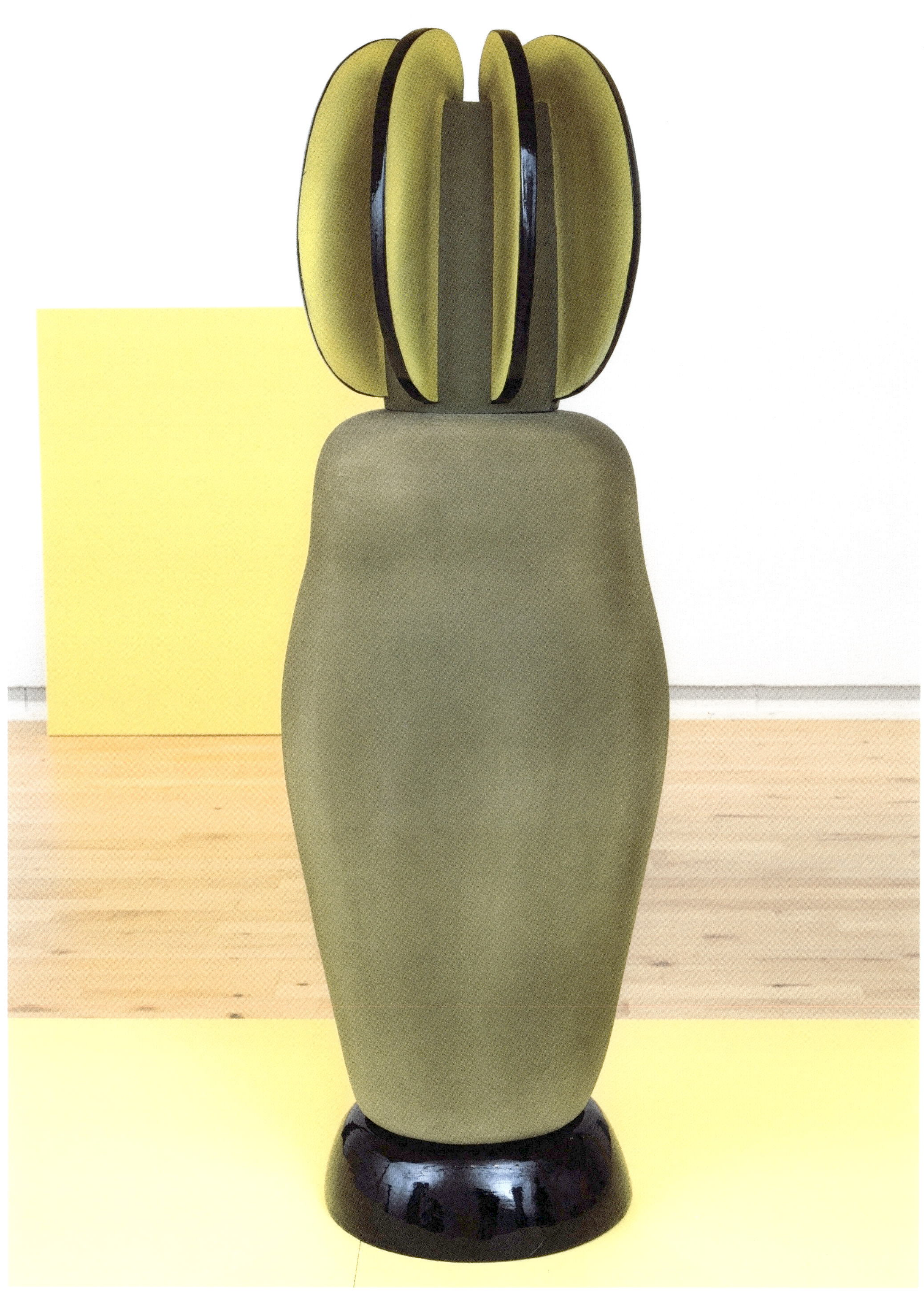

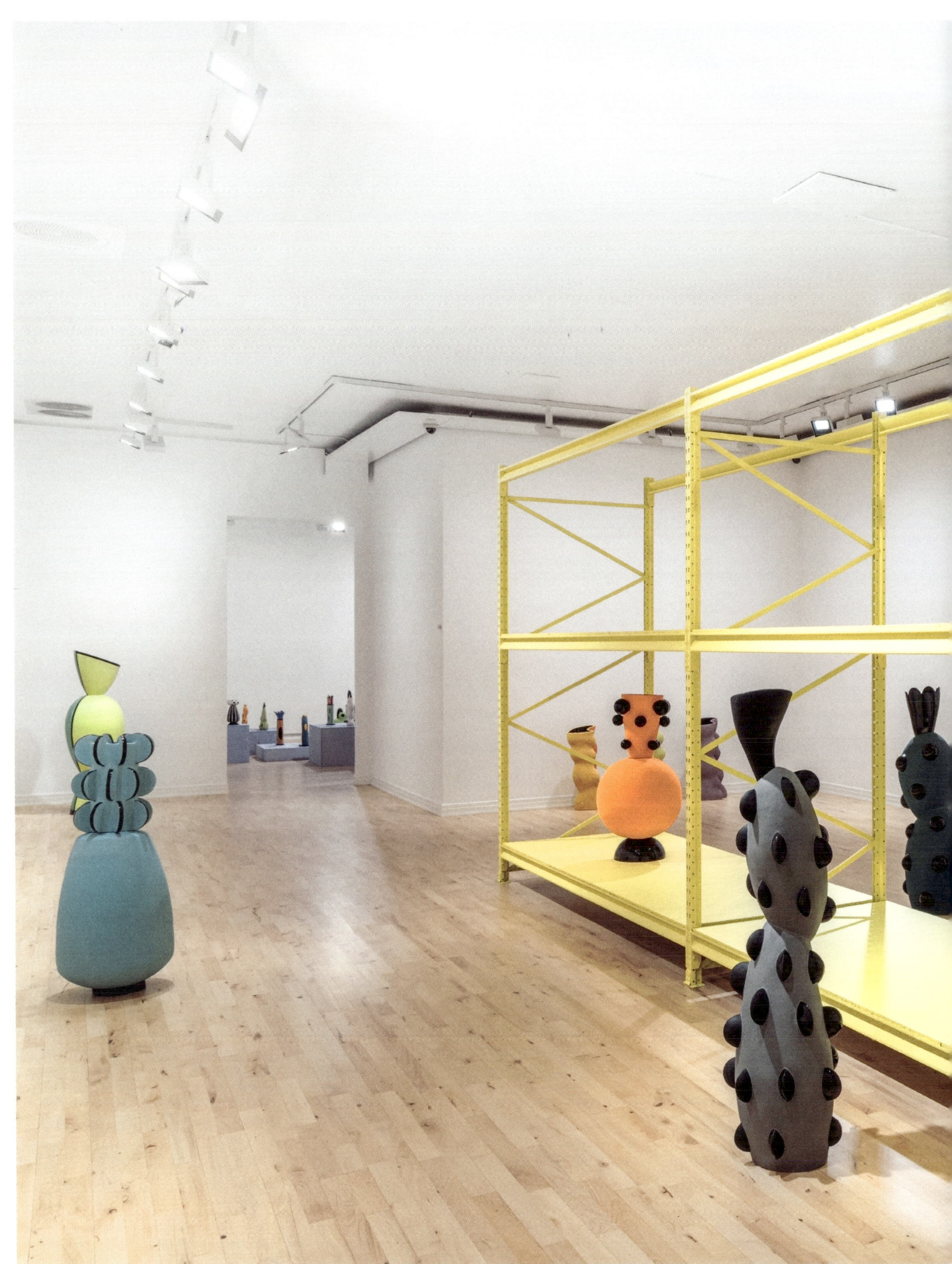

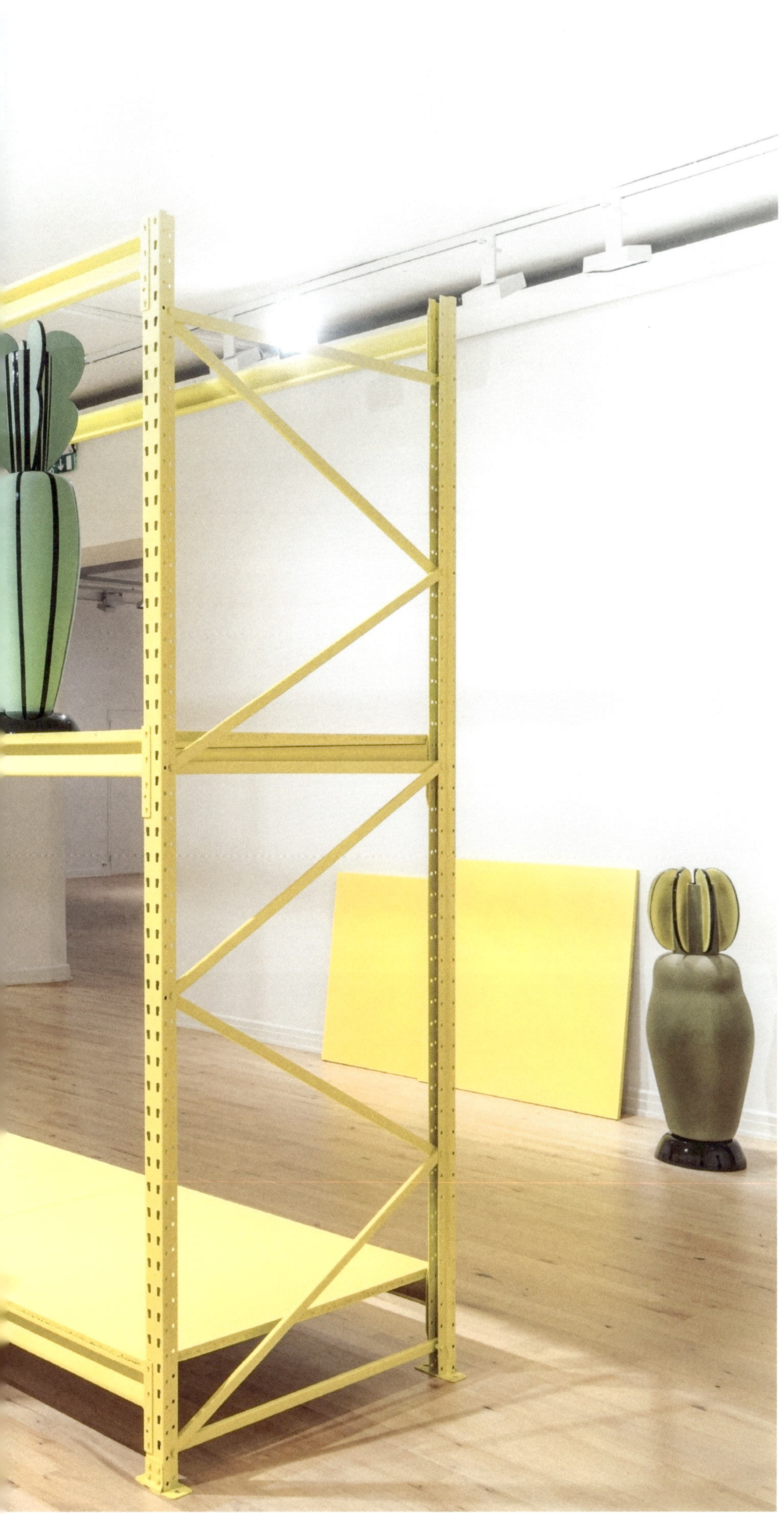

Ceramic works from 2010—2019.
Various titles, mixed techniques,
H: 75 cm — 132 cm

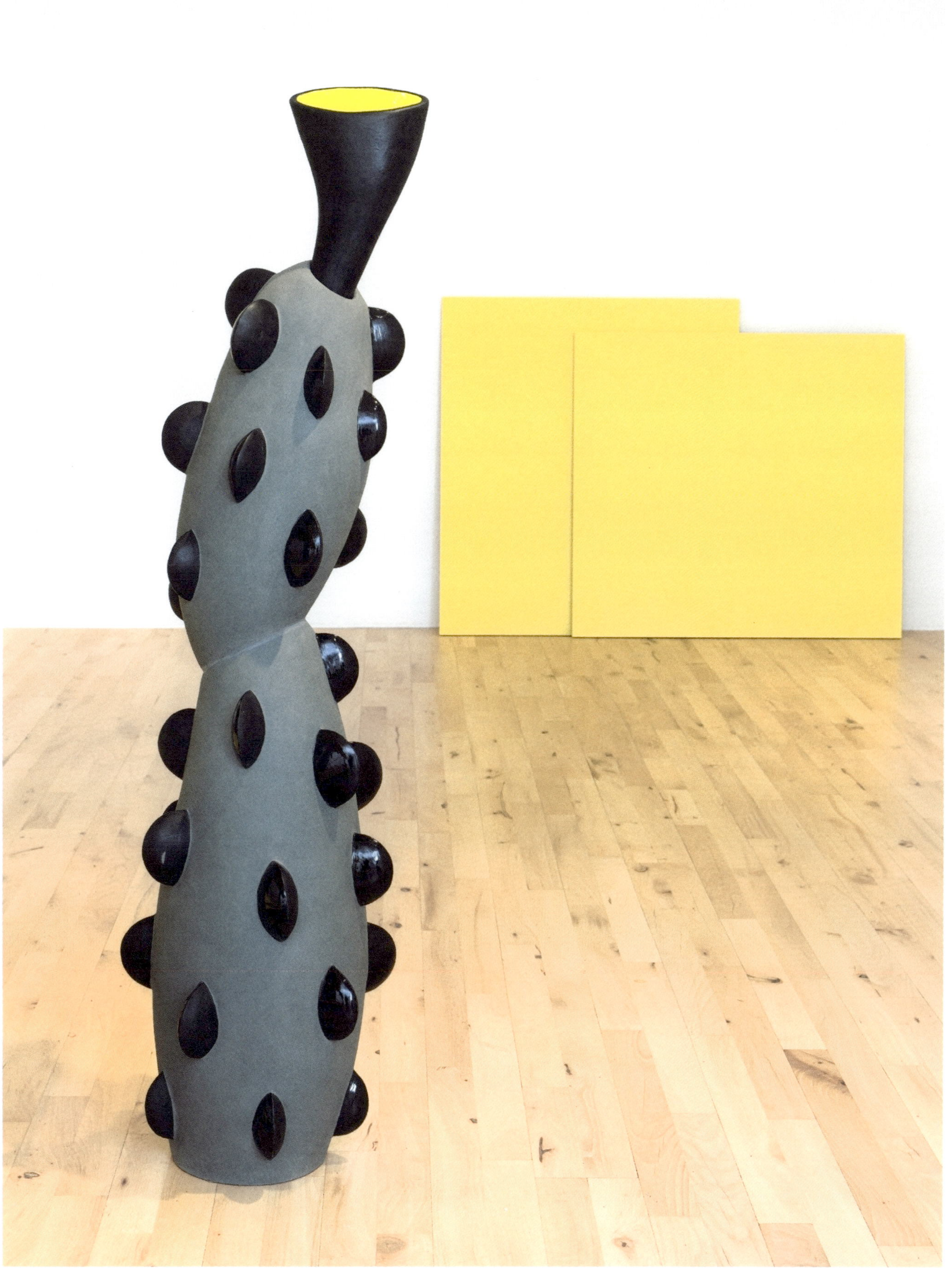

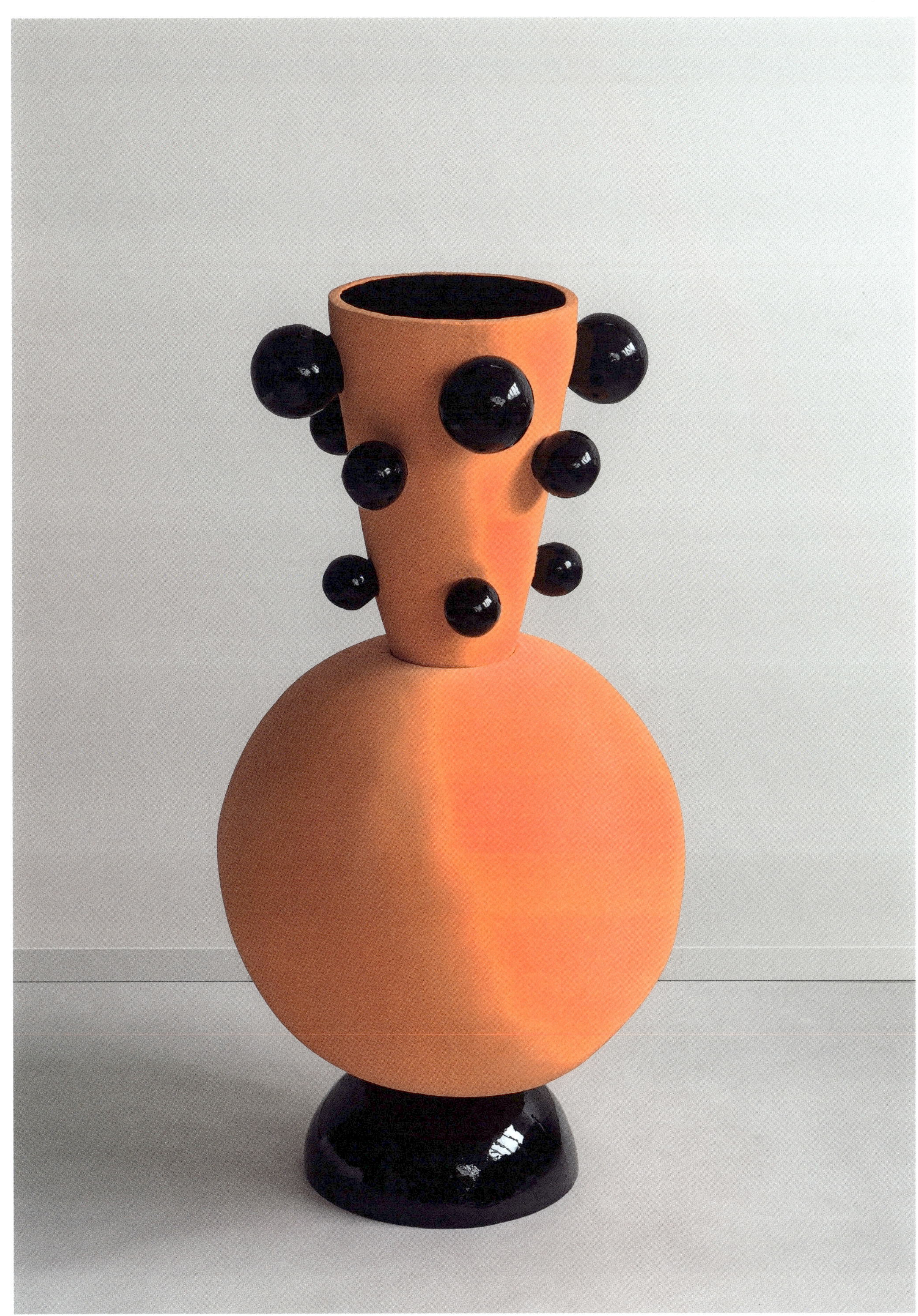

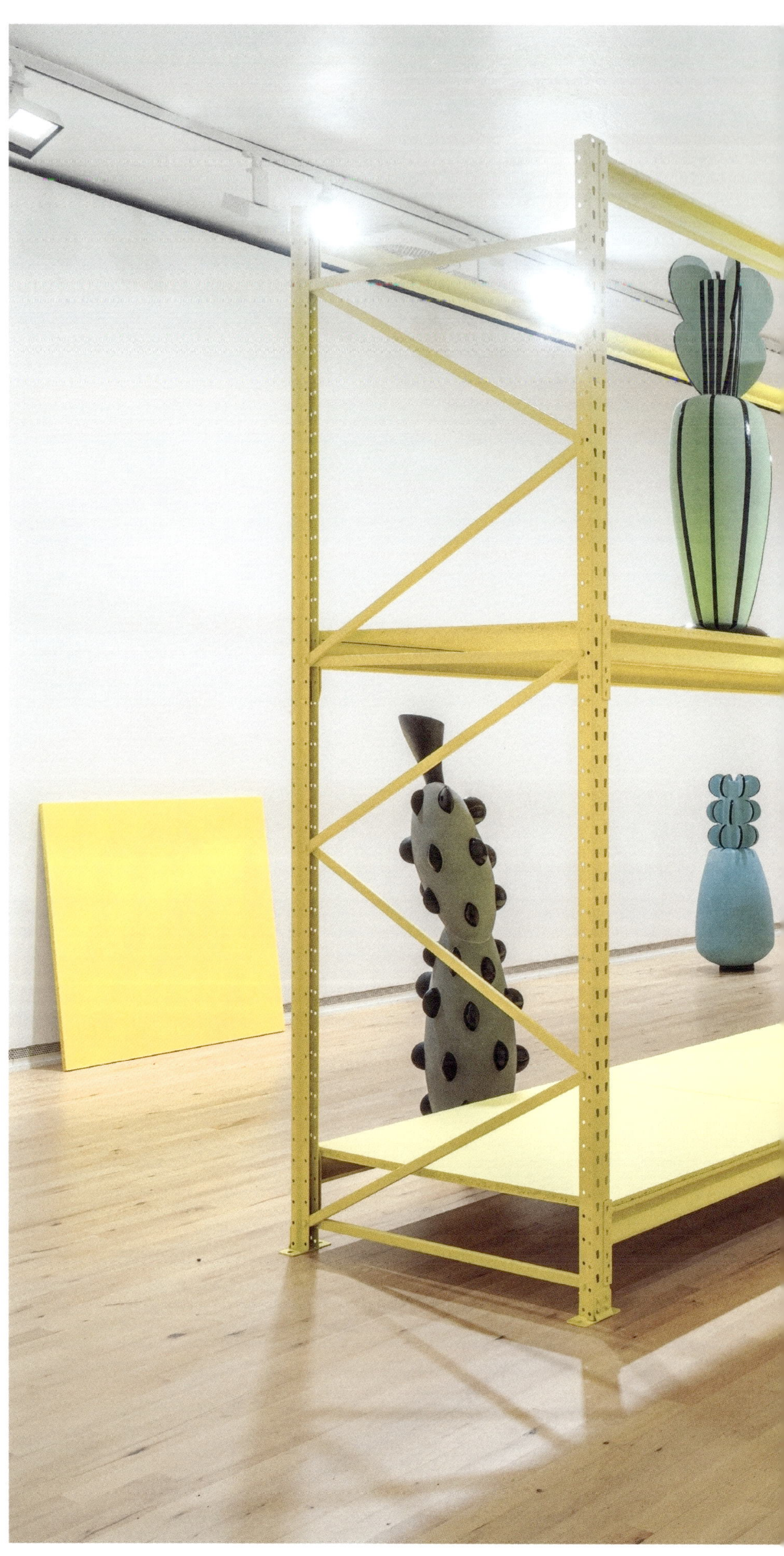

Ceramic works from 2010—2019.
Various titles, mixed techniques,
H: 75 cm — 132 cm

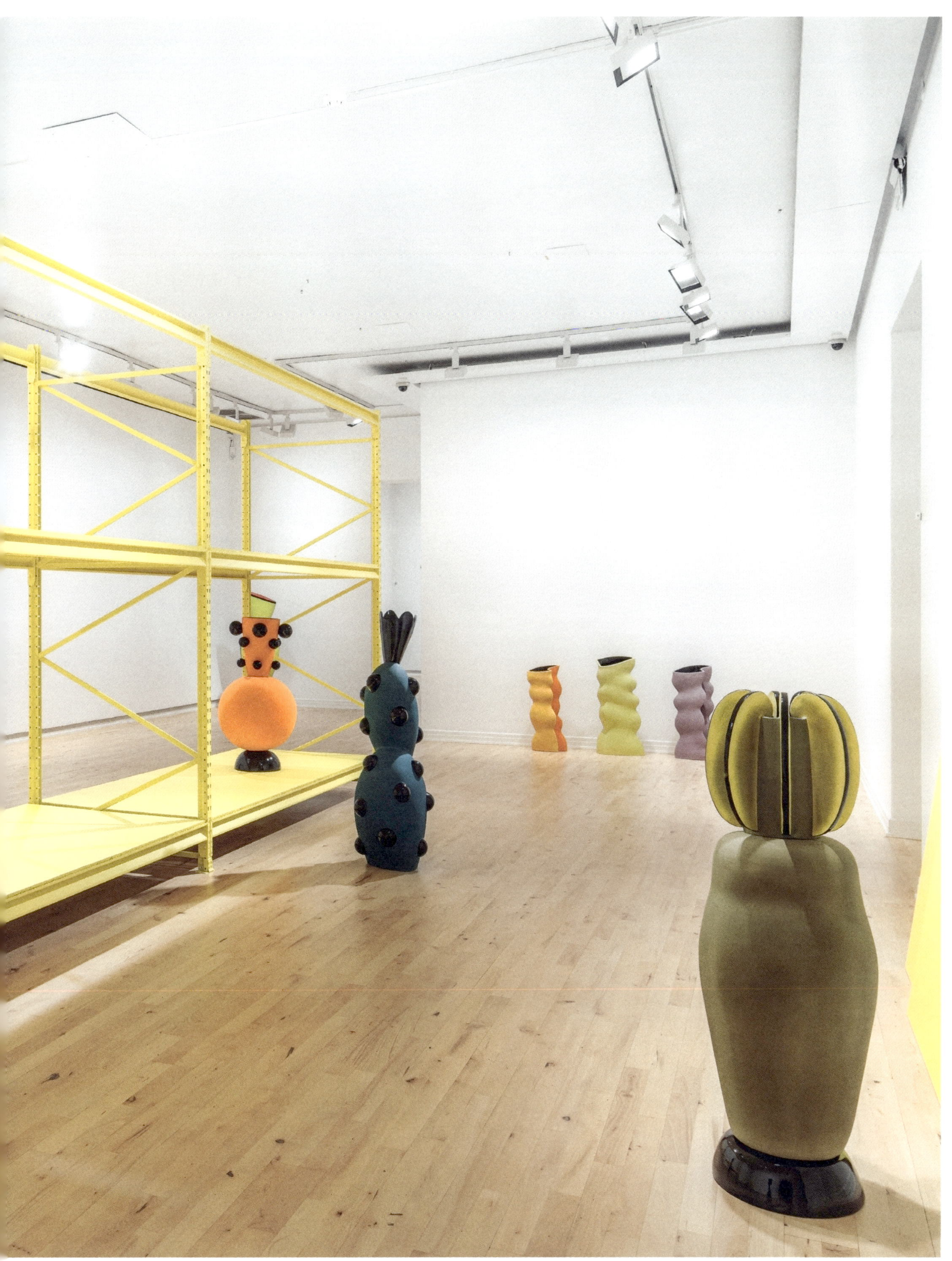

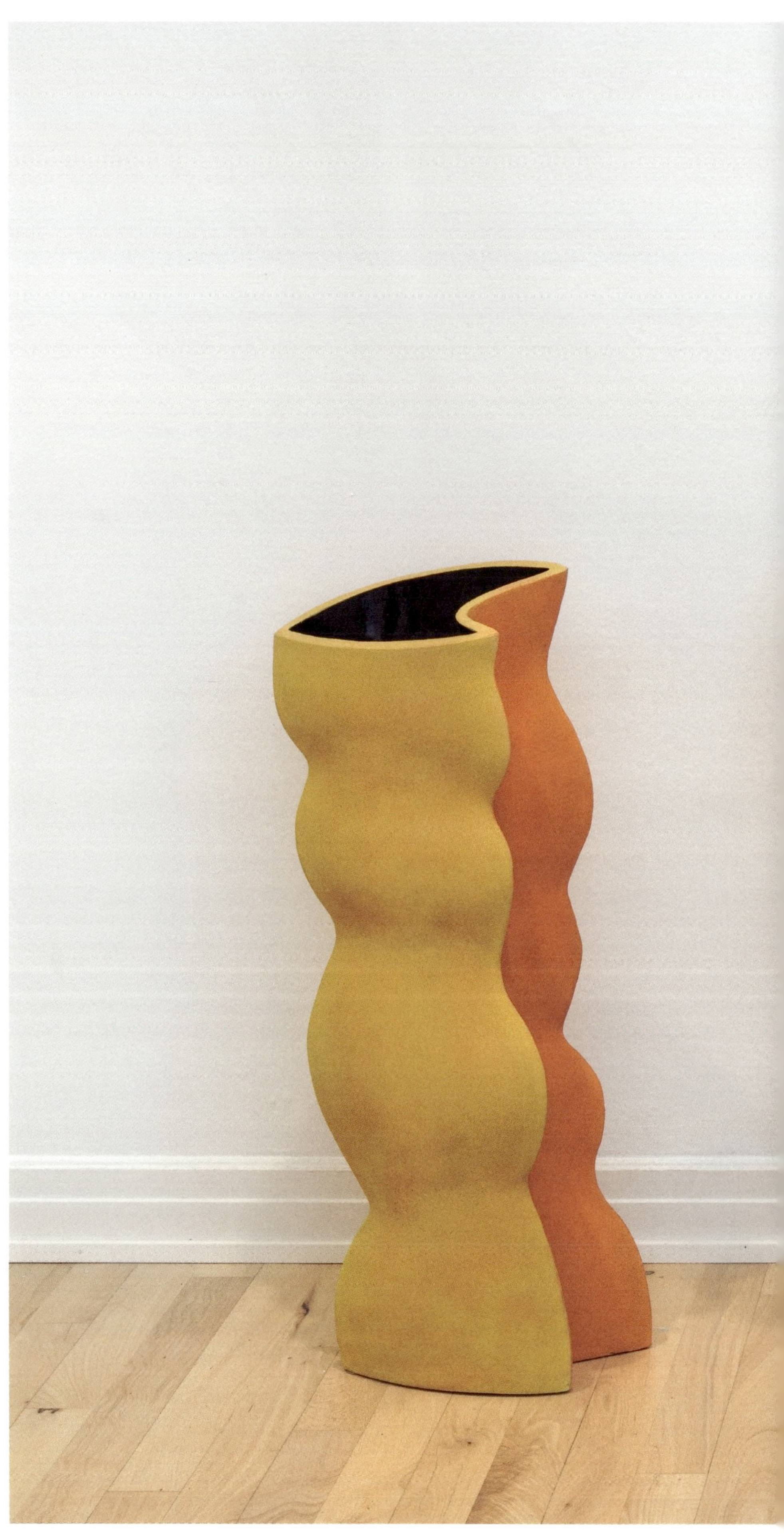

Oransje bølge, 2018 (H: 75 cm)
Grønn bølge, 2018 (H: 80 cm)
Violett bølge, 2018 (H: 77 cm)

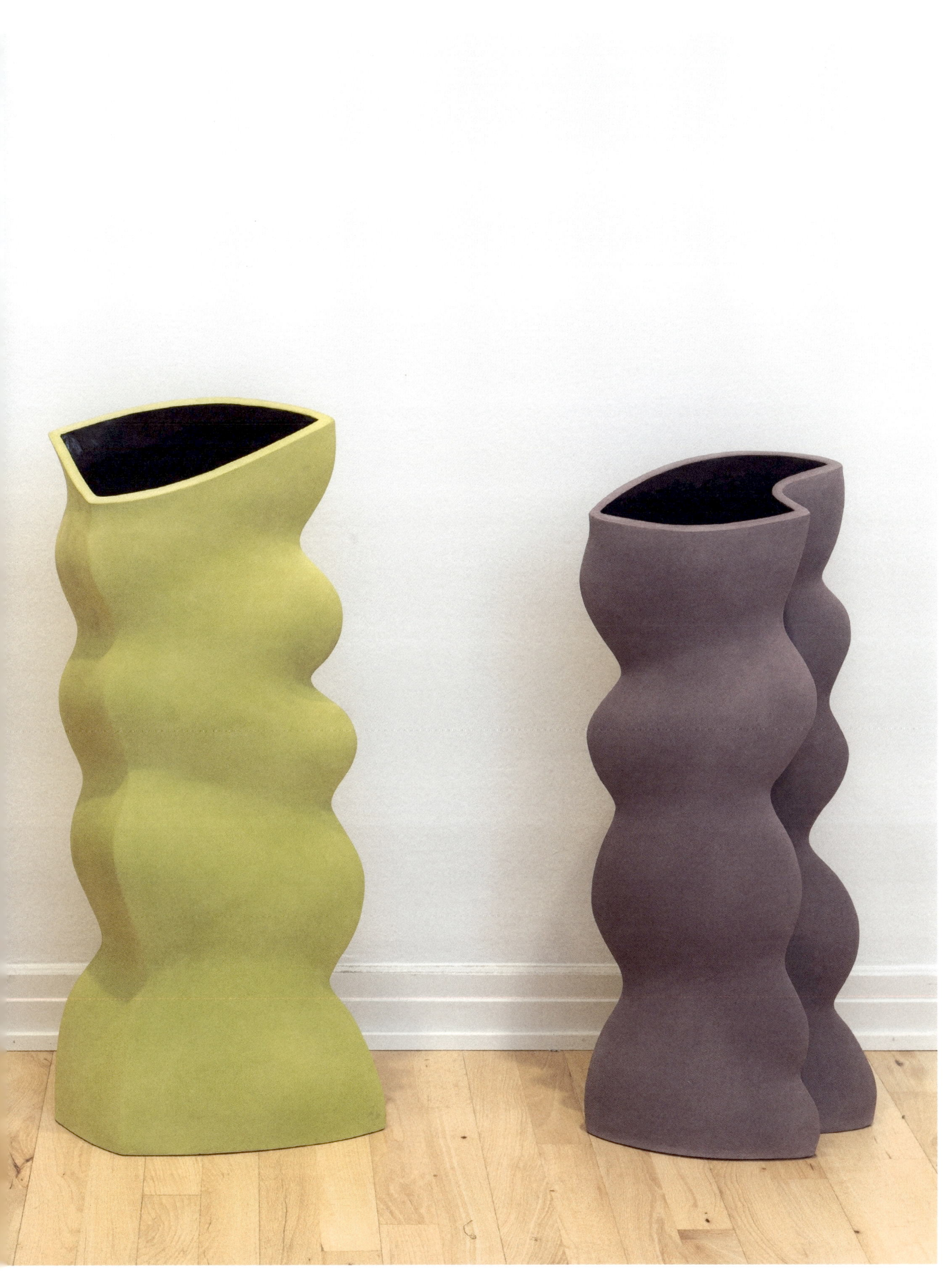

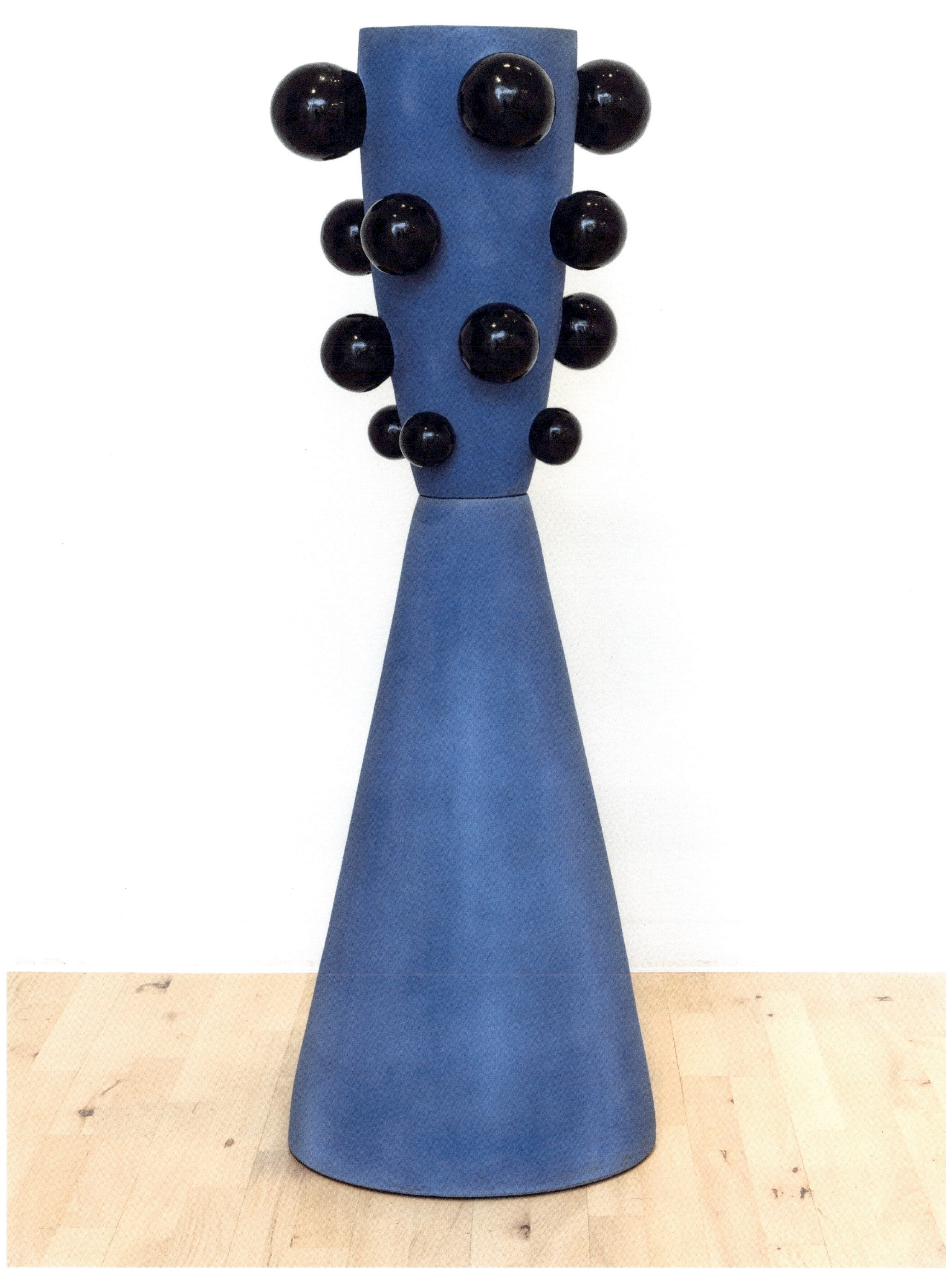

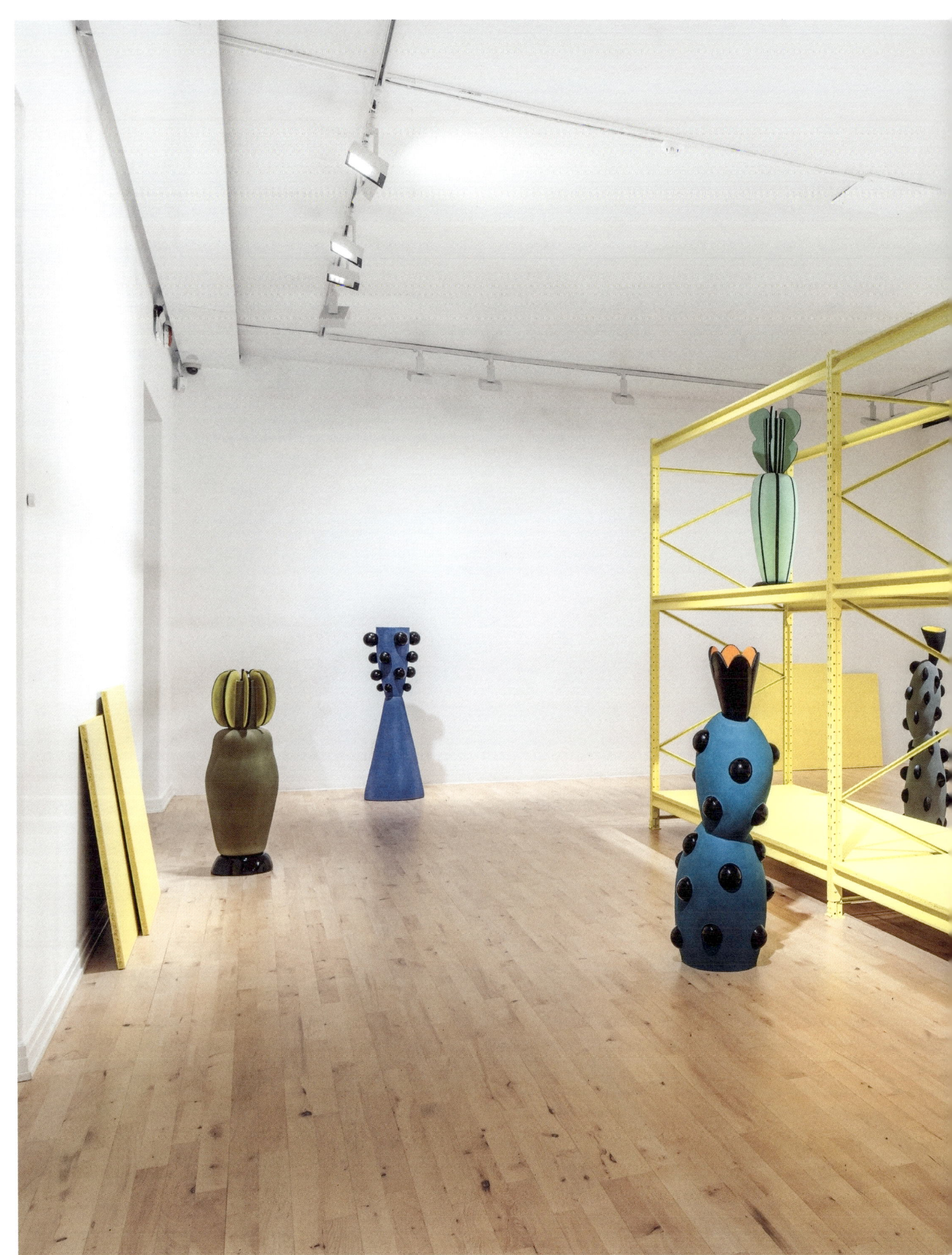

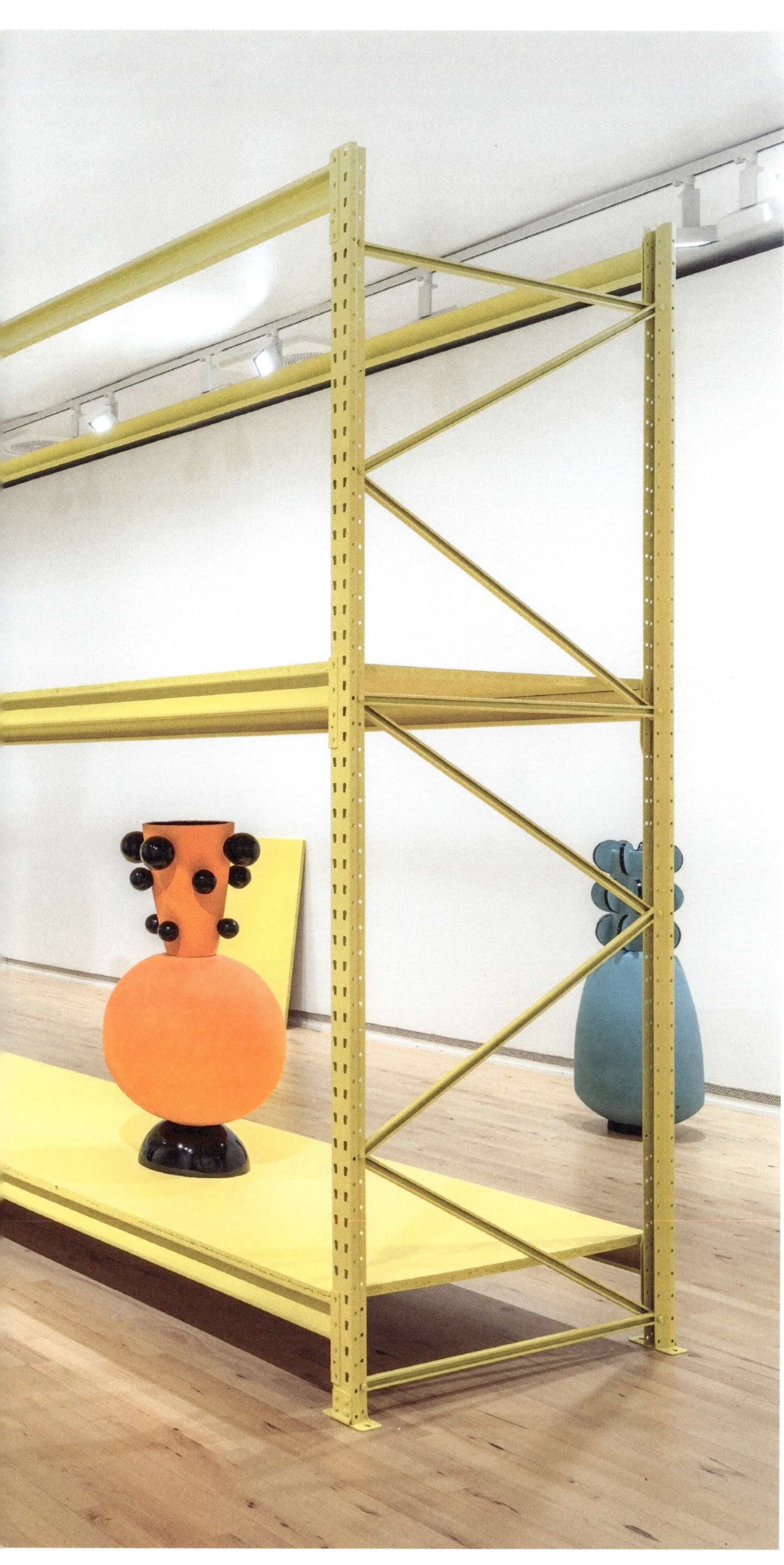

Ceramic works from 2010—2019.
Various titles, mixed techniques,
H: 75 cm — 132 cm

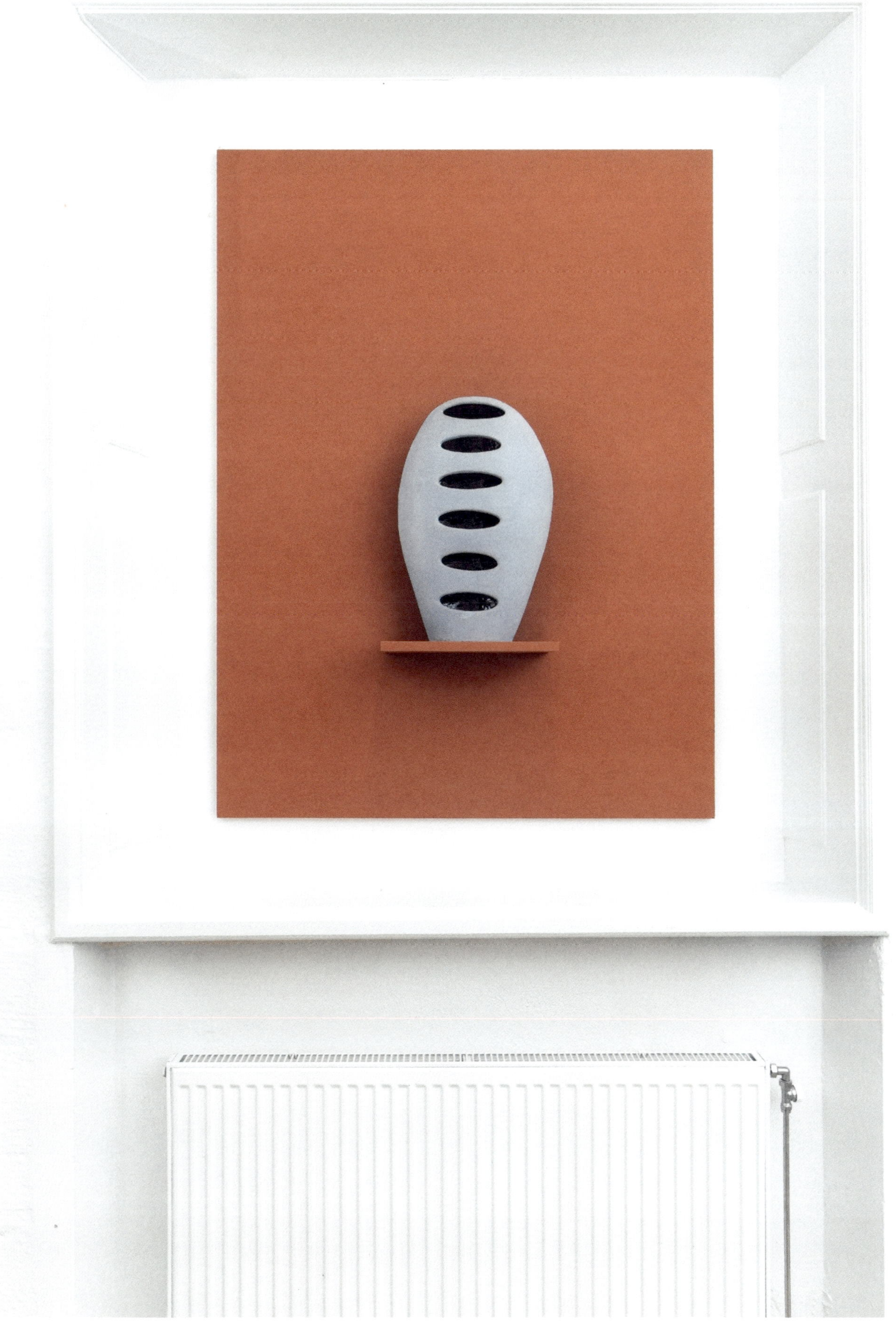

Åpninger 1, 2008 (H: 51 cm)

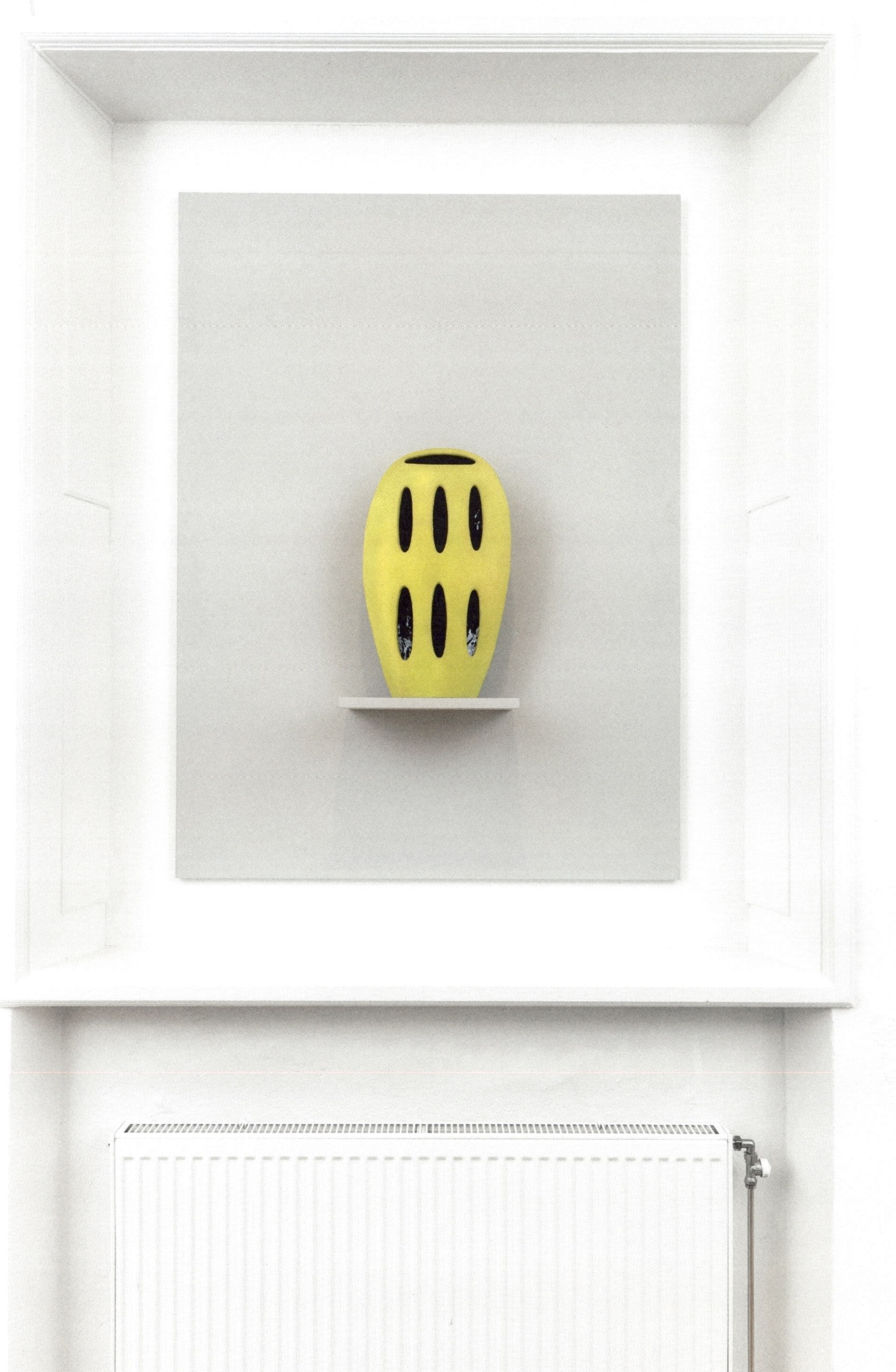

Striper, 2001 (H: 130 cm)
Fritt Ord

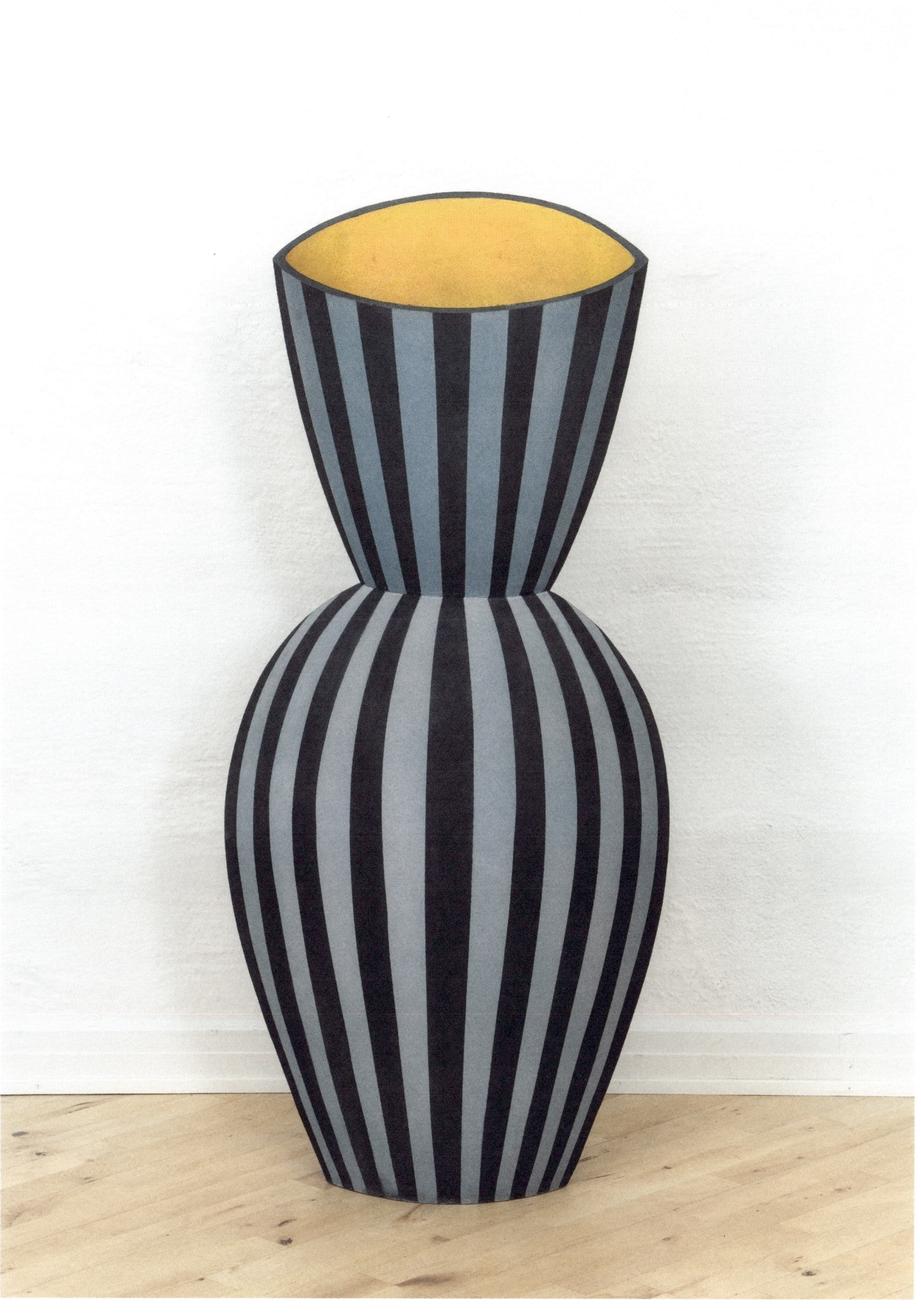

2000 ———— 2010

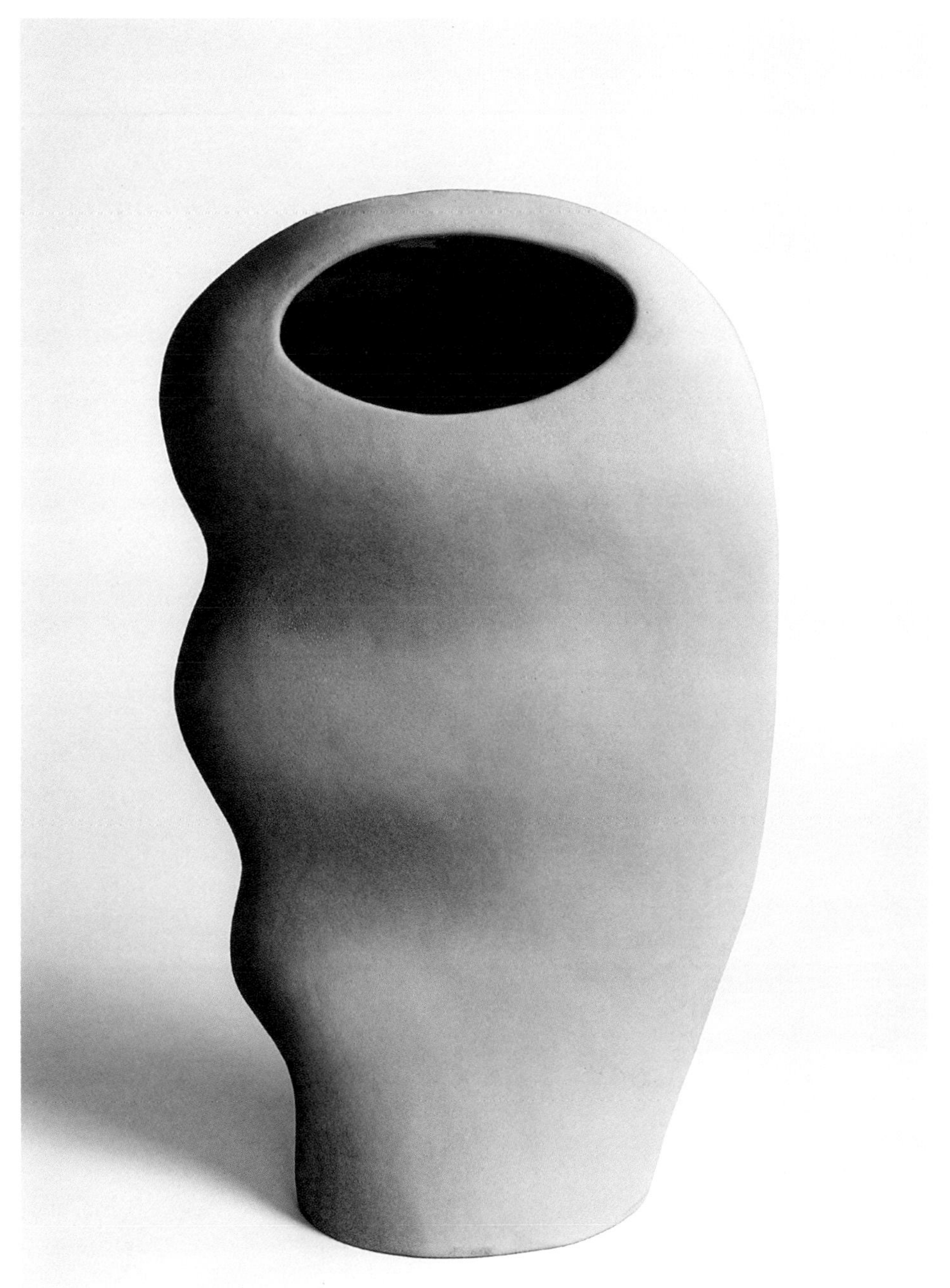

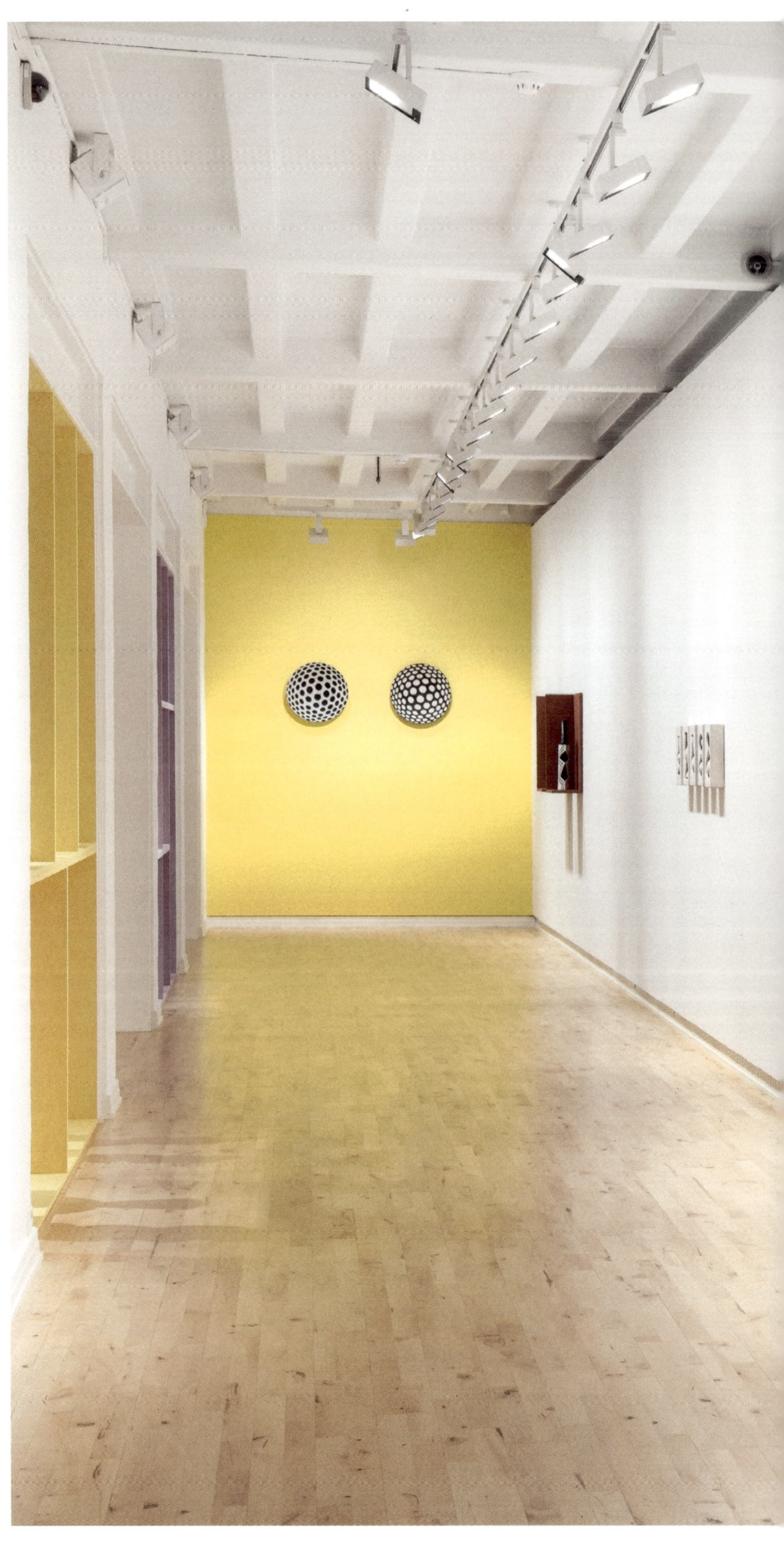

Previous page:
Bølger med skygge, 2014 (H: 59 cm)

This page:
Ceramic works from 2009—2023.
Various titles, mixed techniques,
H: 29 cm — 56 cm

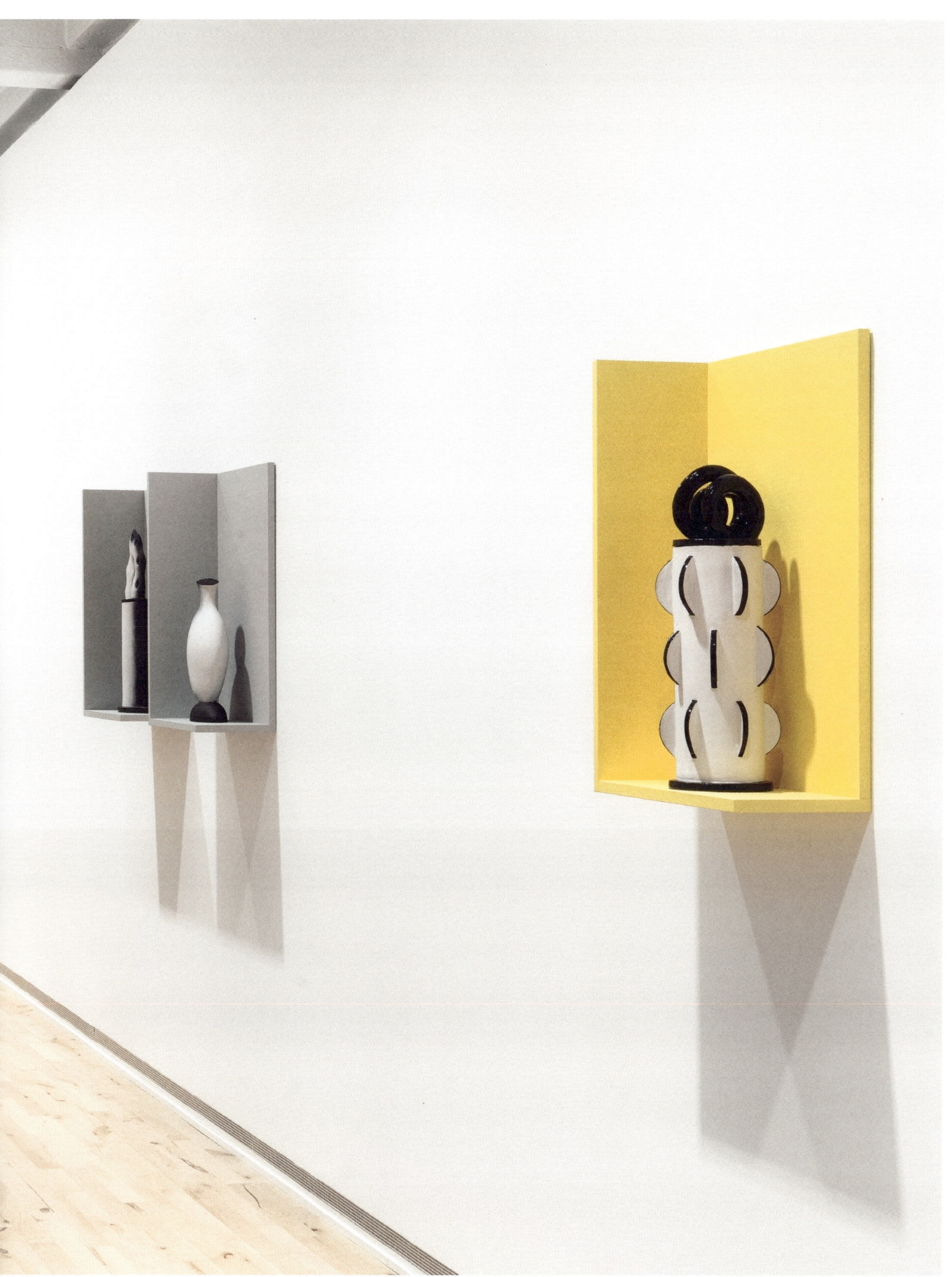

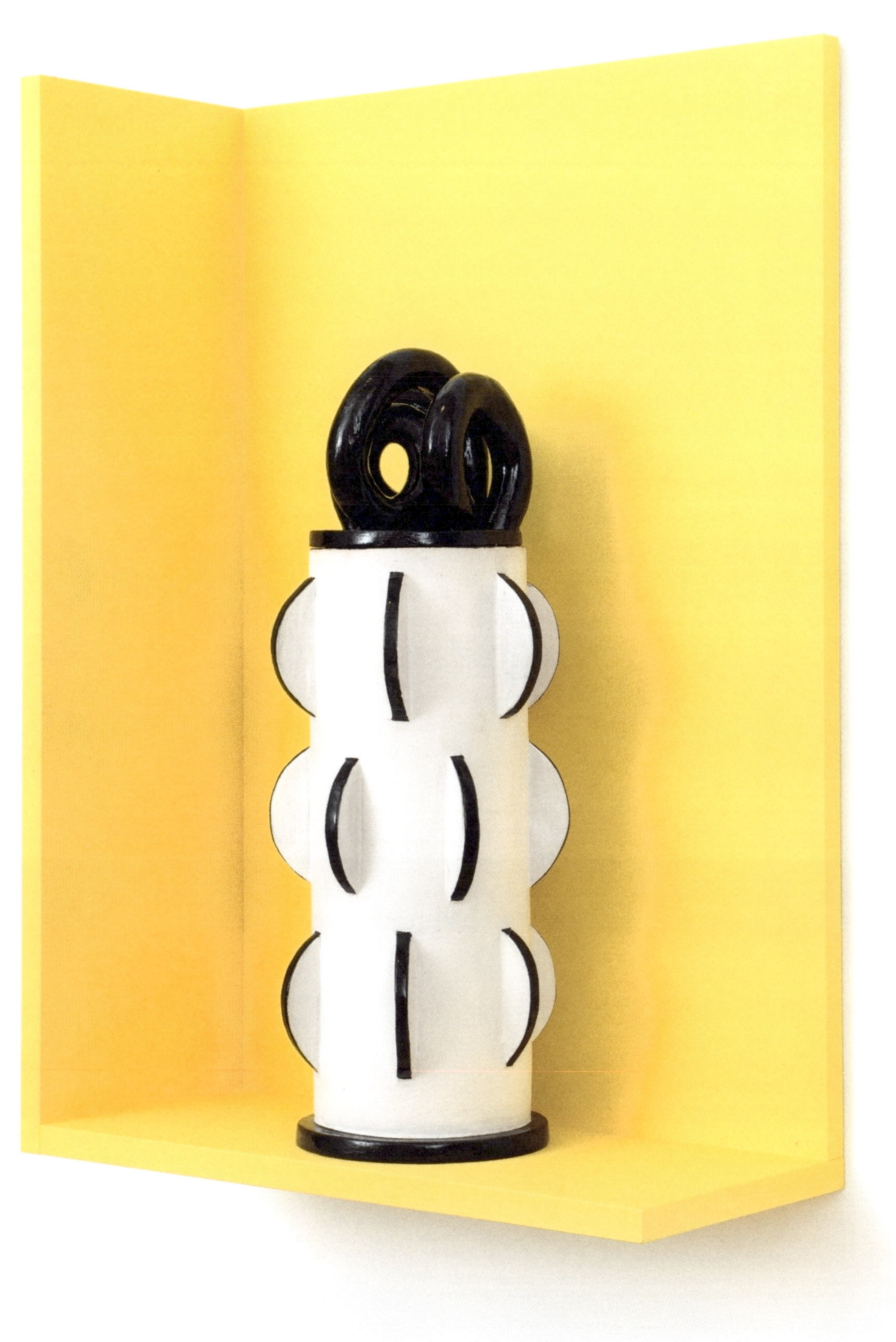

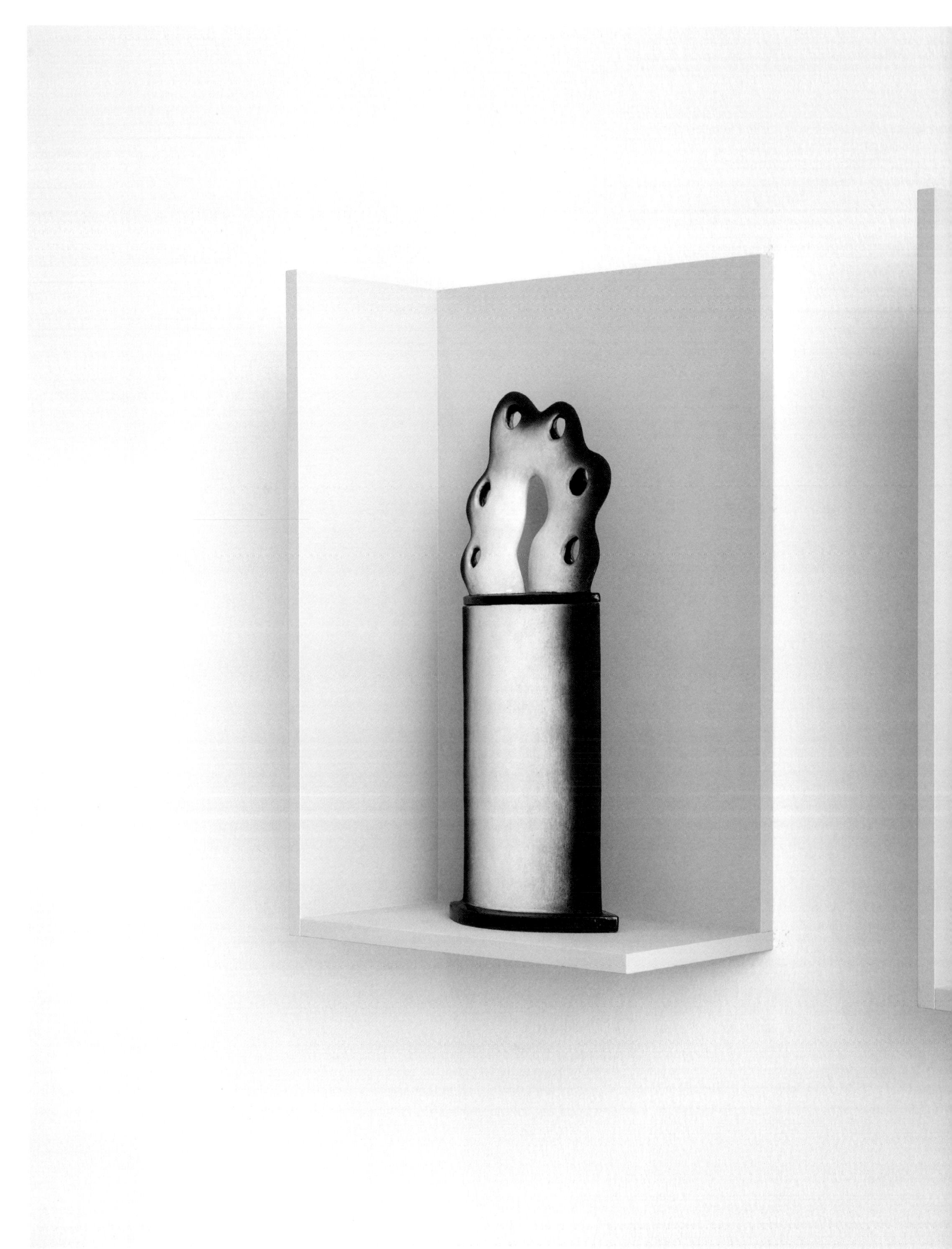

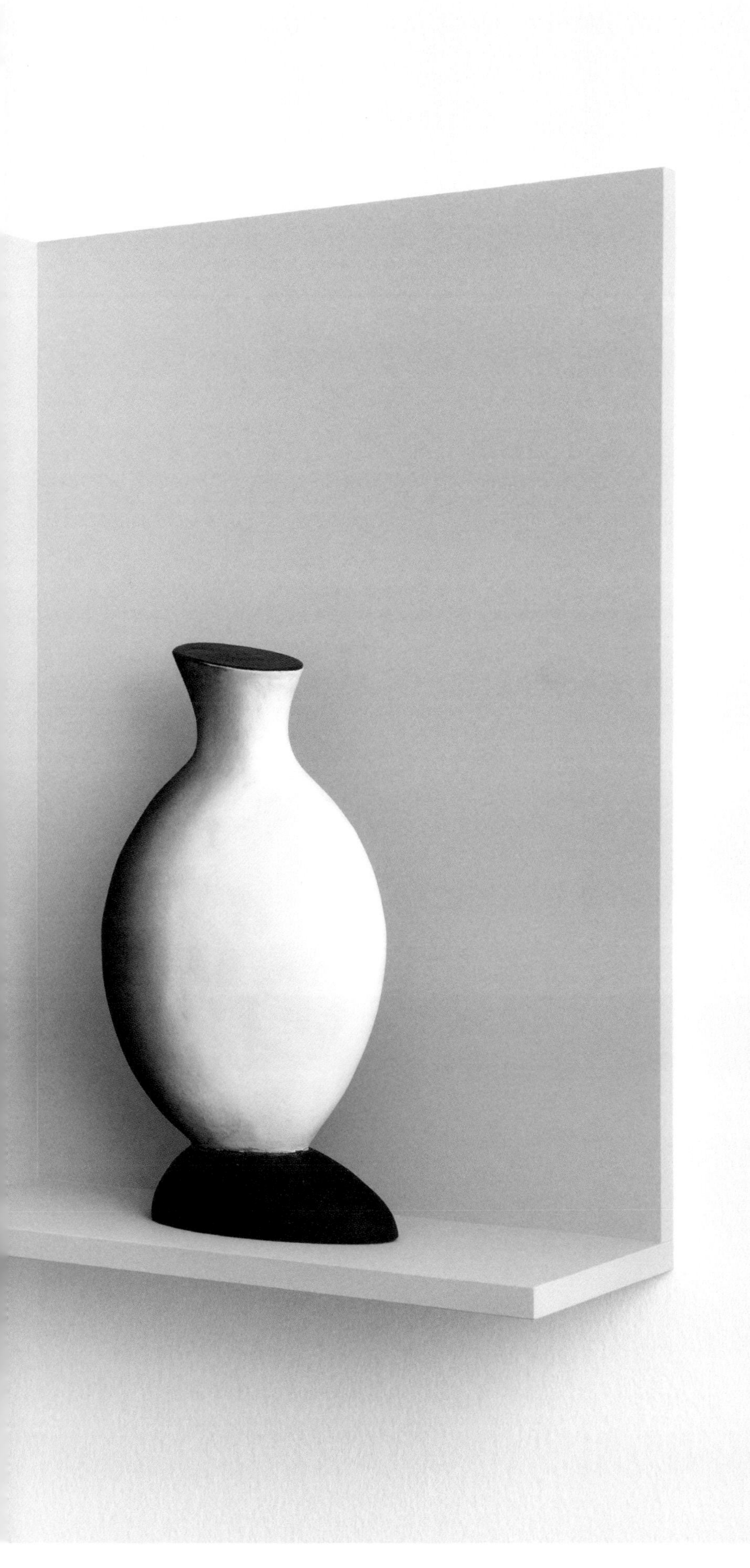

Vaseform med skygge, 2022 (H: 39 cm)
Sylinder med skygge, 2020 (H: 56 cm)

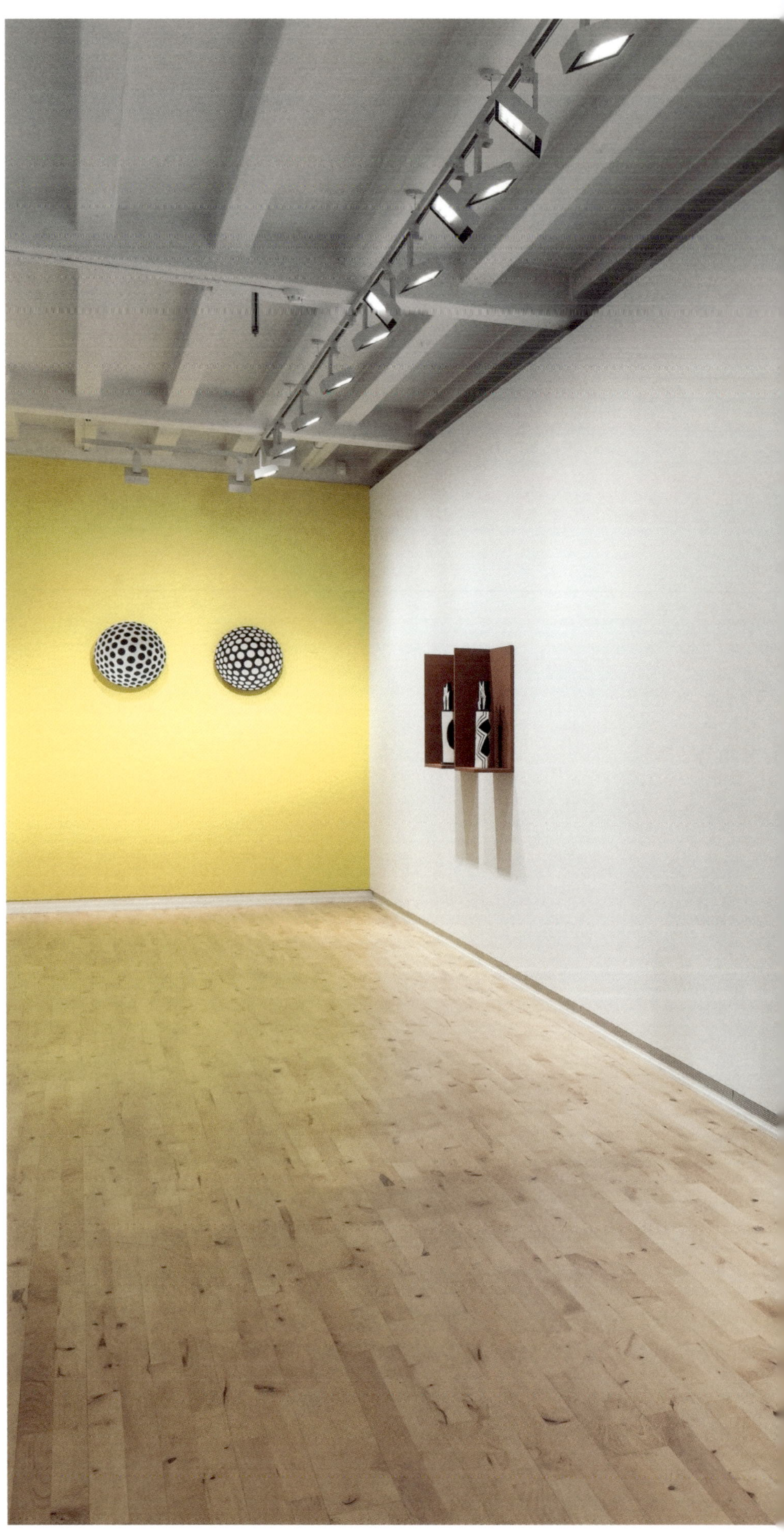

Skygge 1—5, 2009 (H: 29 cm)
Sort på hvitt 1, 2021 (H: 50 cm)
Sort på hvitt 2, 2021 (H: 50 cm)
Kulefat 1, 2023 (D: 50 cm)
Kulefat 2, 2023 (D: 50 cm)

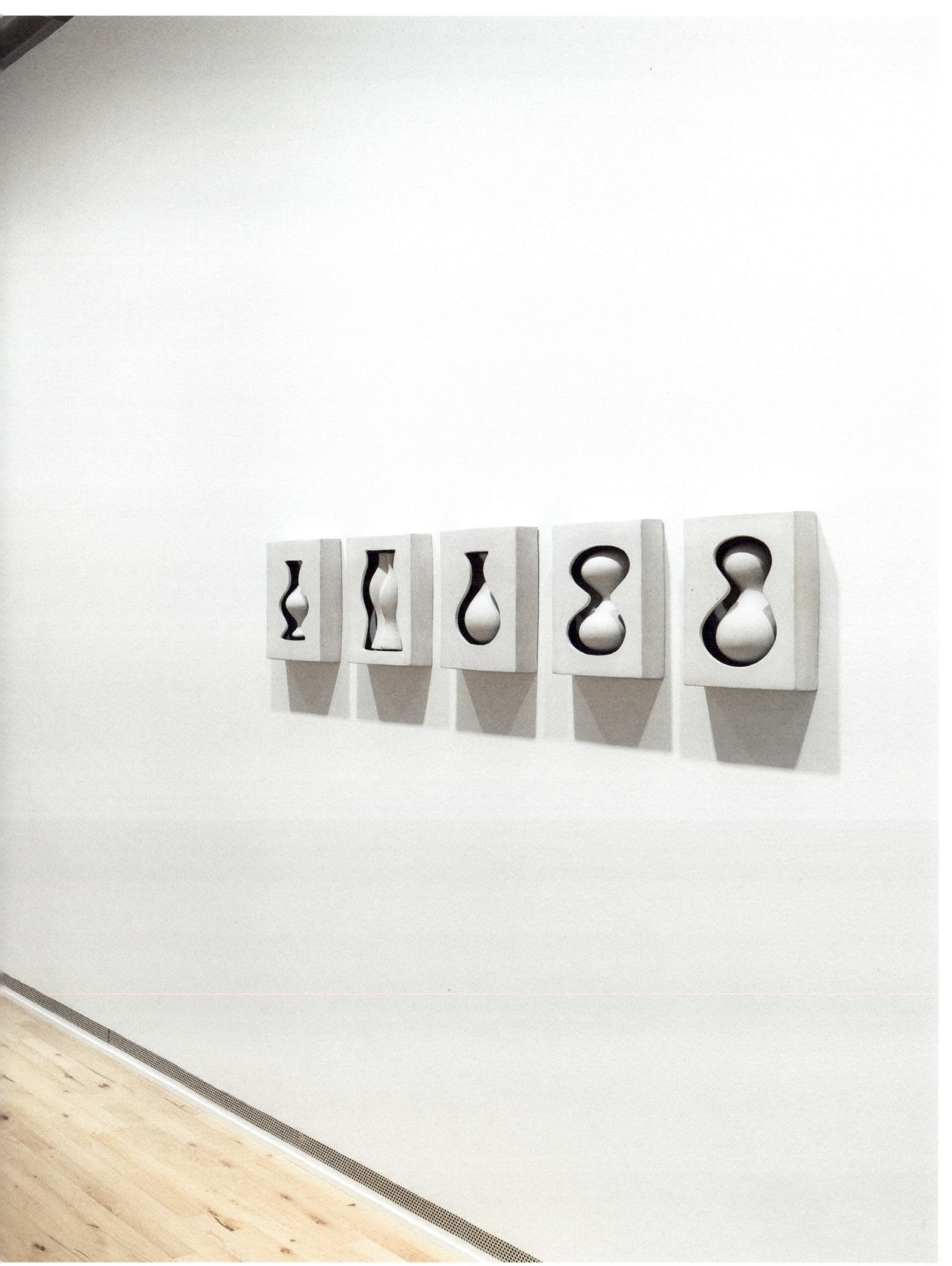

Kulefat 1, 2008 (D: 50 cm)
Kulefat 2, 2008 (D: 50 cm)

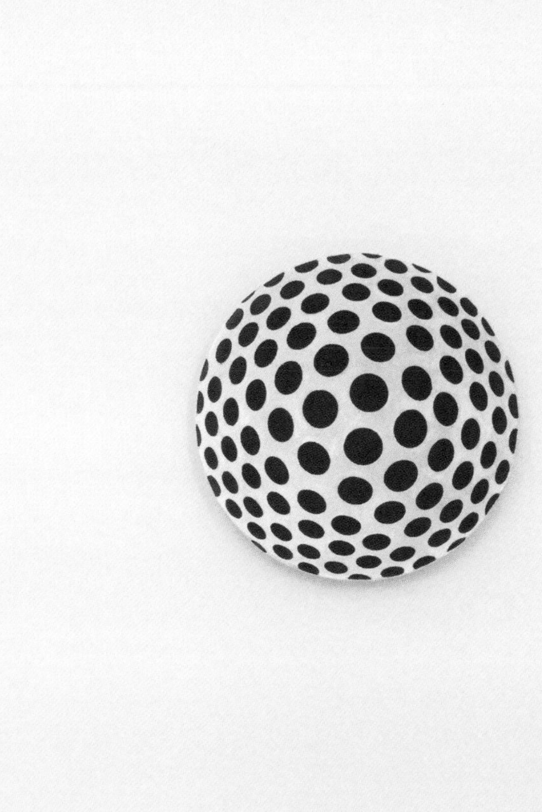
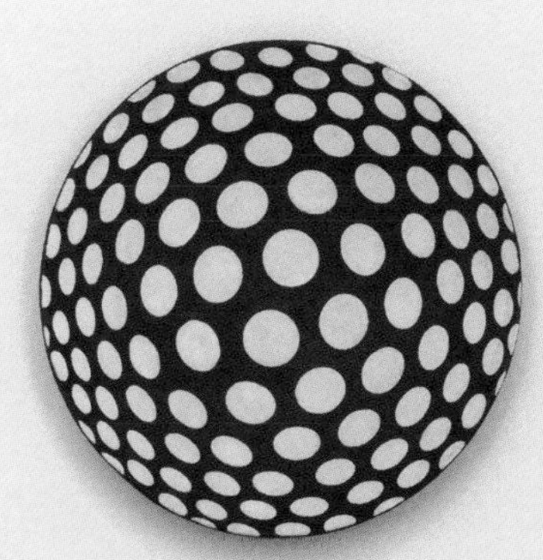

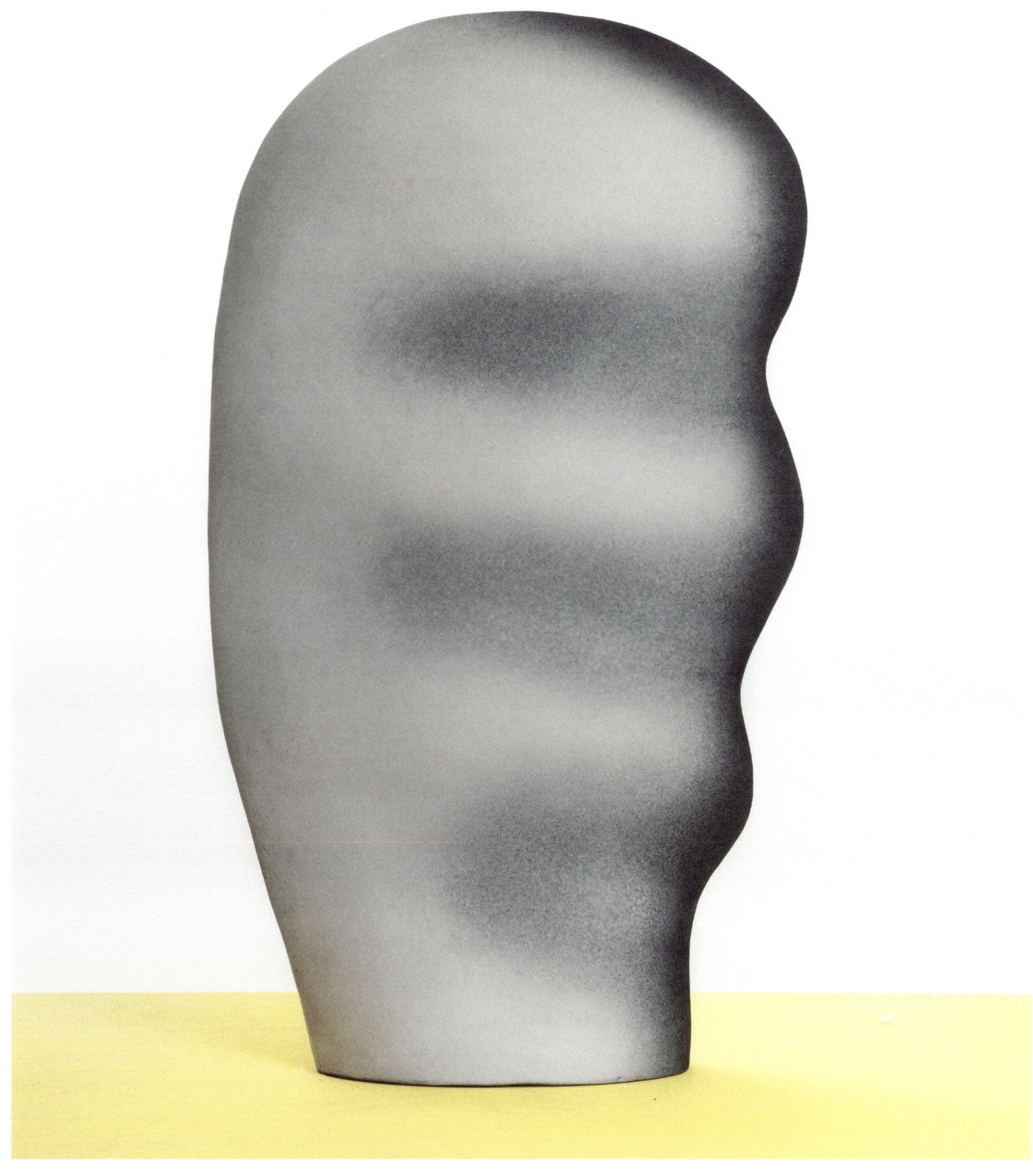

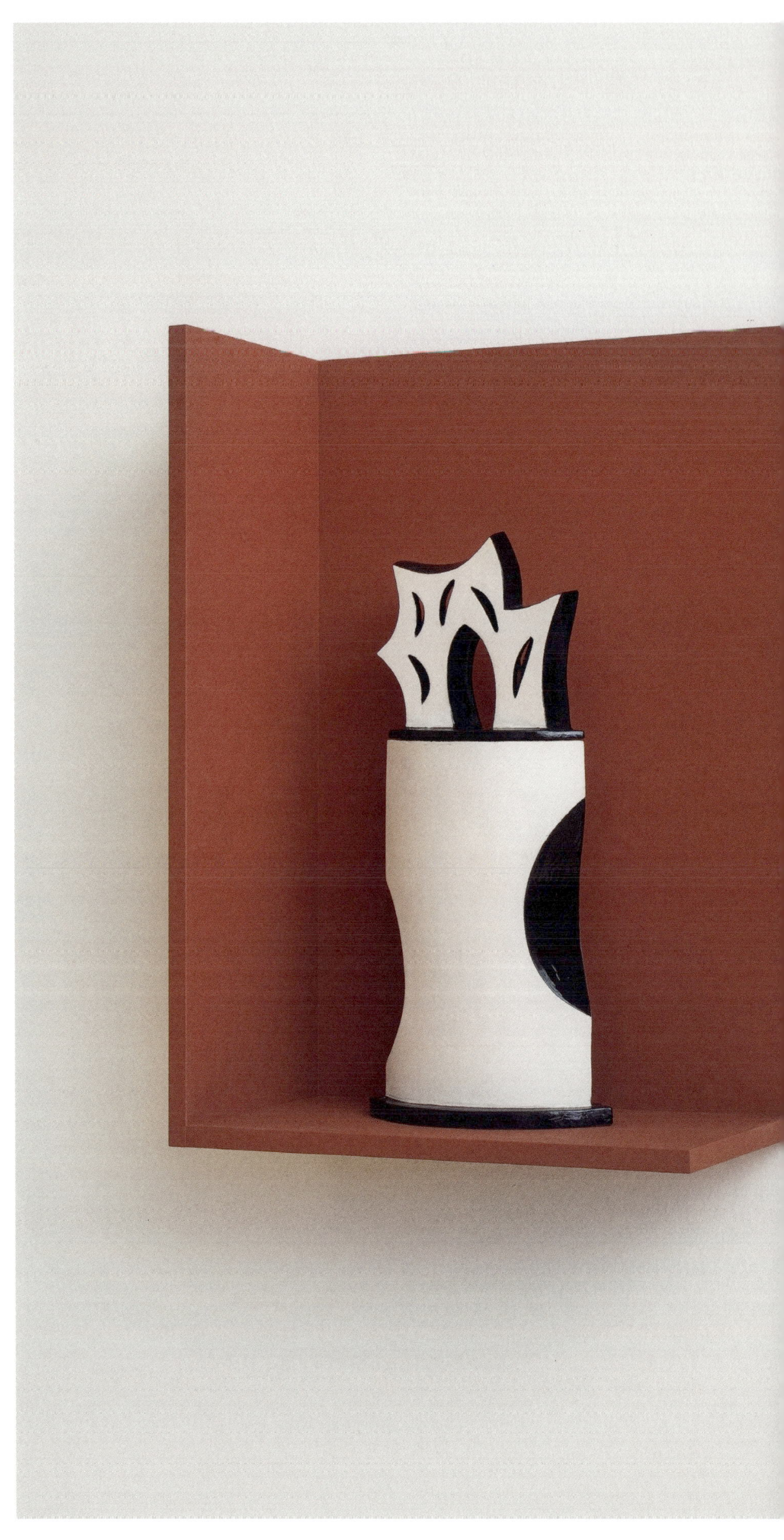

Sort på hvitt 1, 2021 (H: 50 cm)
Sort på hvitt 2, 2021 (H: 50 cm)

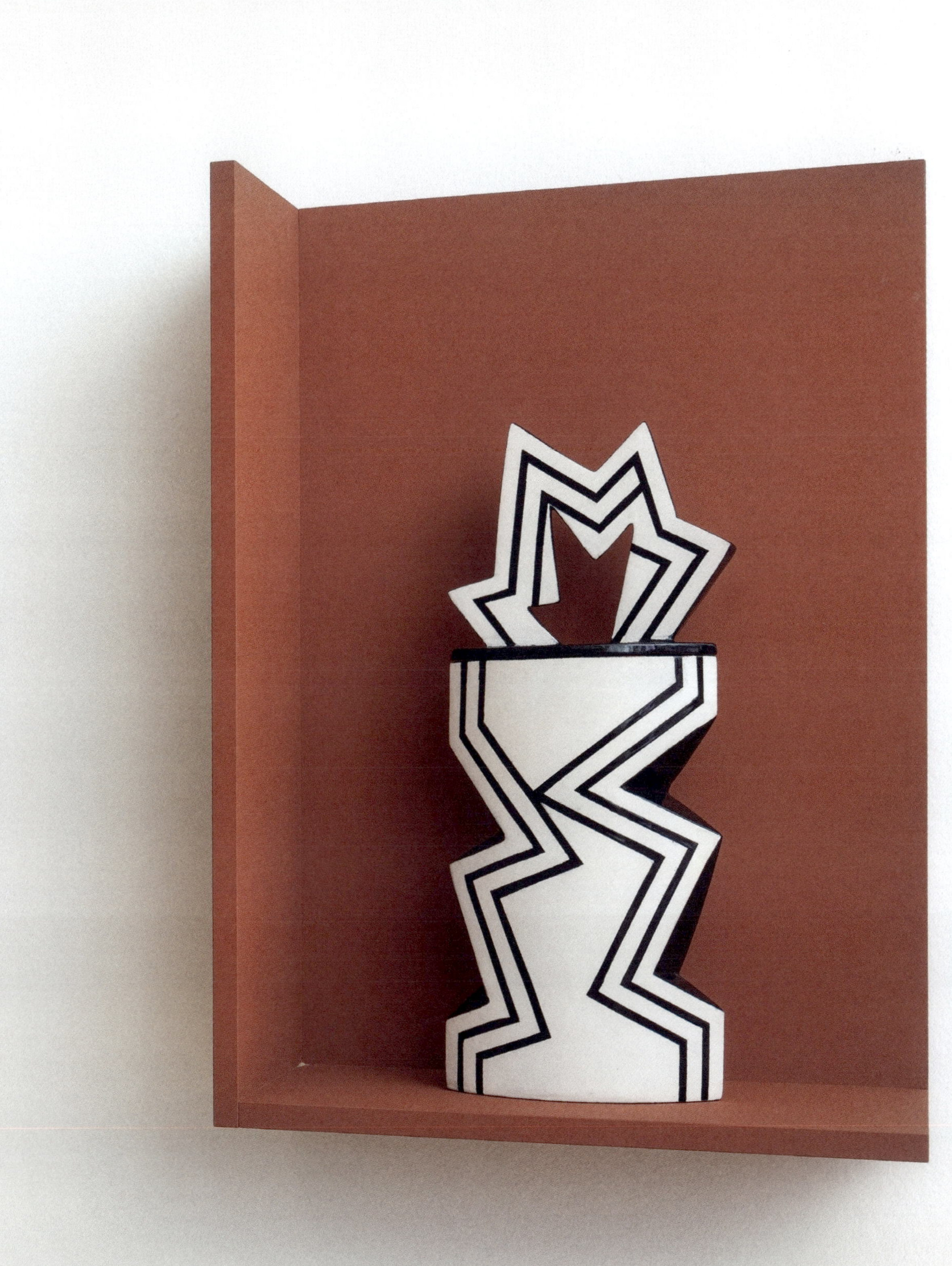

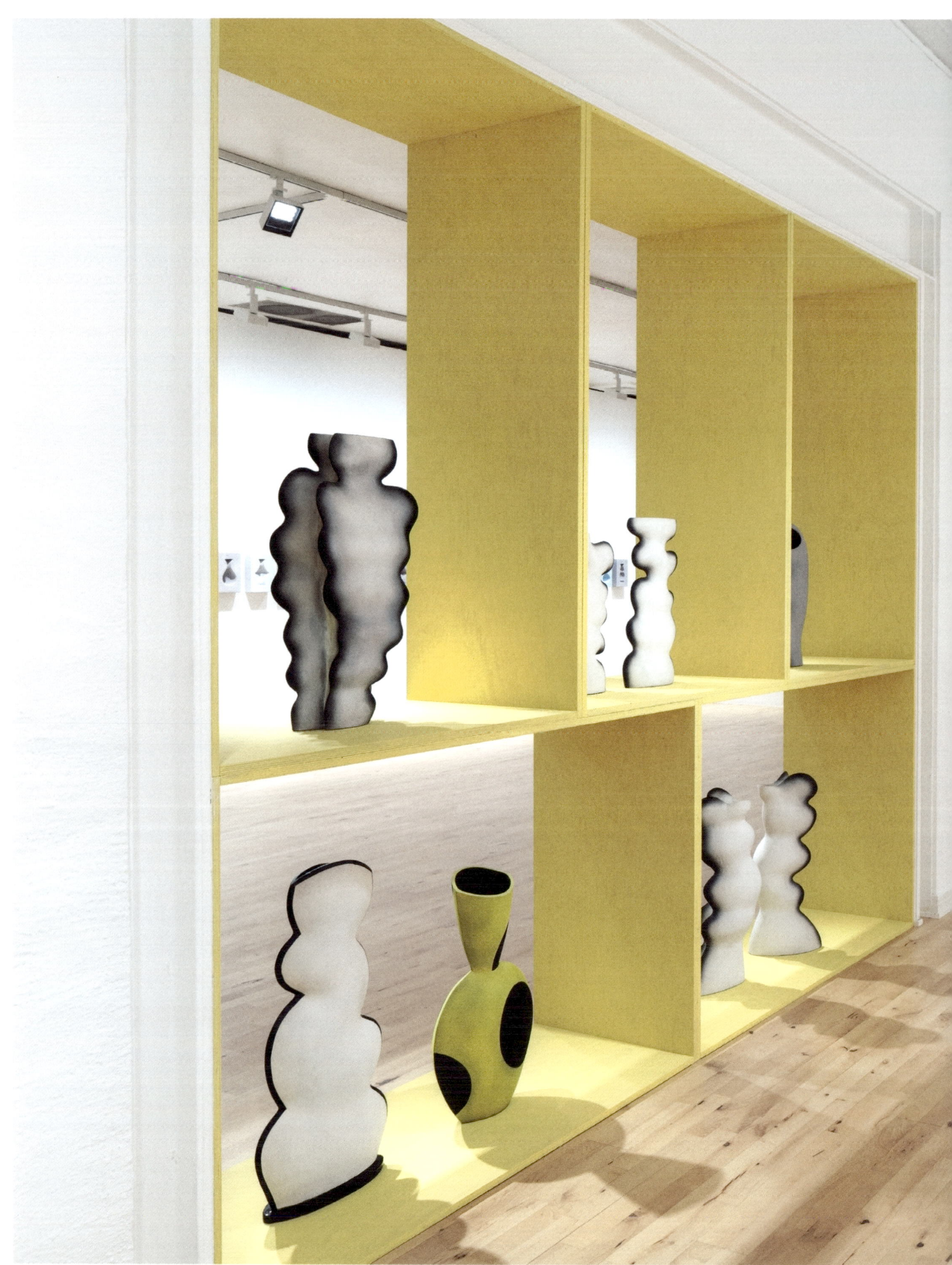

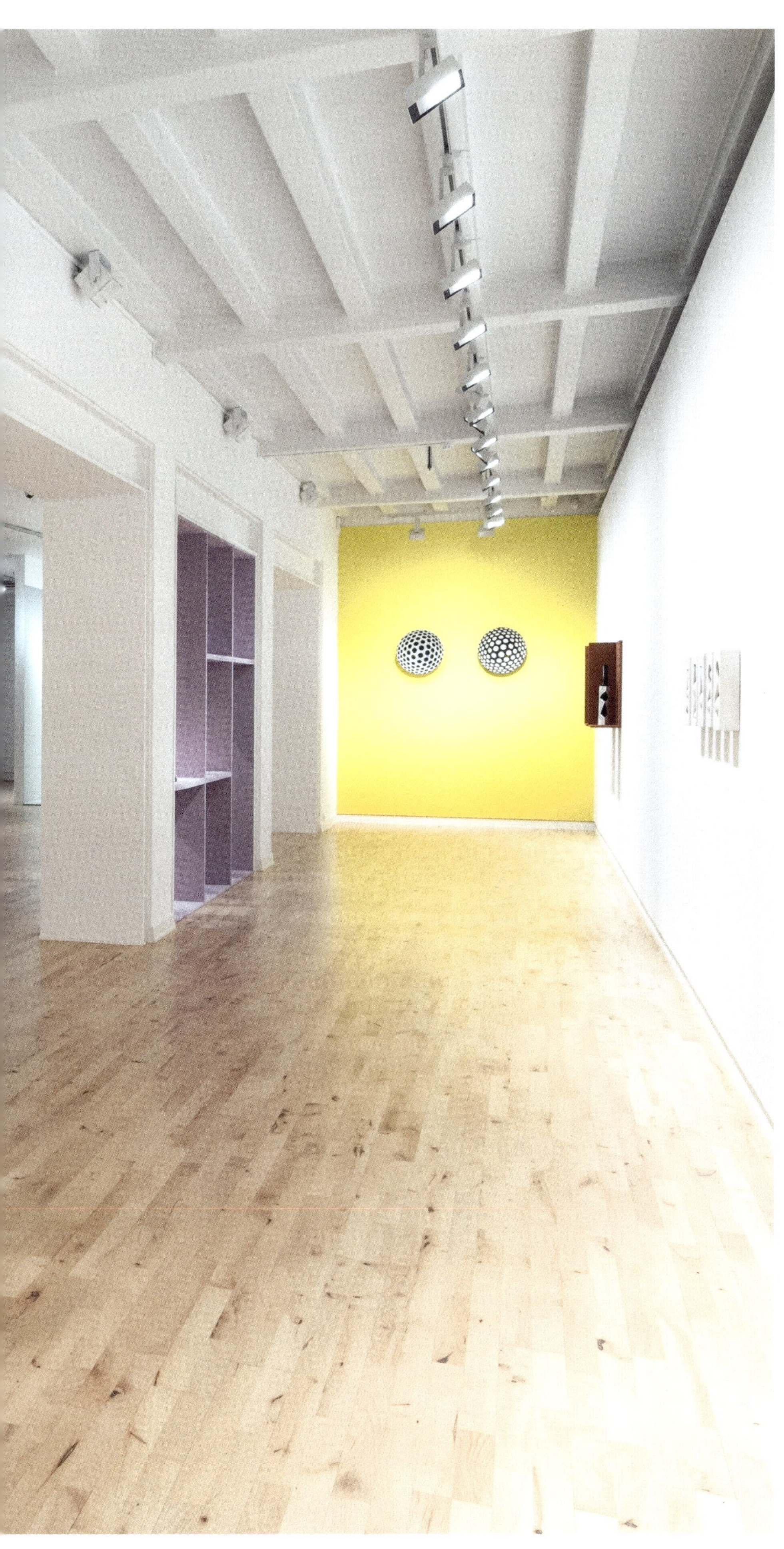

Ceramic works from 2009—2023.
Various titles, mixed techniques,
H: 29 cm — 76 cm

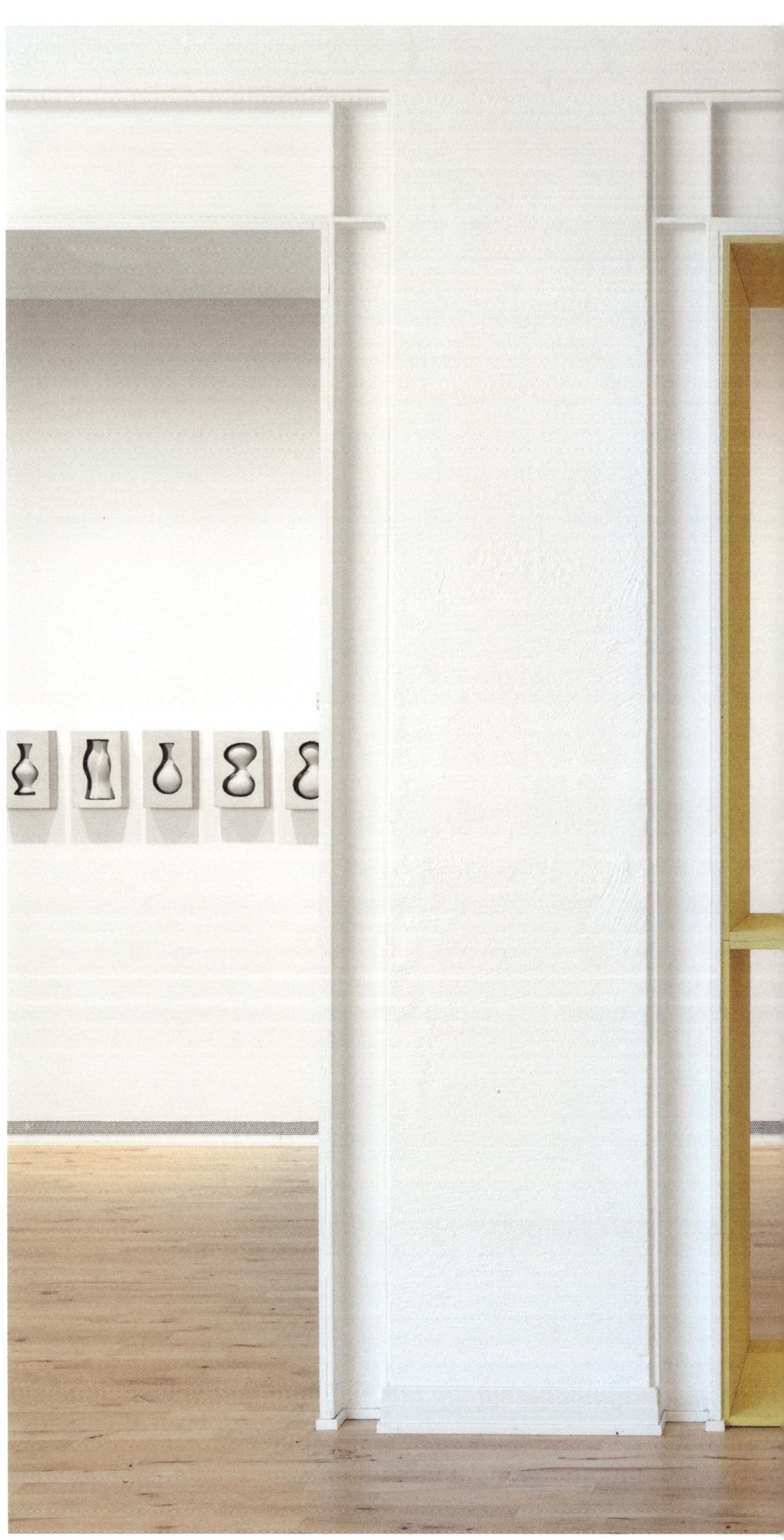

Ceramic works from 2009—2018.
Various titles, mixed techniques,
H: 29 cm — 76 cm

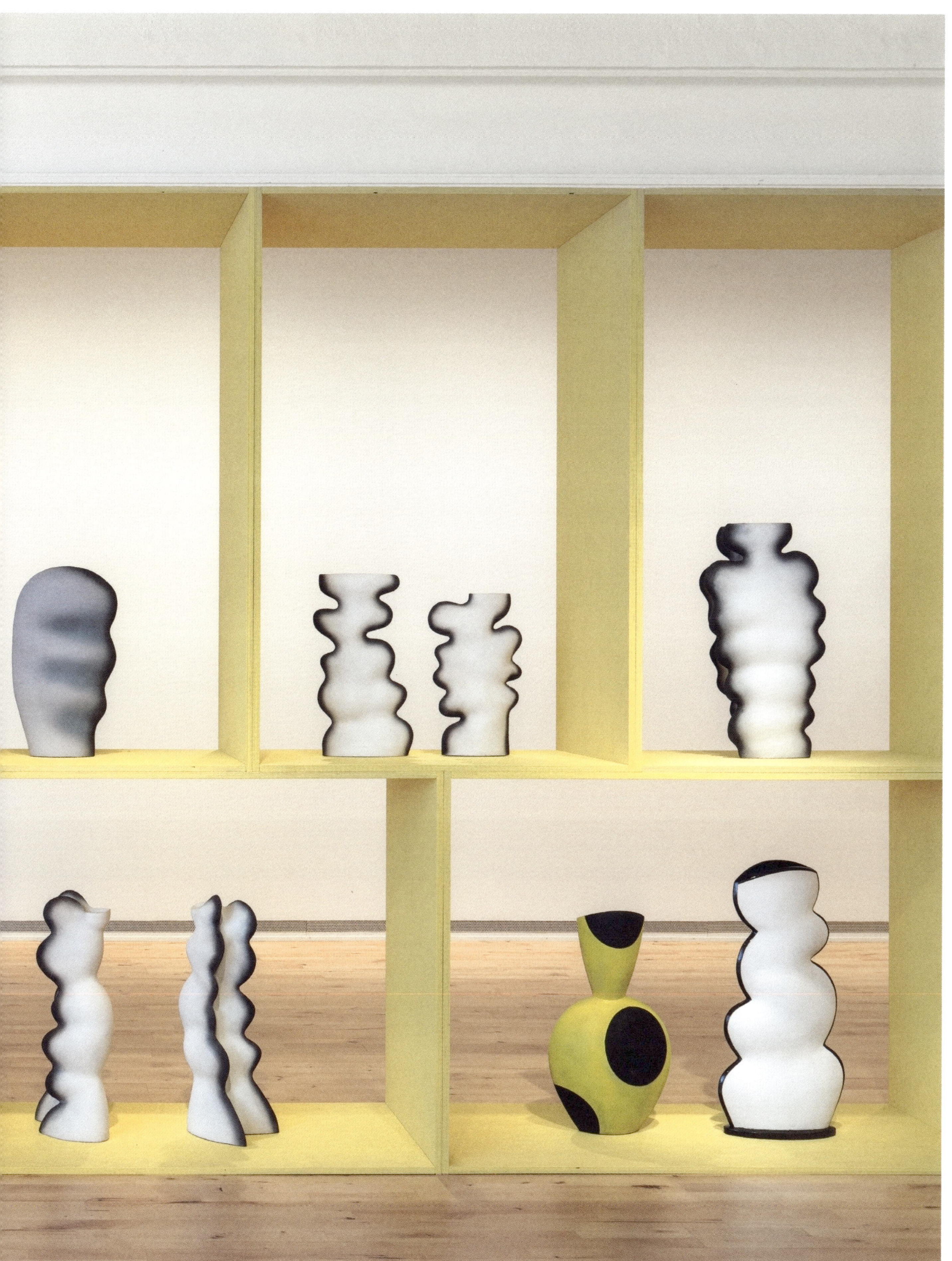

Profil 1, 2008 (H: 51 cm)
Profil 2, 2008 (H: 45 cm)

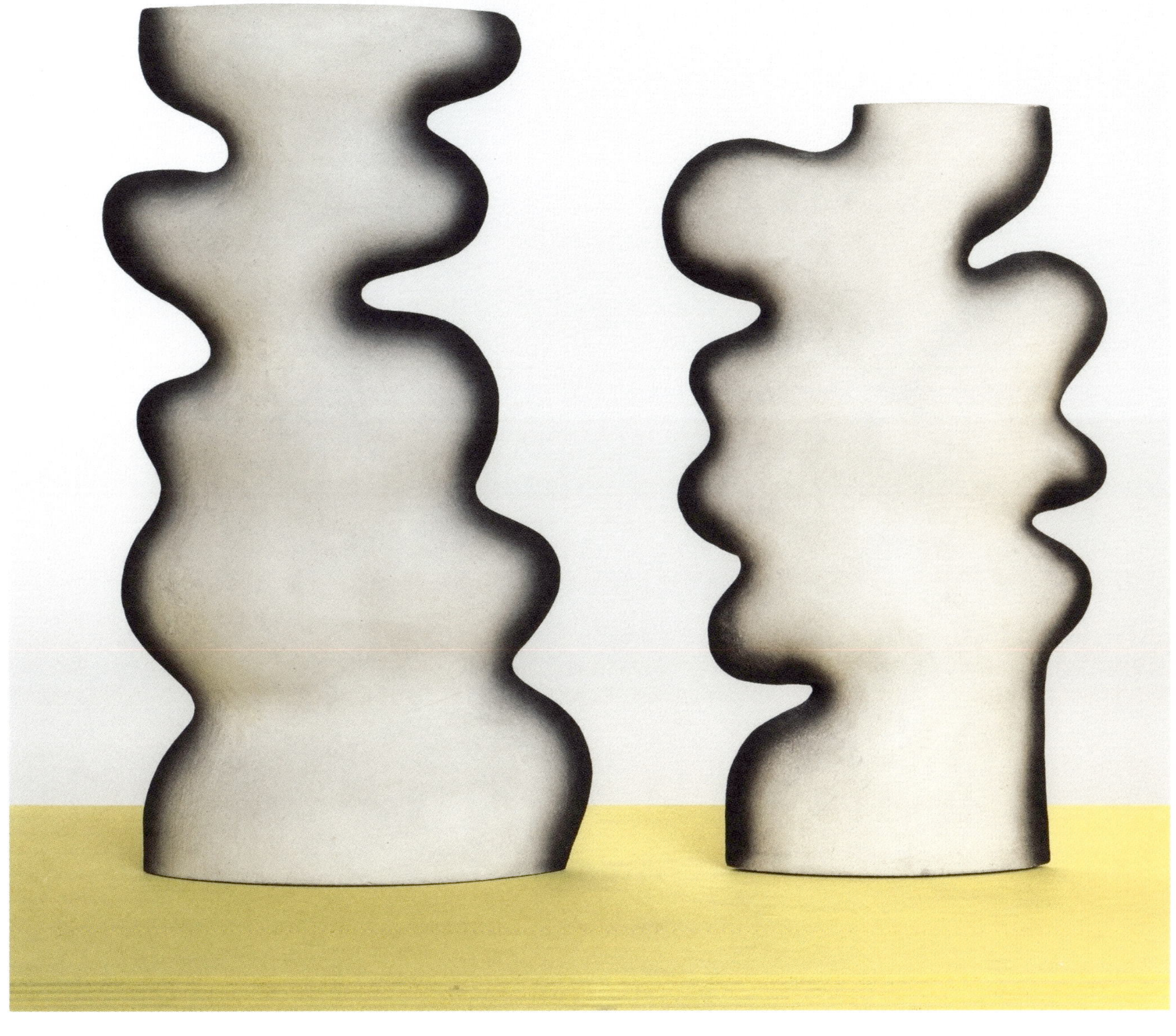

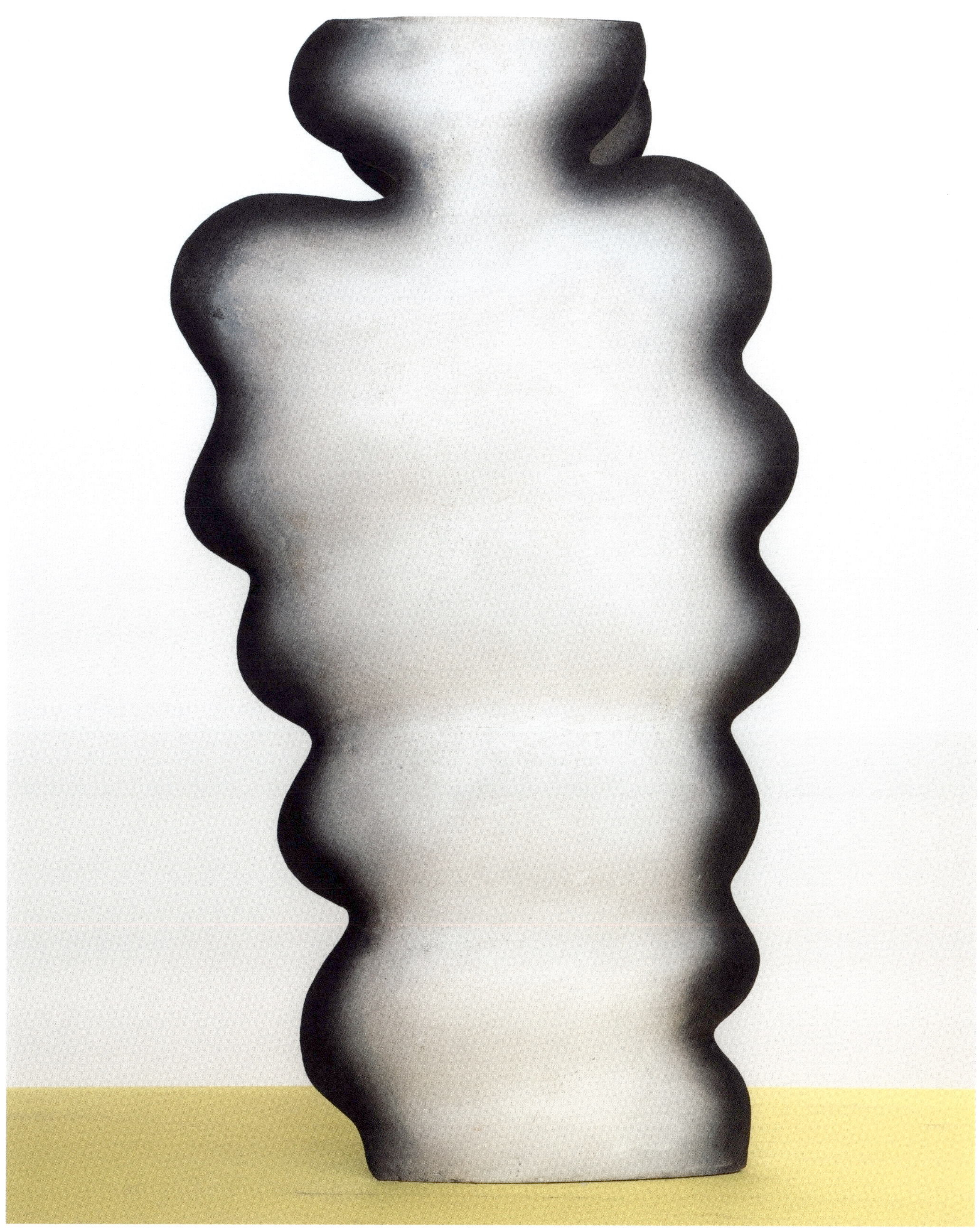

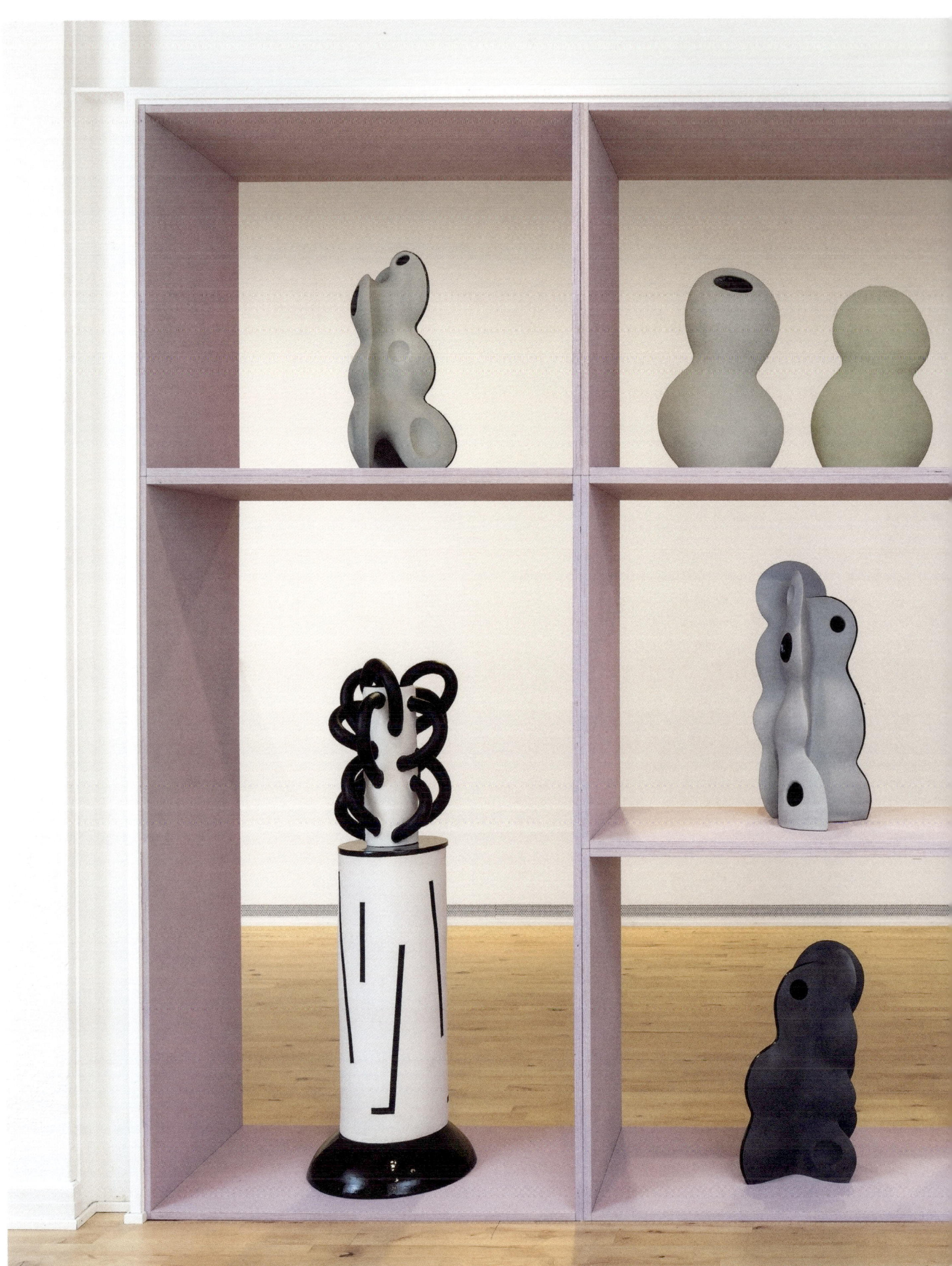

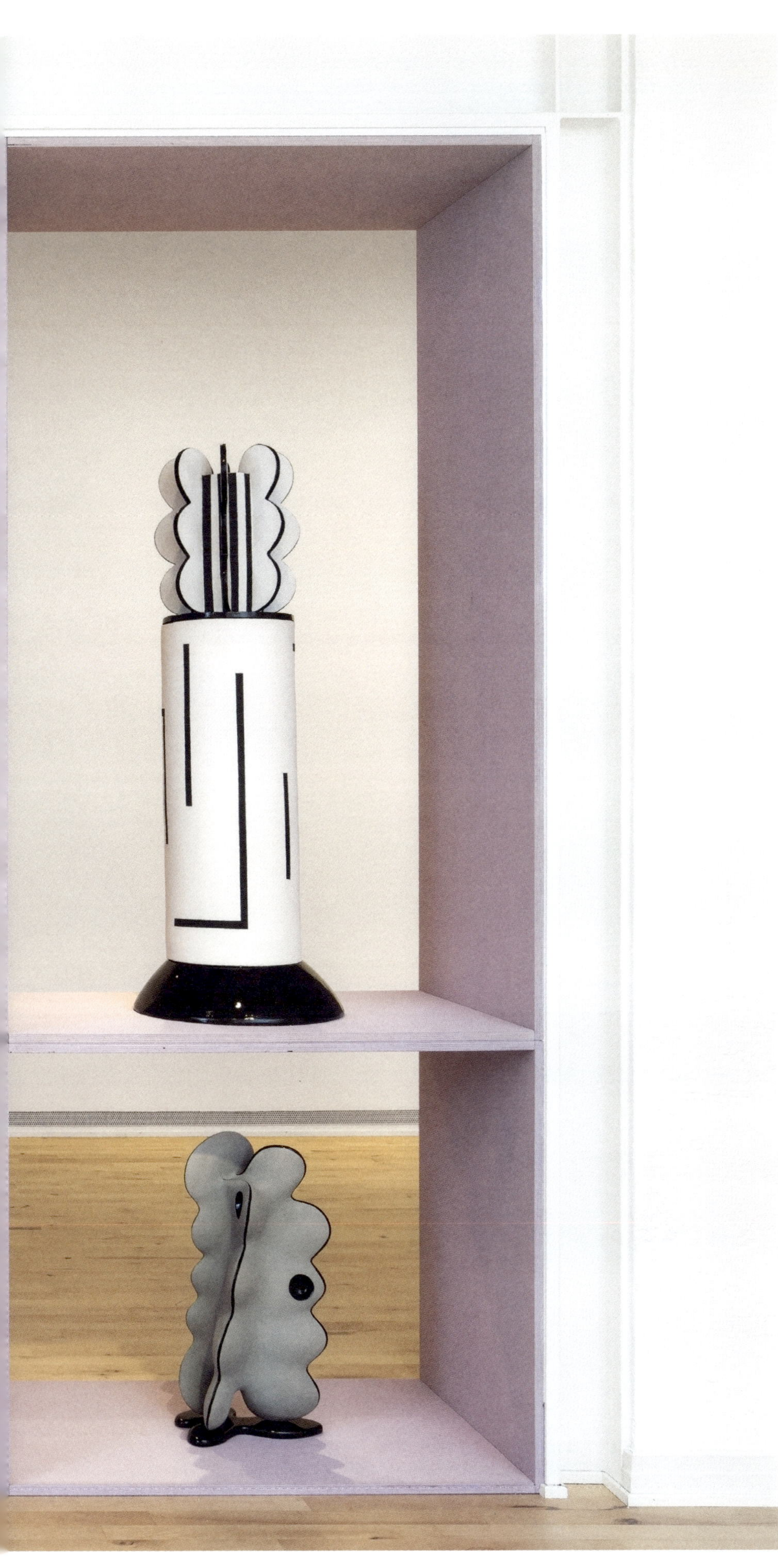

Ceramic works from 2009—2019.
Various titles, mixed techniques,
H: 29 cm — 76 cm

Figur 3, 2009 (H: 57 cm)

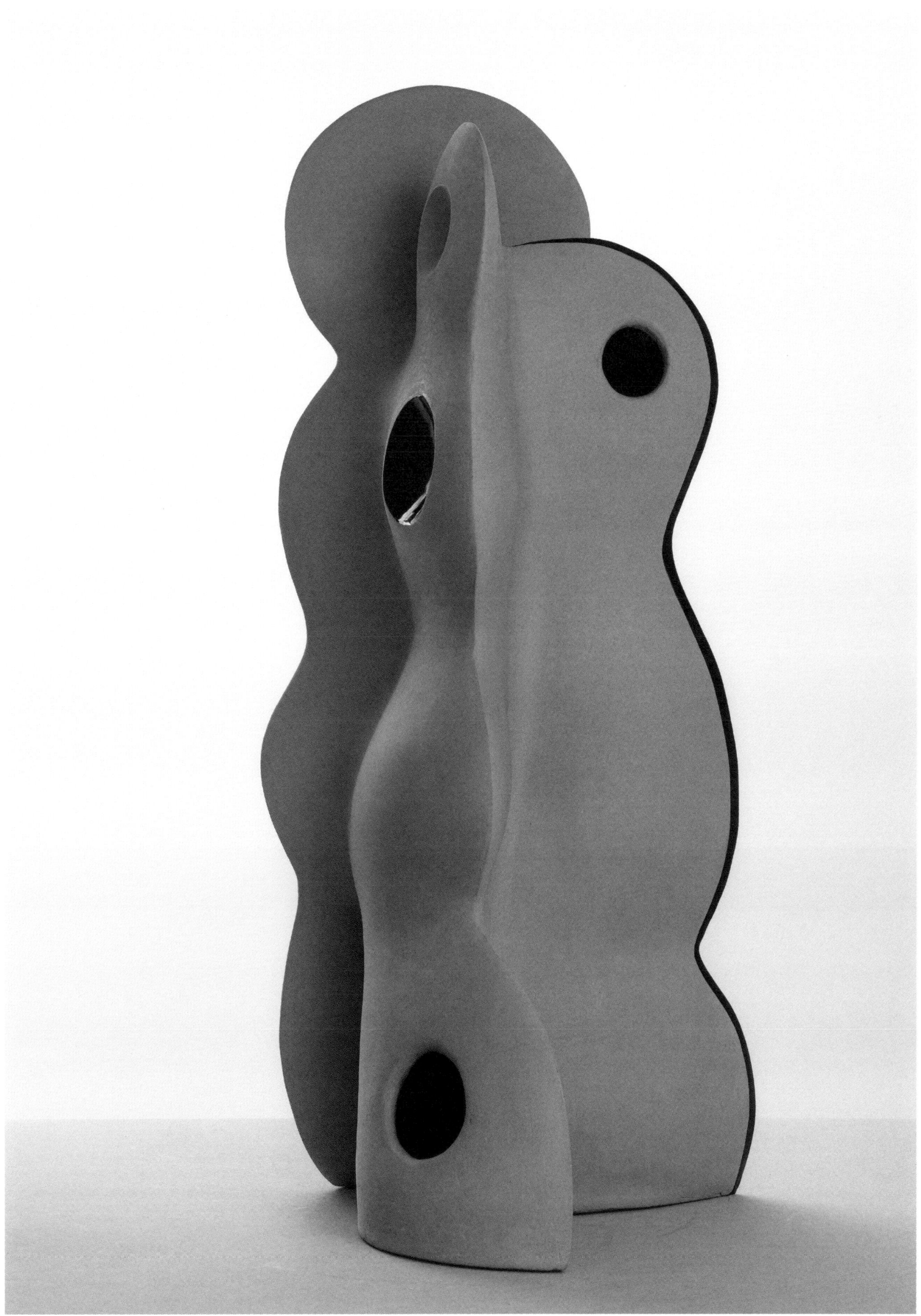

Mørk figur, 2009 (H: 56 cm)

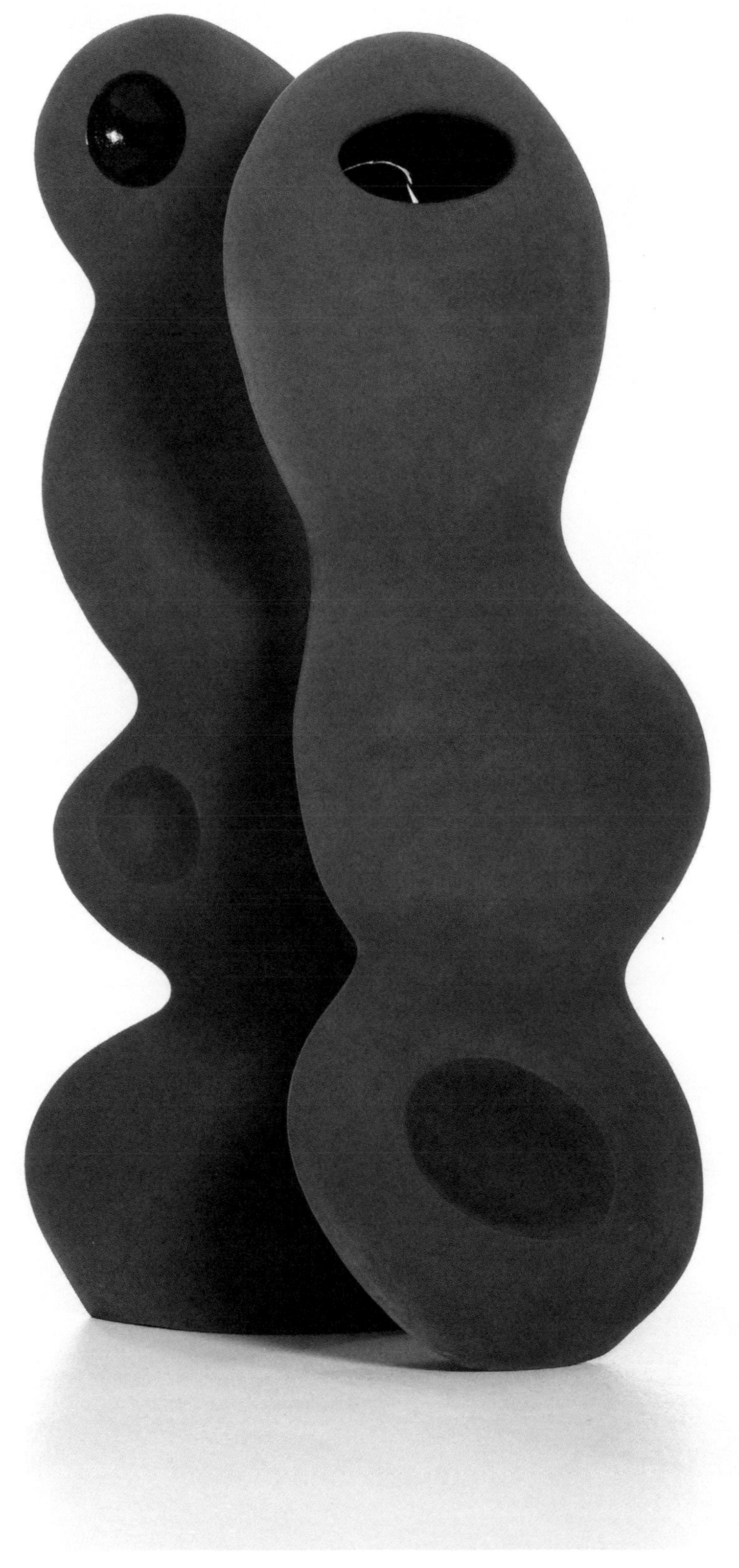

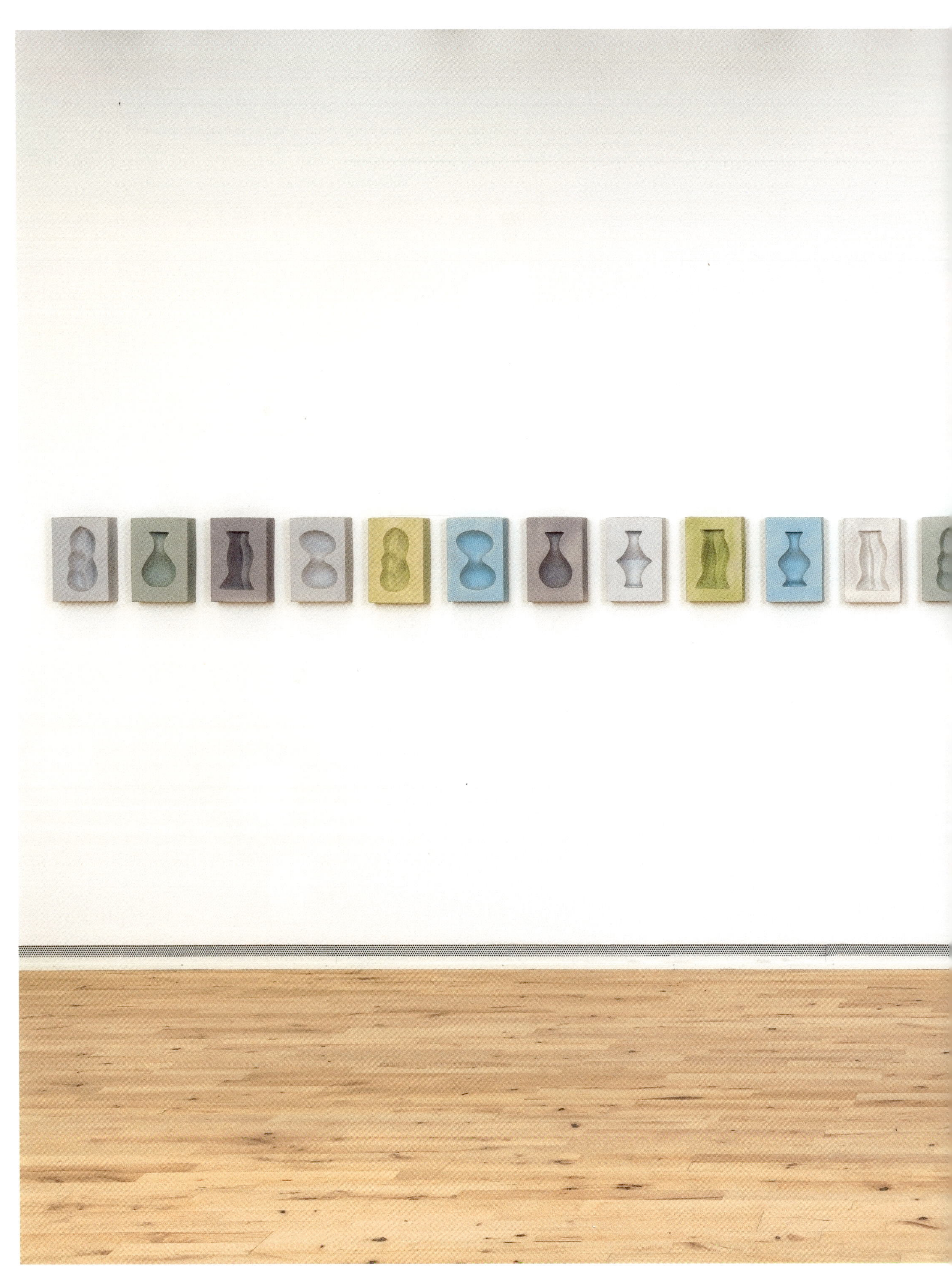

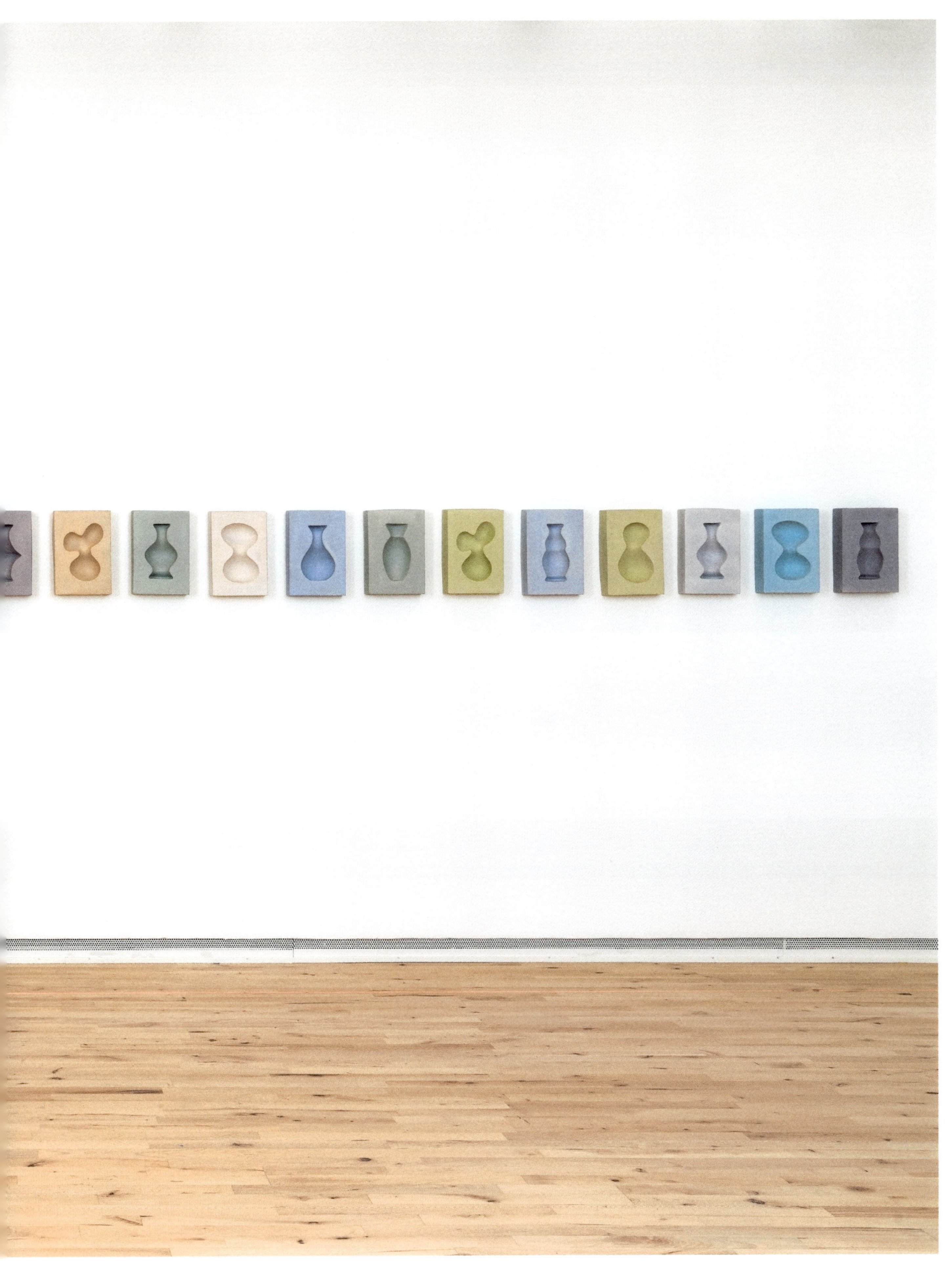

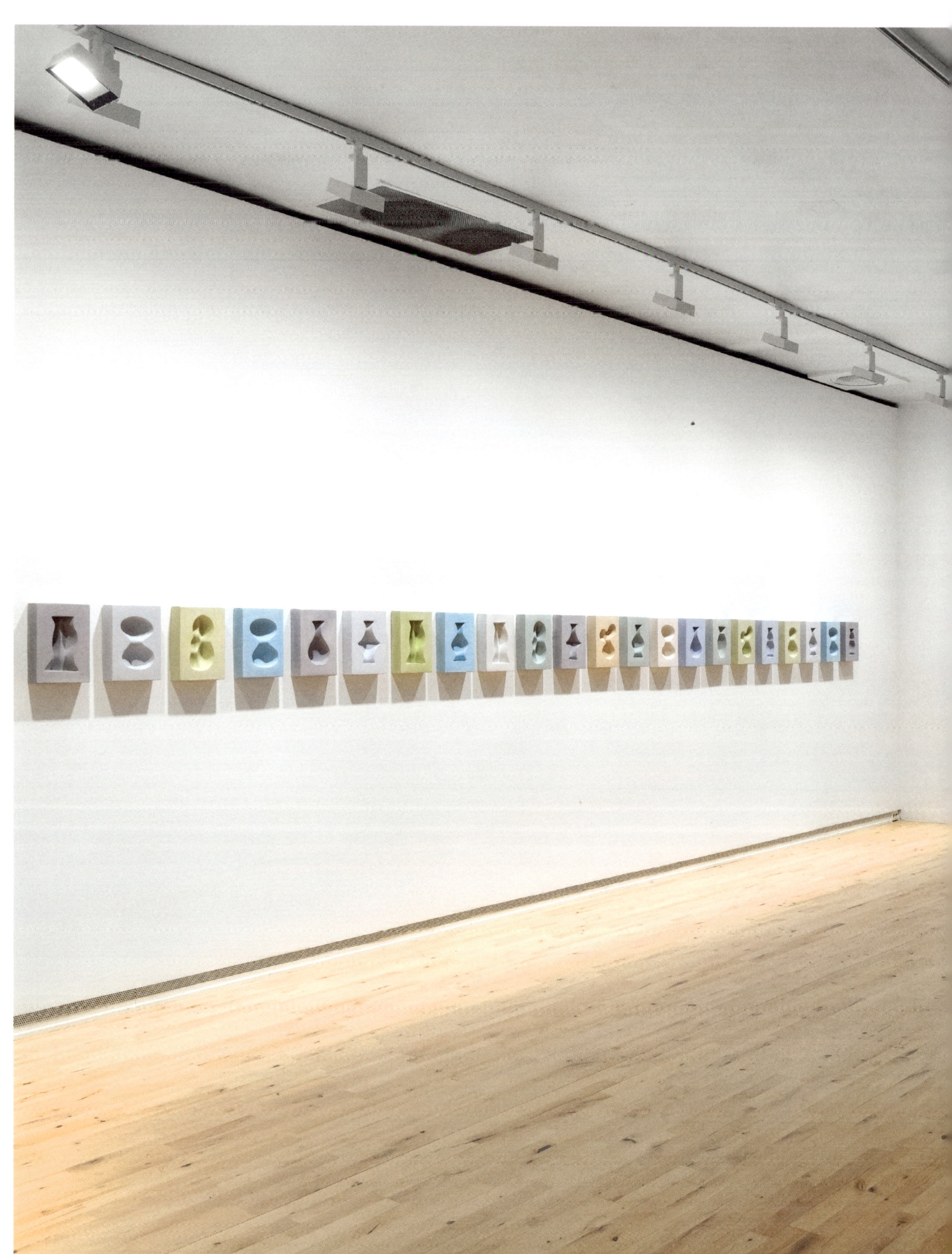

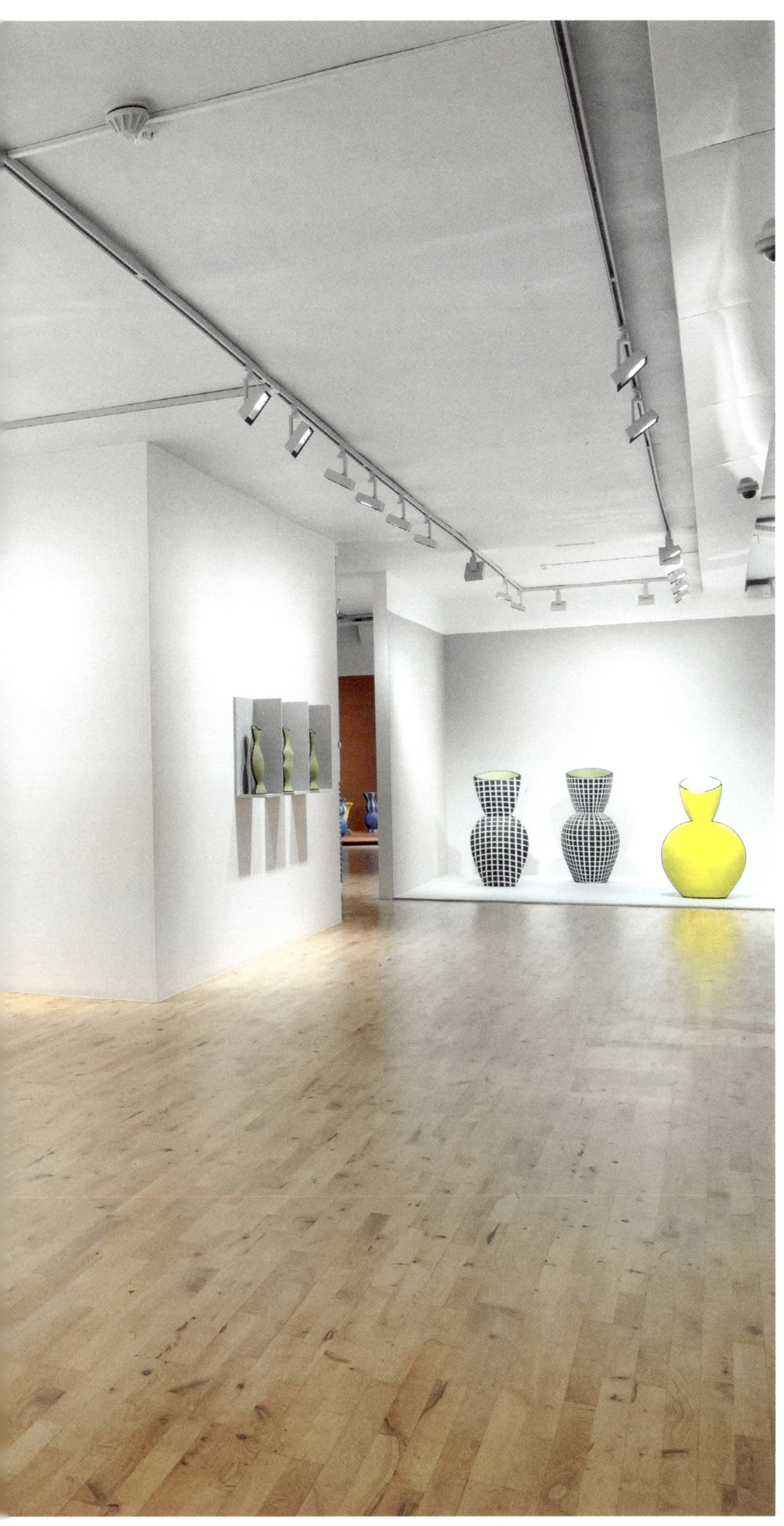

Page 135:
Optica 1—24, 2009 (H: 29 cm)

This page:
Ceramic works from 2005—2012.
Various titles, mixed techniques,
H: 29 cm — 130 cm

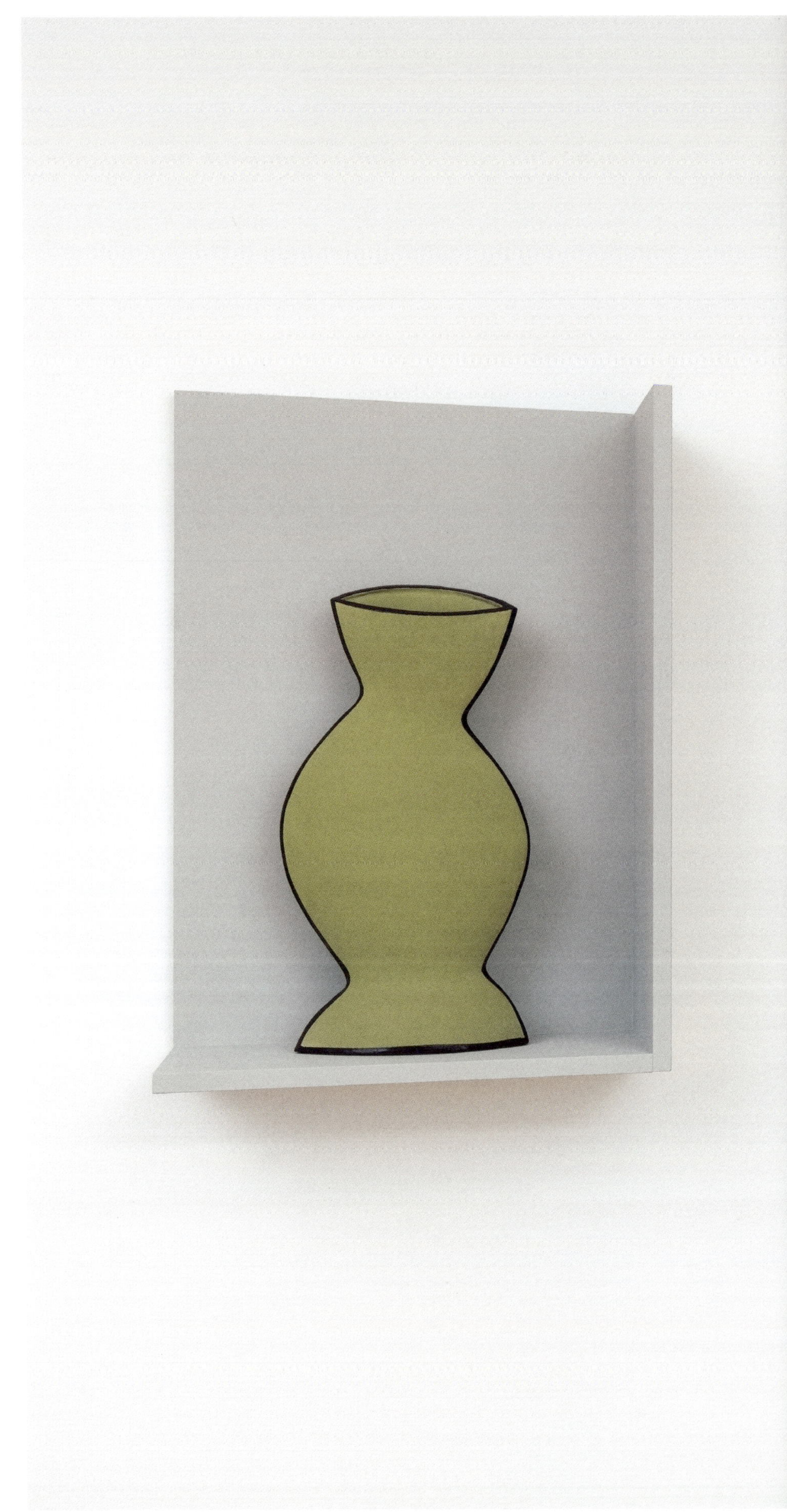

Tegning 1, 2008 (H: 48 cm)
Tegning 2, 2008 (H: 50 cm)
Tegning 3, 2008 (H: 50 cm)

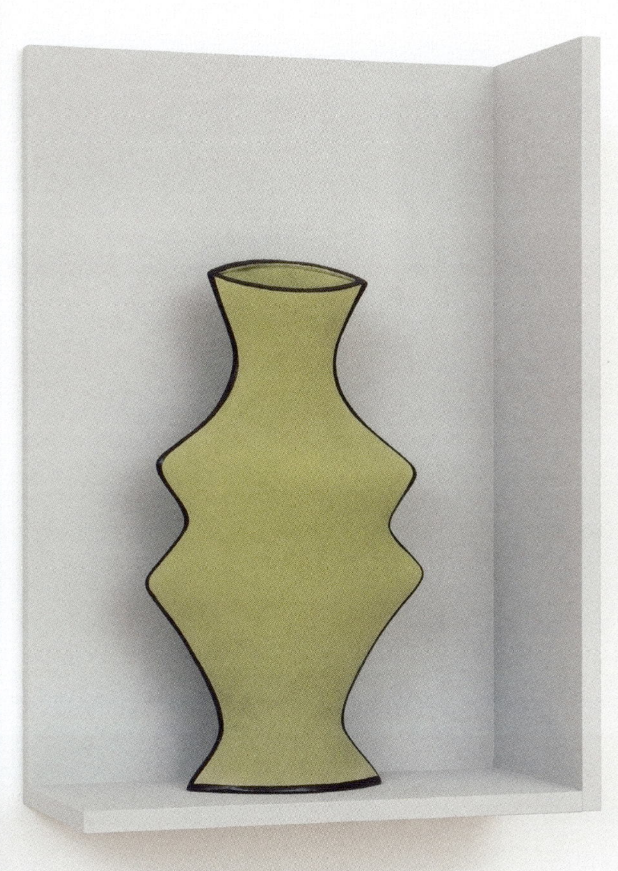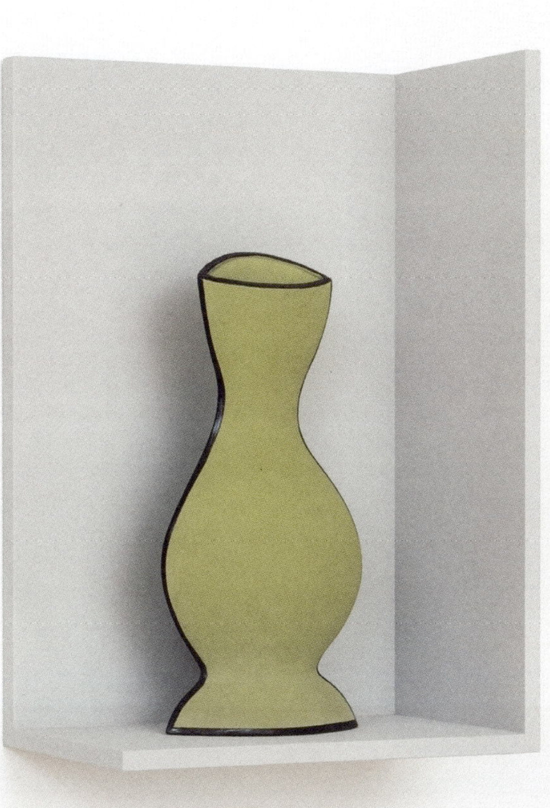

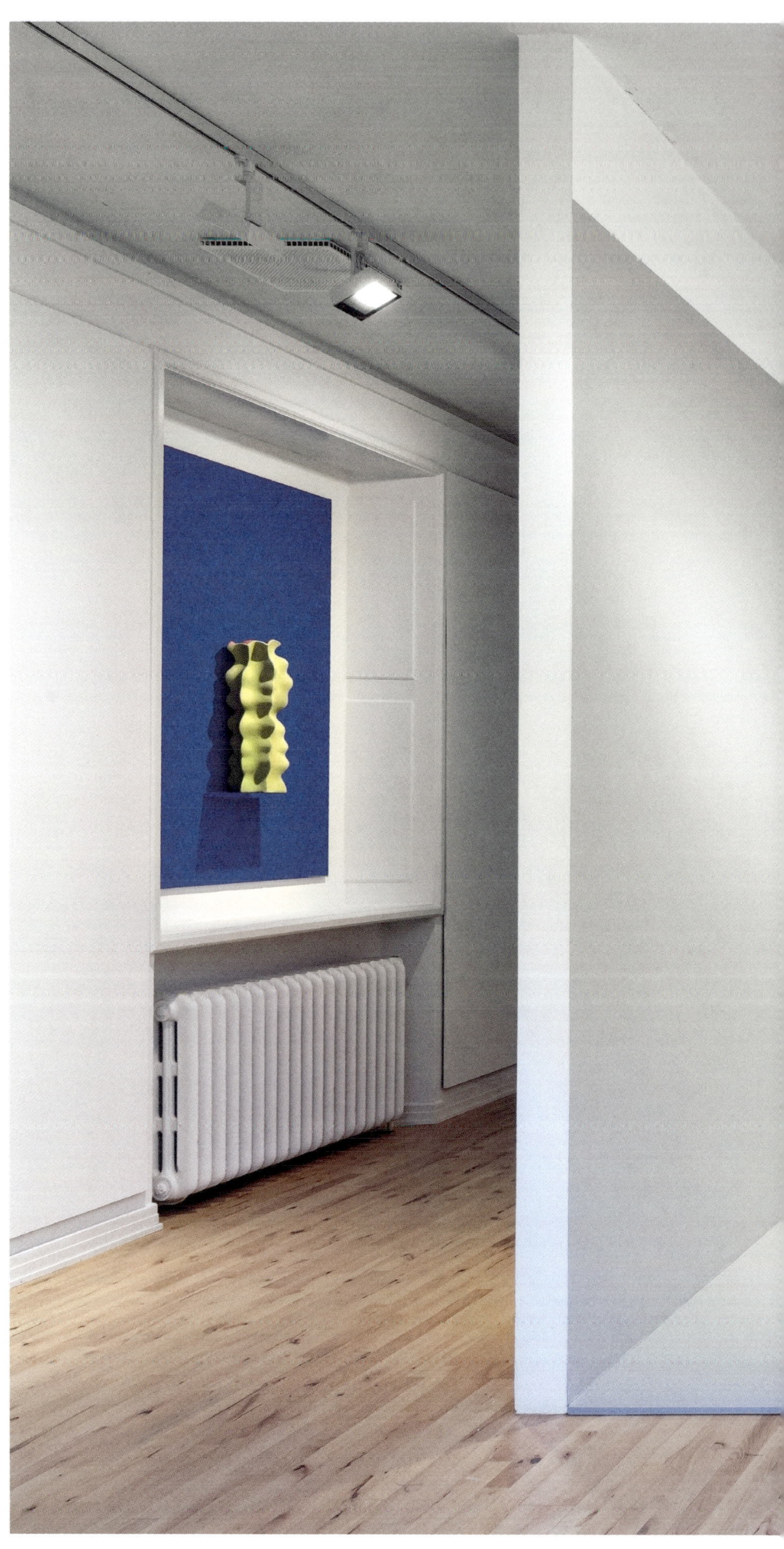

Squares 1, 2005 (H: 130 cm)
Squares 2, 2005 (H: 130 cm)
Stor og gul, 2010 (H: 120 cm)
Grønne bølger 2, 2009 (H: 64 cm)

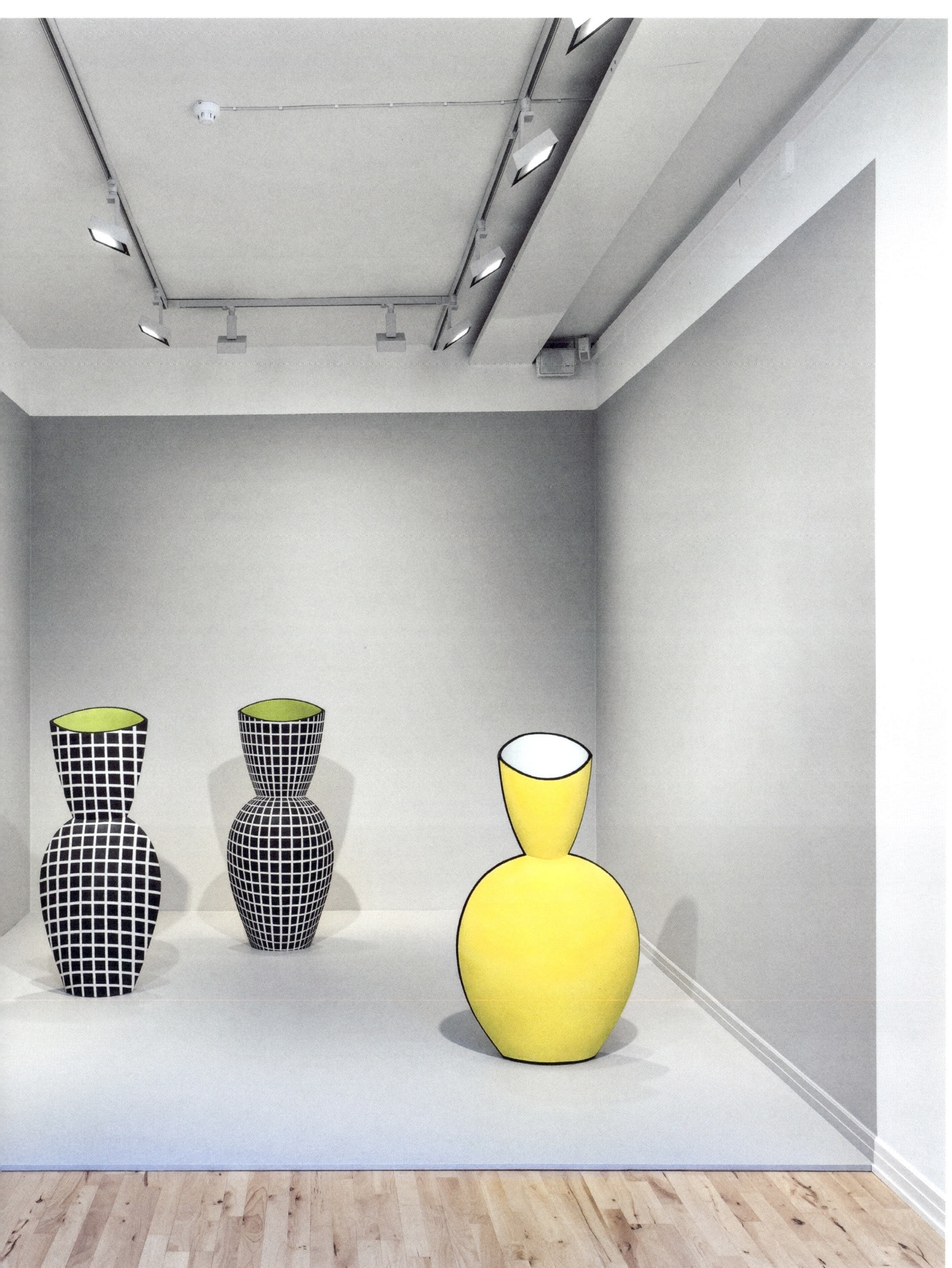

Grønne bølger 2, 2009 (H: 64 cm)

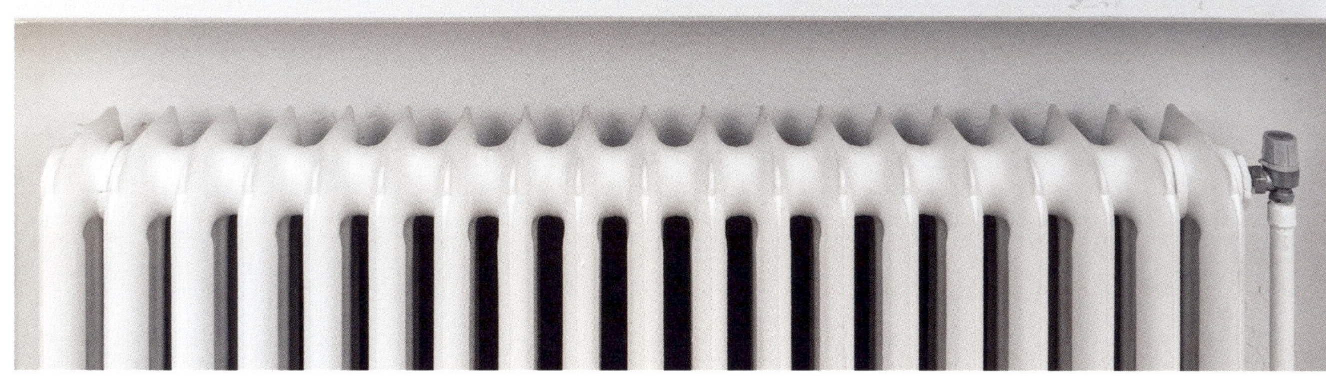

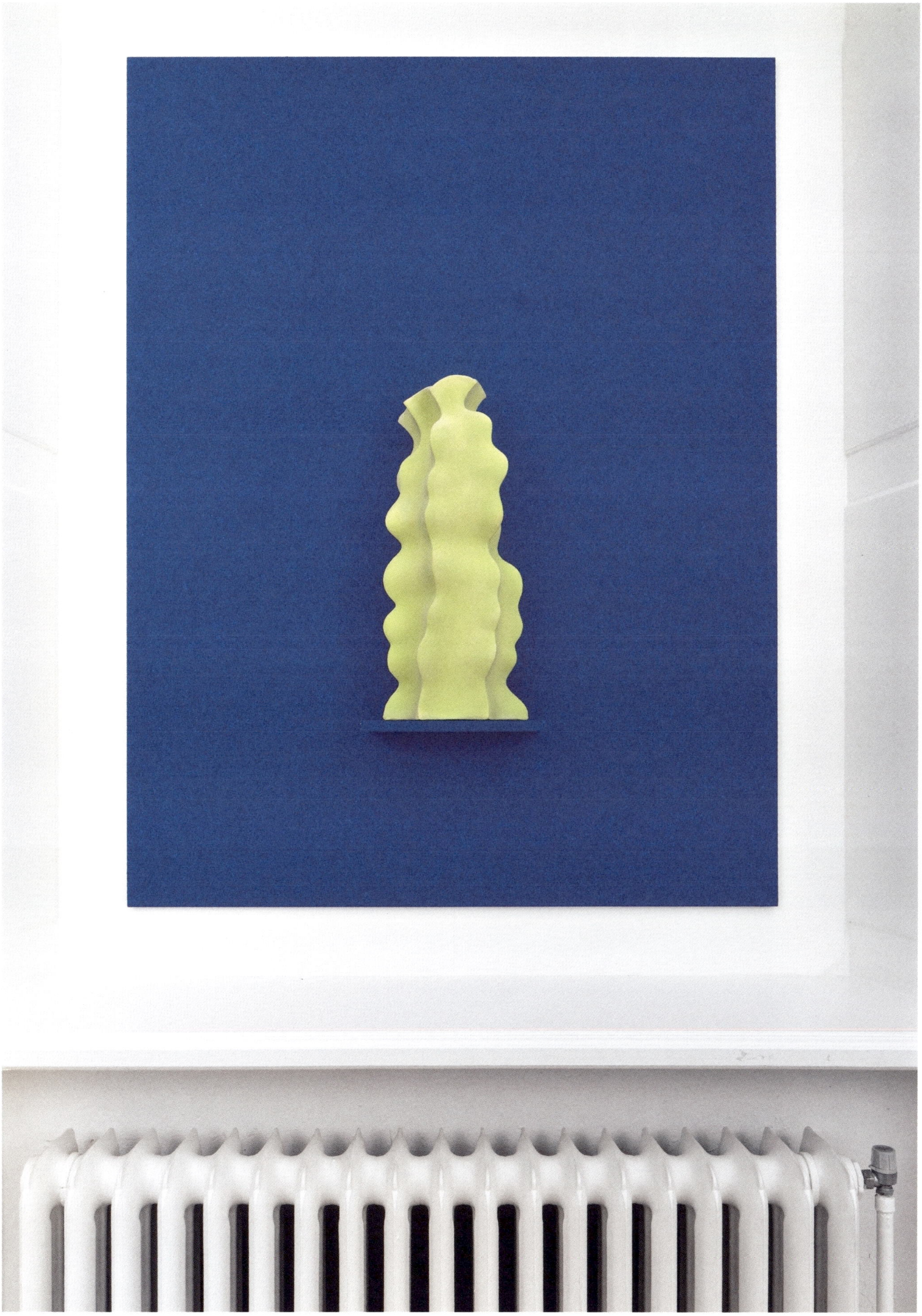

Kloder i berøring, 2001 (H: 102 cm)
Fritt Ord

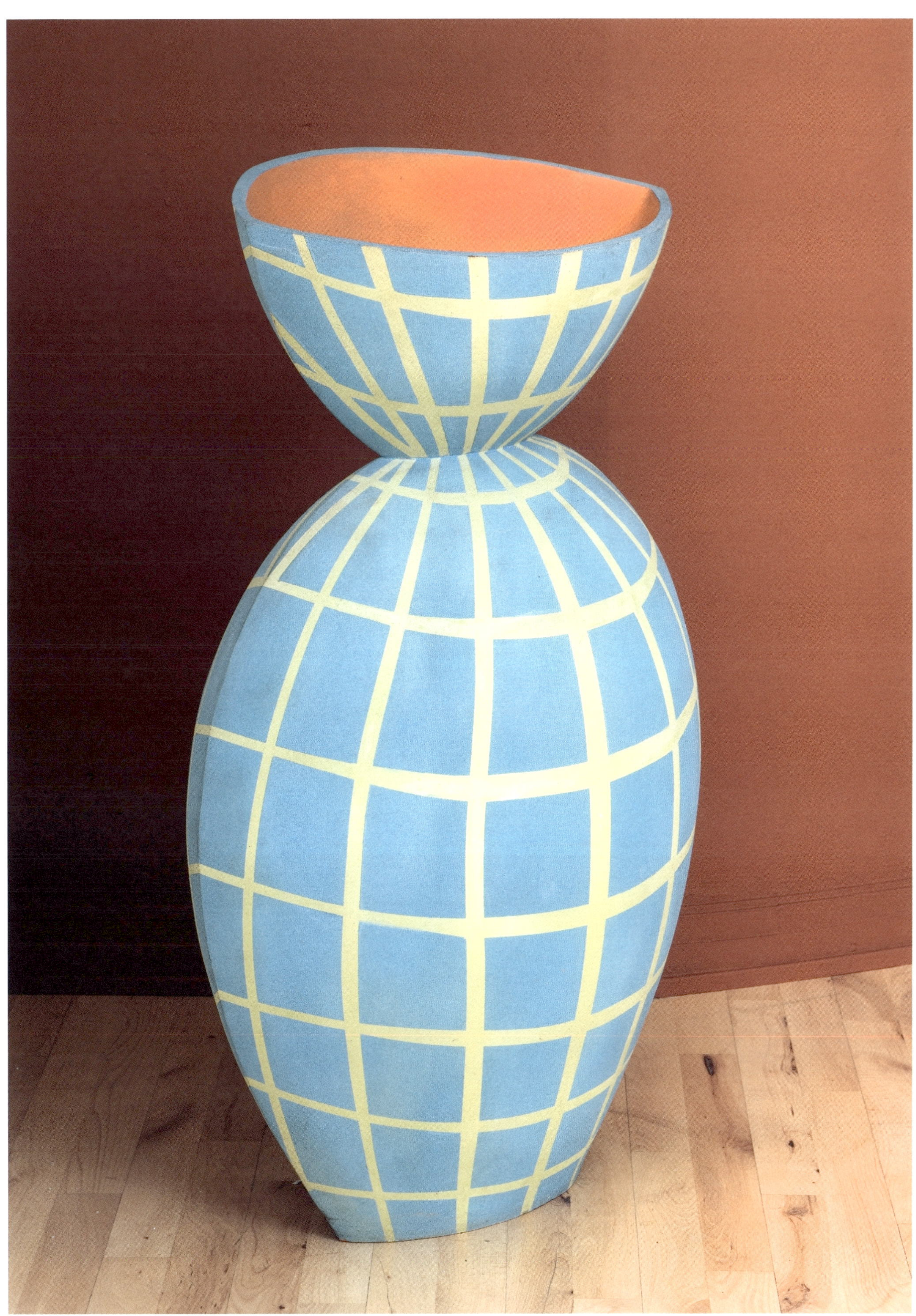

1990 —— 2000

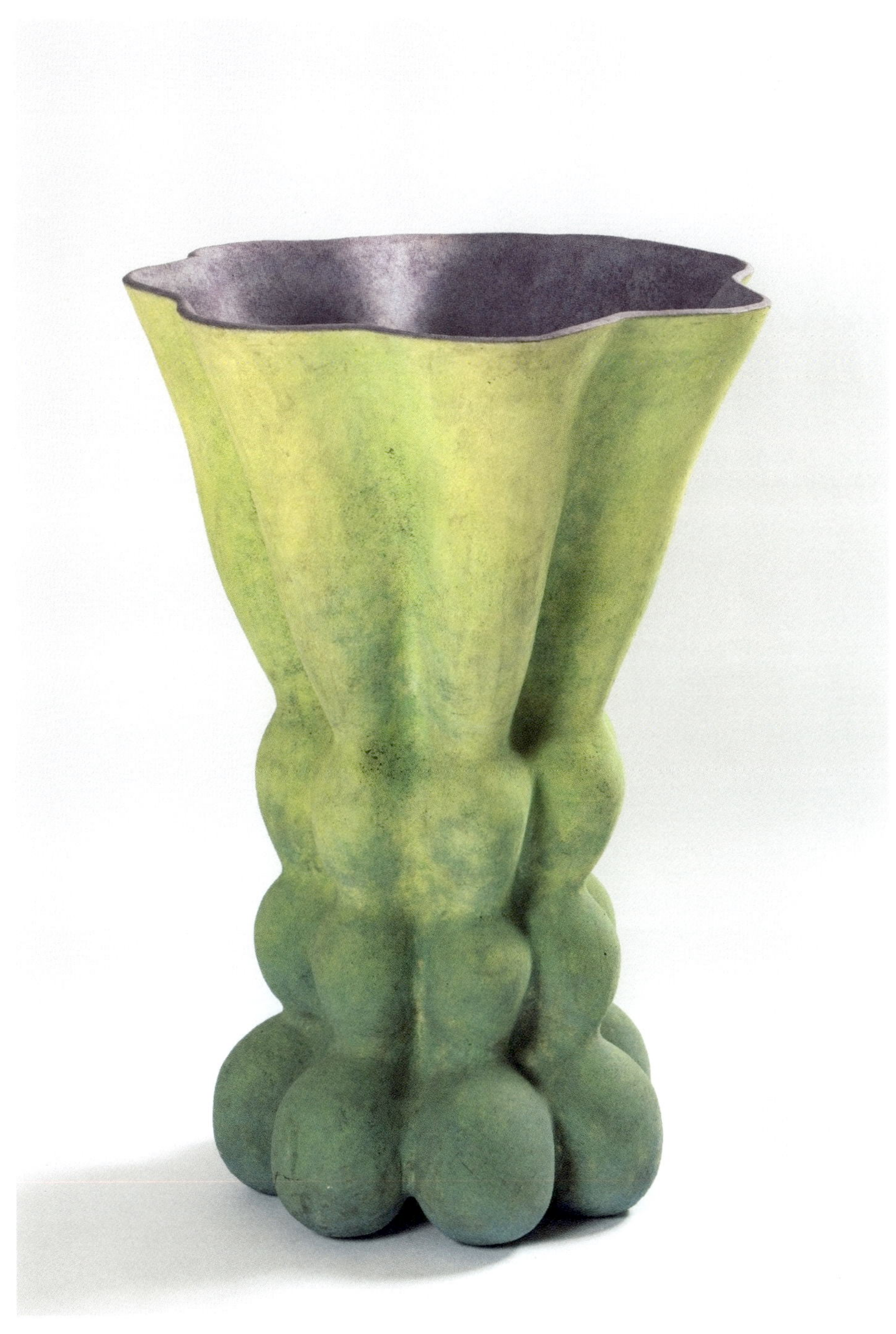

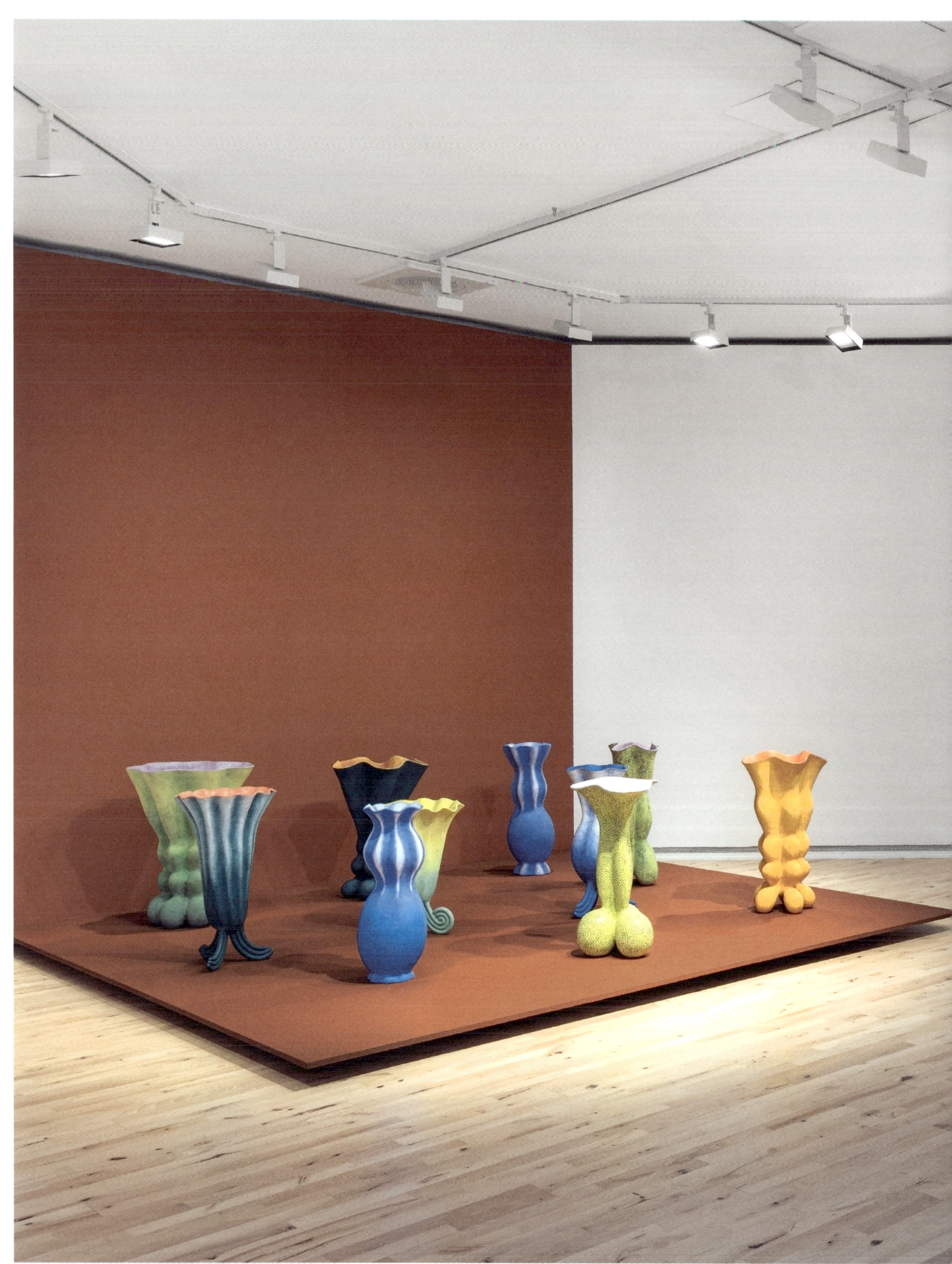

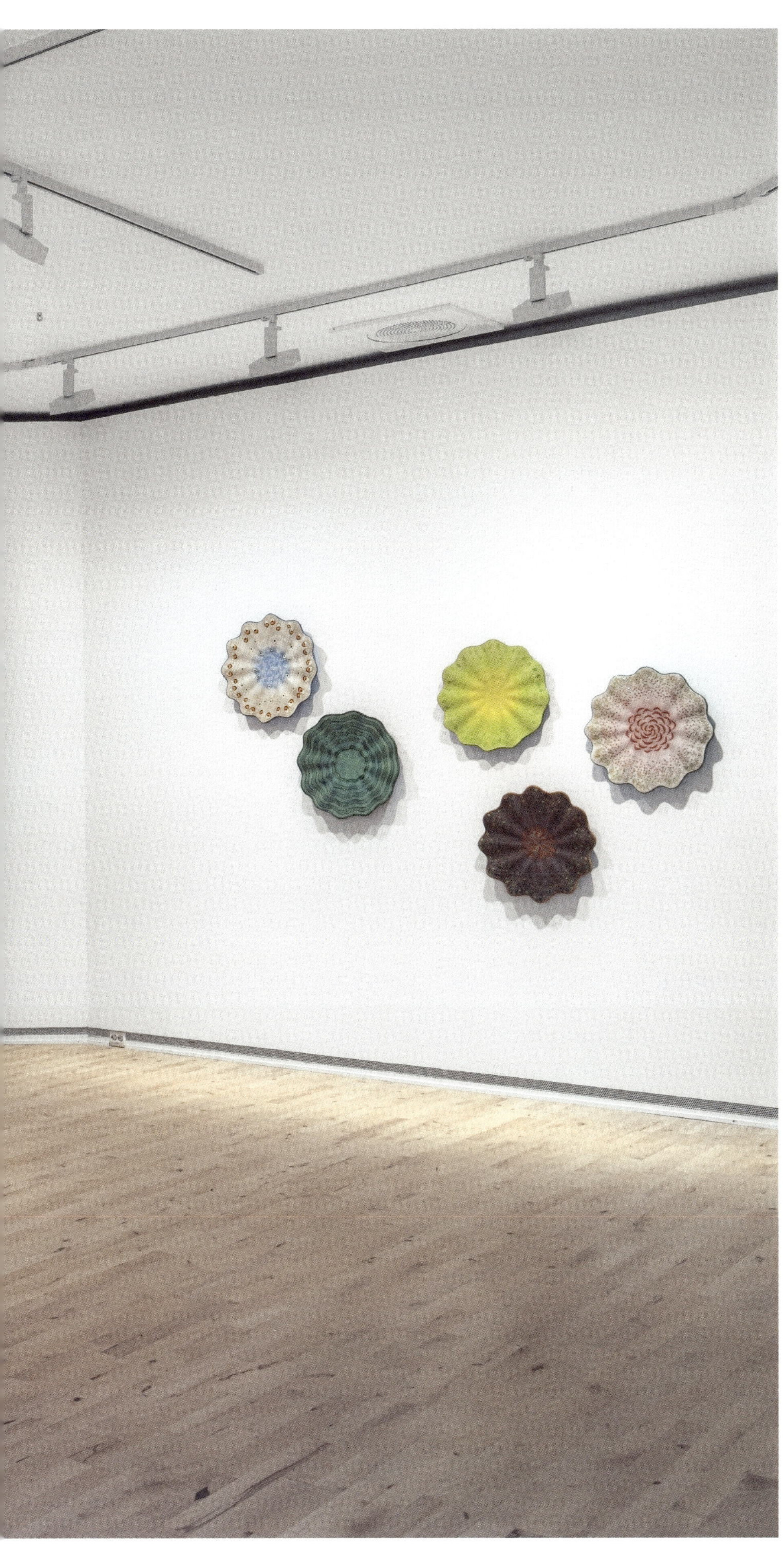

Page 149:
Vekst, 1996 (H: 73 cm)
Haugar Vestfold Kunstmuseums Samling

This page:
Ceramic works from 1994—1998.
Various titles, mixed techniques,
H: 60 cm — 76.5 cm

152

Høst, 1994 (H: 75 cm)
Nordenfjeldske Kunstindustrimuseum
Vekst, 1994 (II: 78 cm)
Nasjonalmuseet for kunst, arkitektur og design
Krokus 2, 1994—1996 (H: 73 cm)
Krokus 3, 1994—1996 (H: 76 cm)

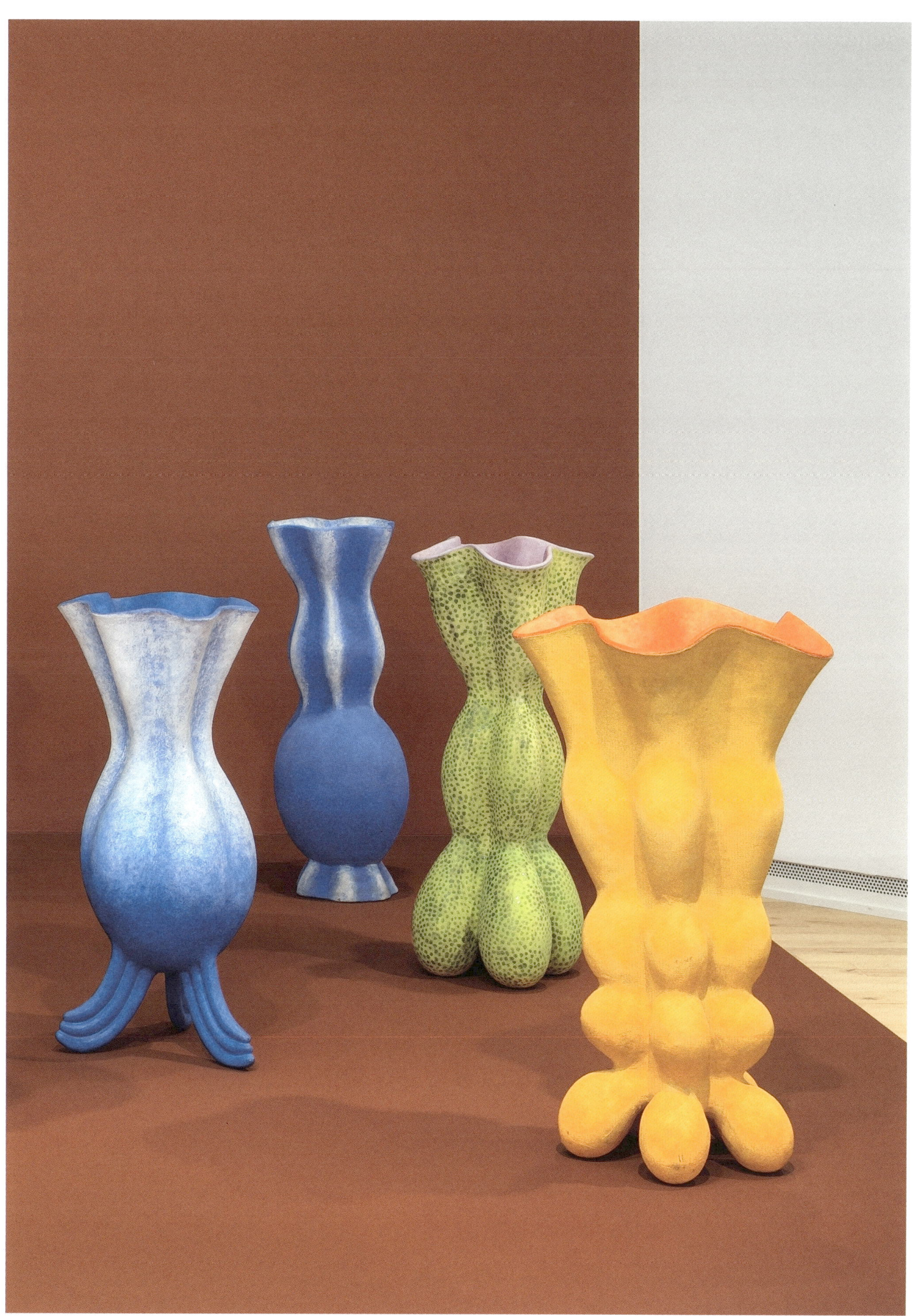

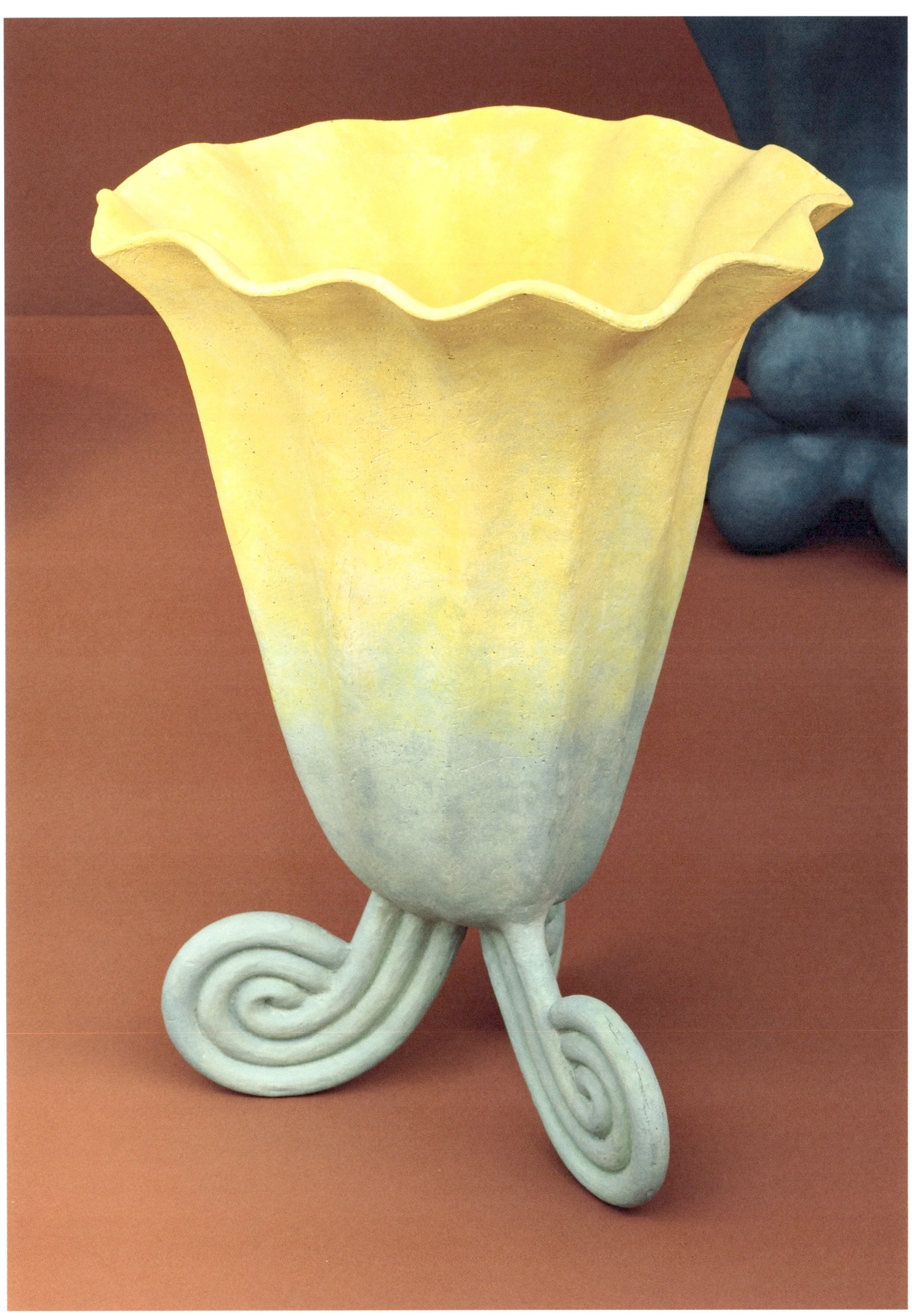

Krokus 2, 1994—1996 (H: 73 cm)
Krokus 3, 1994—1996 (H: 76 cm)

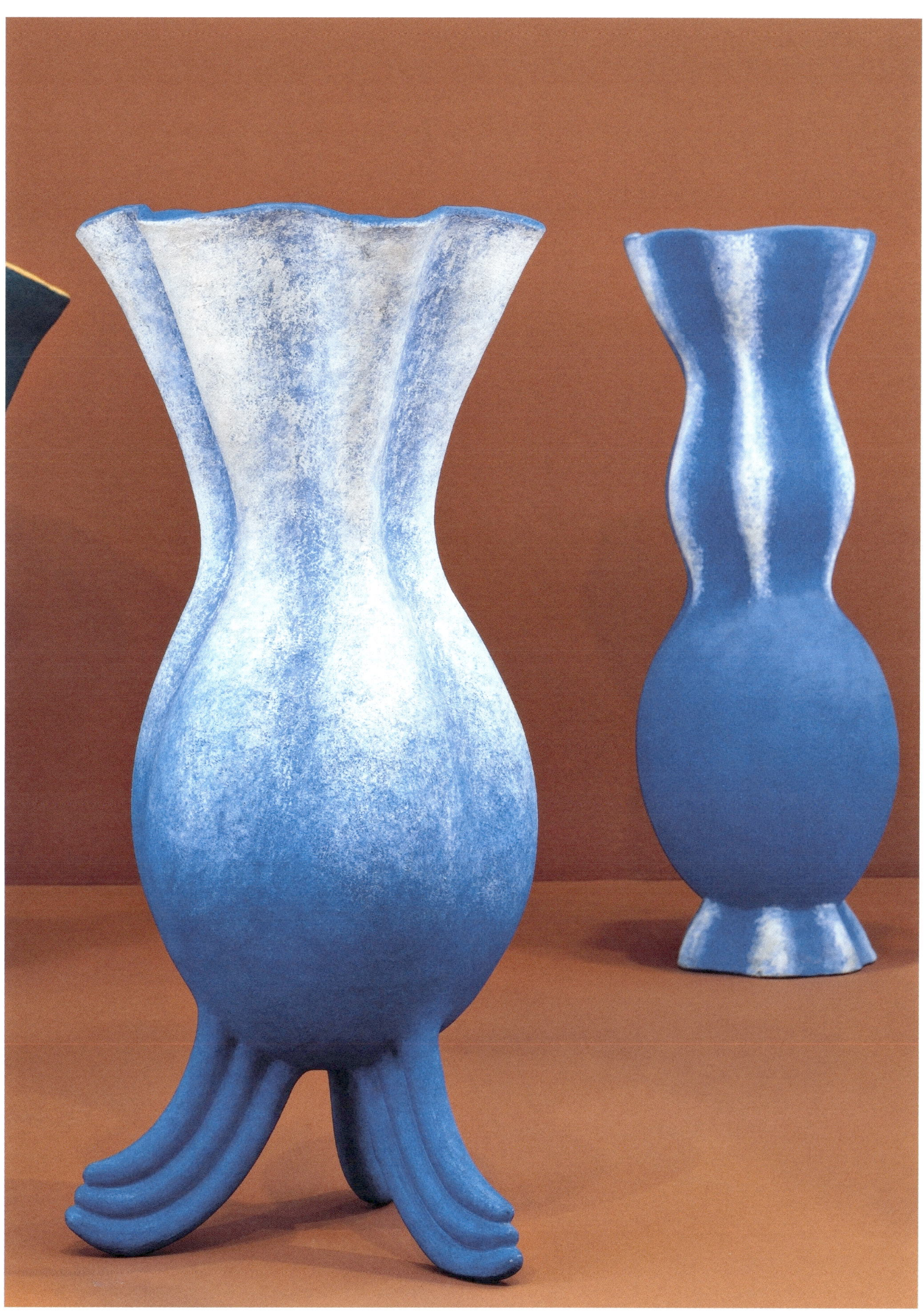

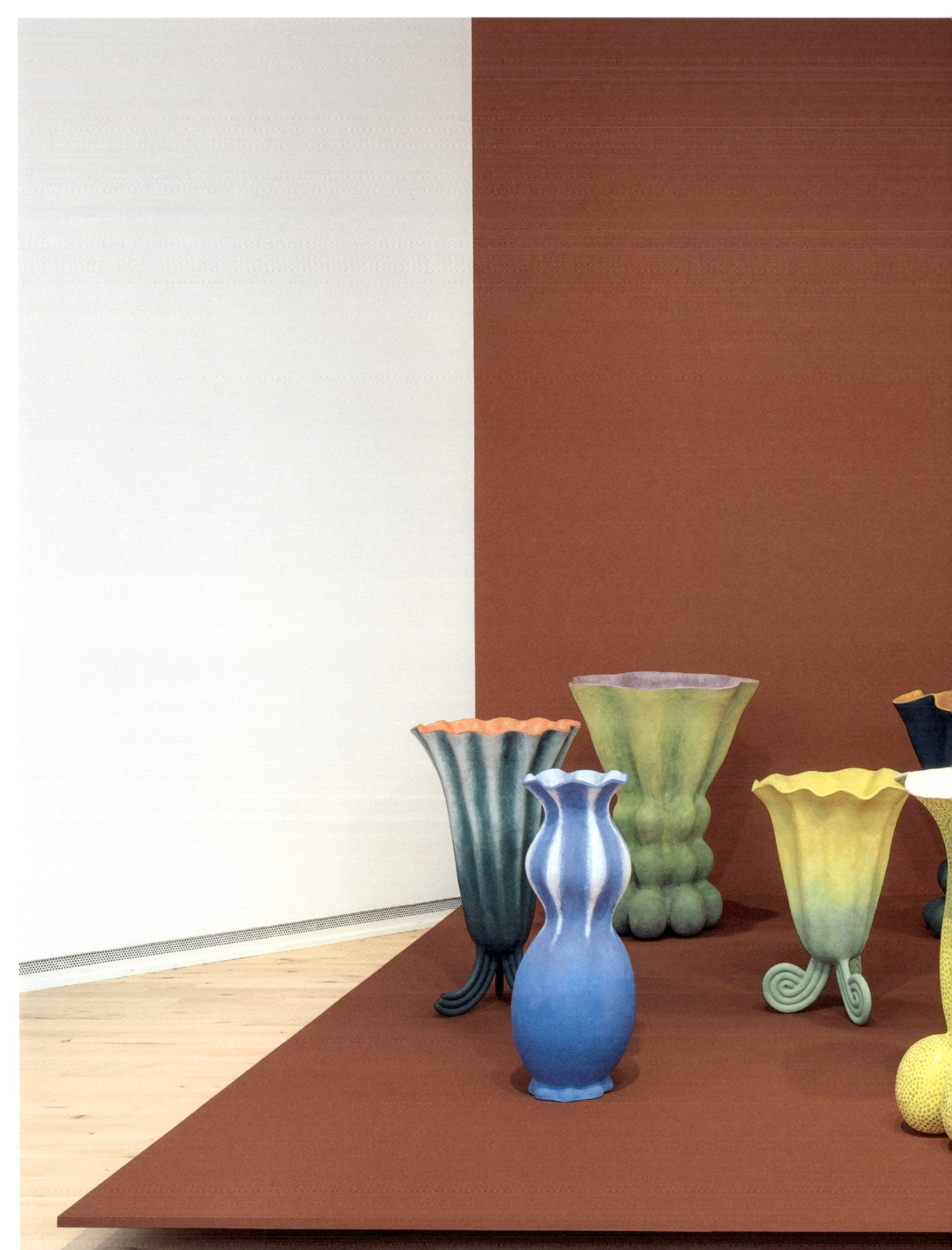

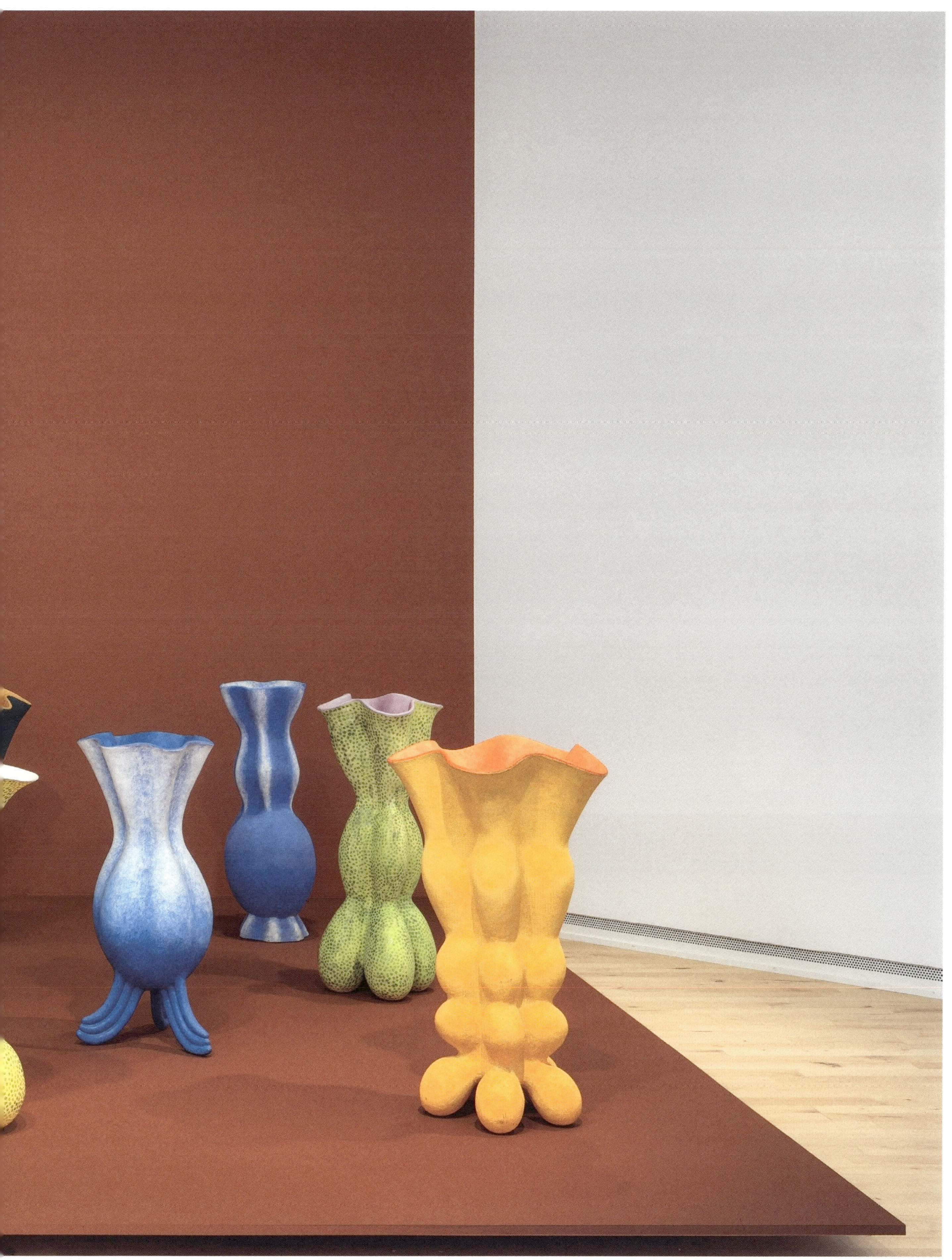

Sommer, 1994 (H: 70 cm)
Vår, 1994—1996 (H: 73 cm)
Vekst, 1994 (H: 73 cm)
Vekst, 1996 (H: 73 cm)
Primula, 1994—1996 (H: 60 cm)
Krokus 1, 1994—1996 (H: 69 cm)

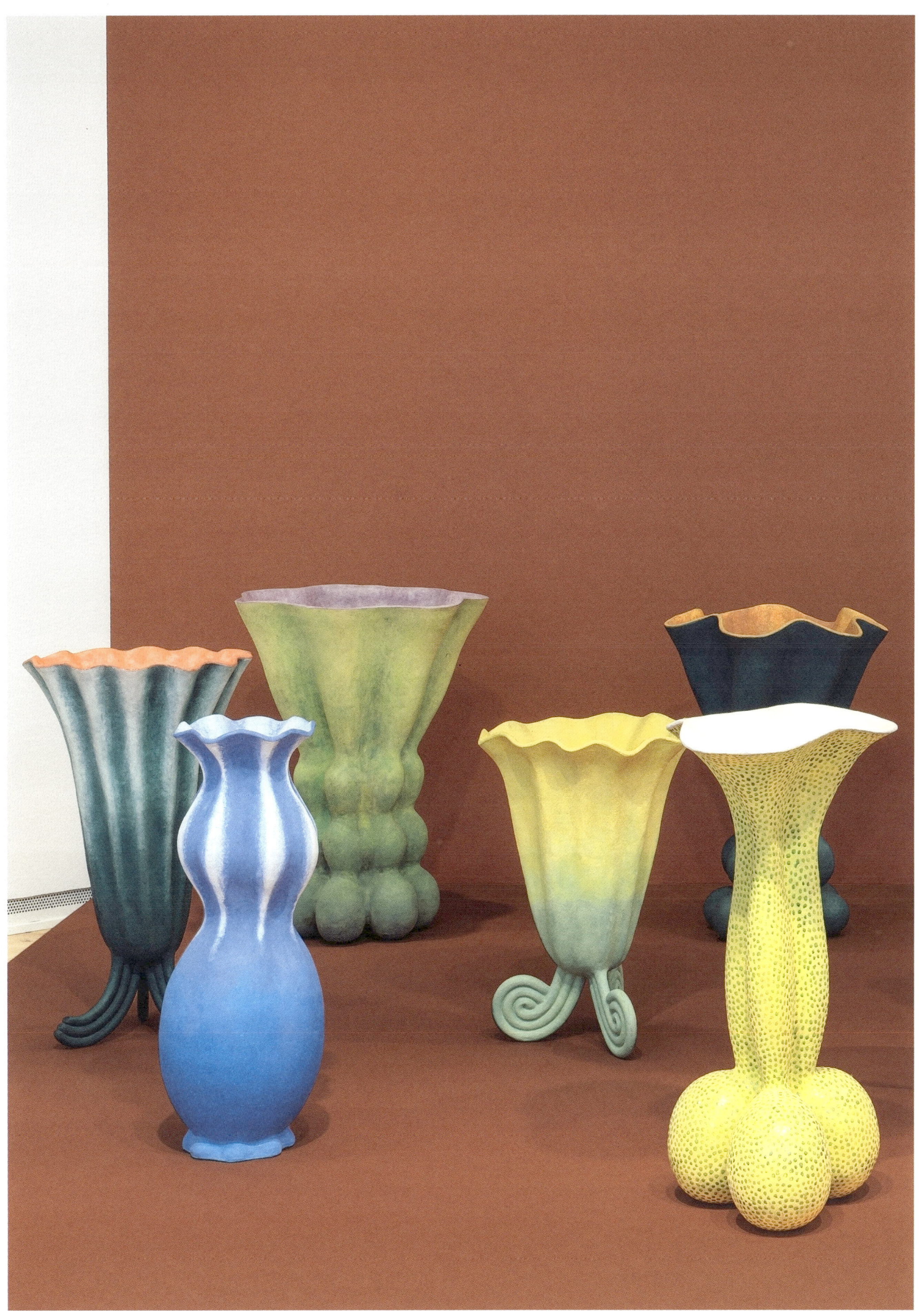

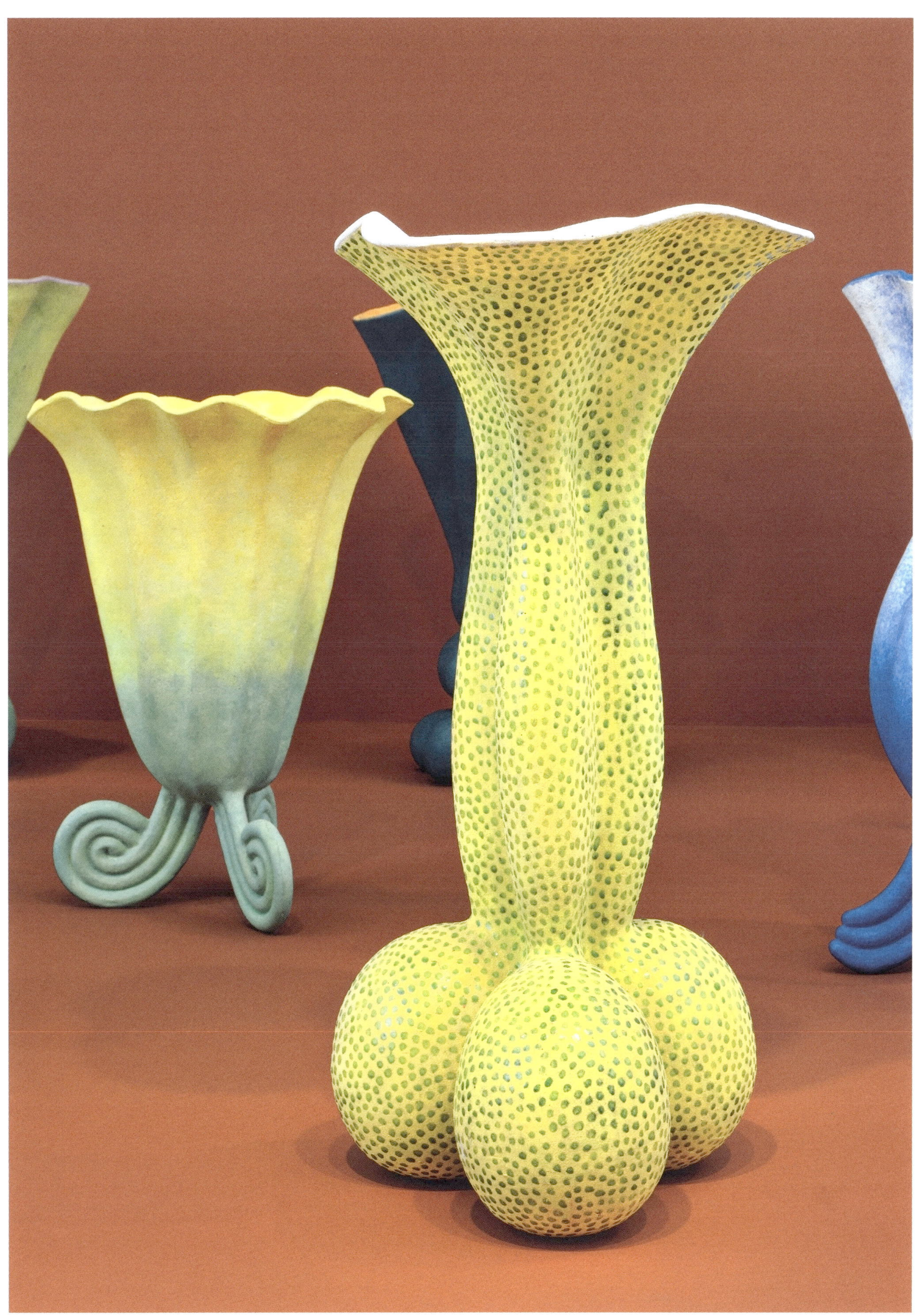

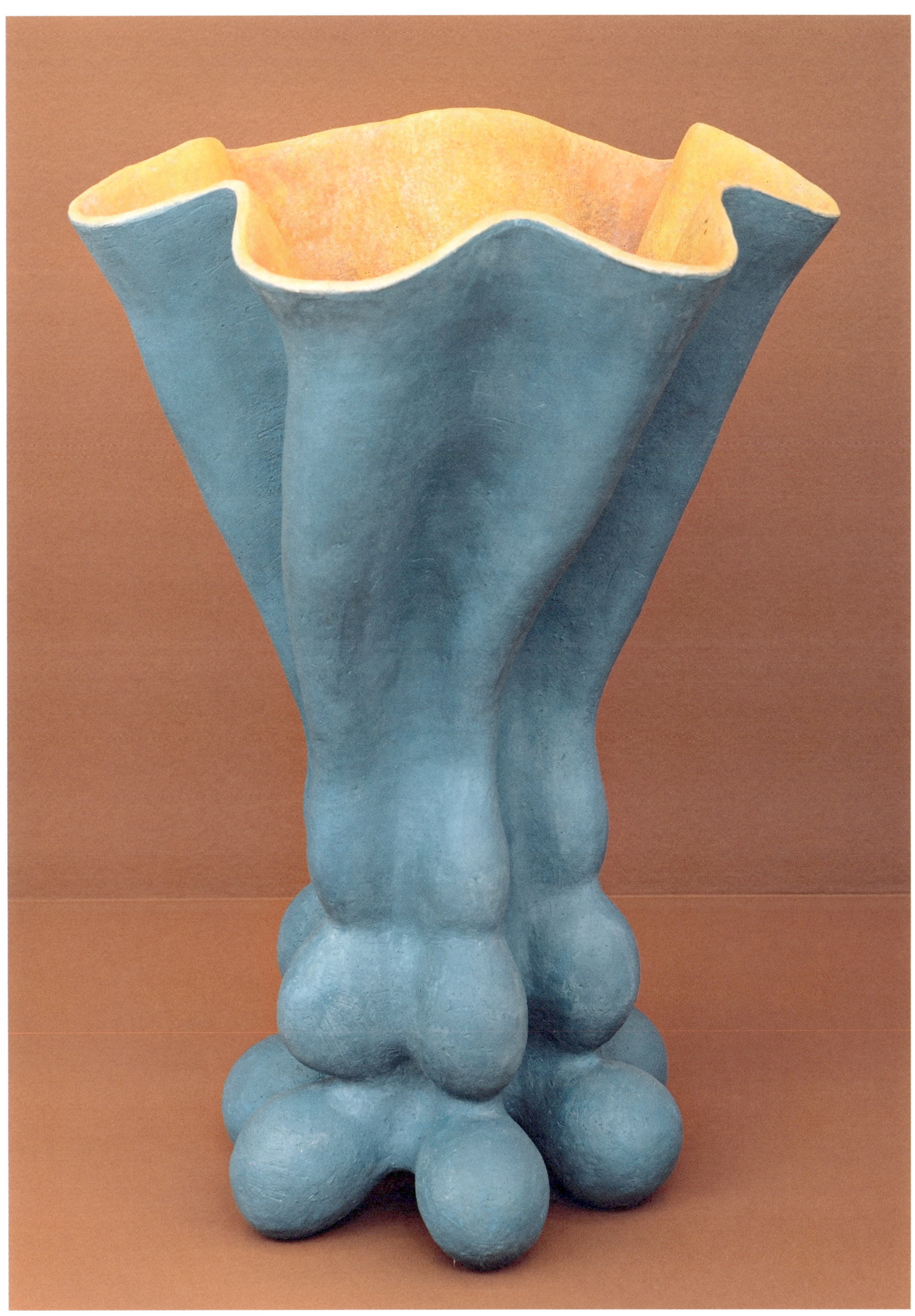

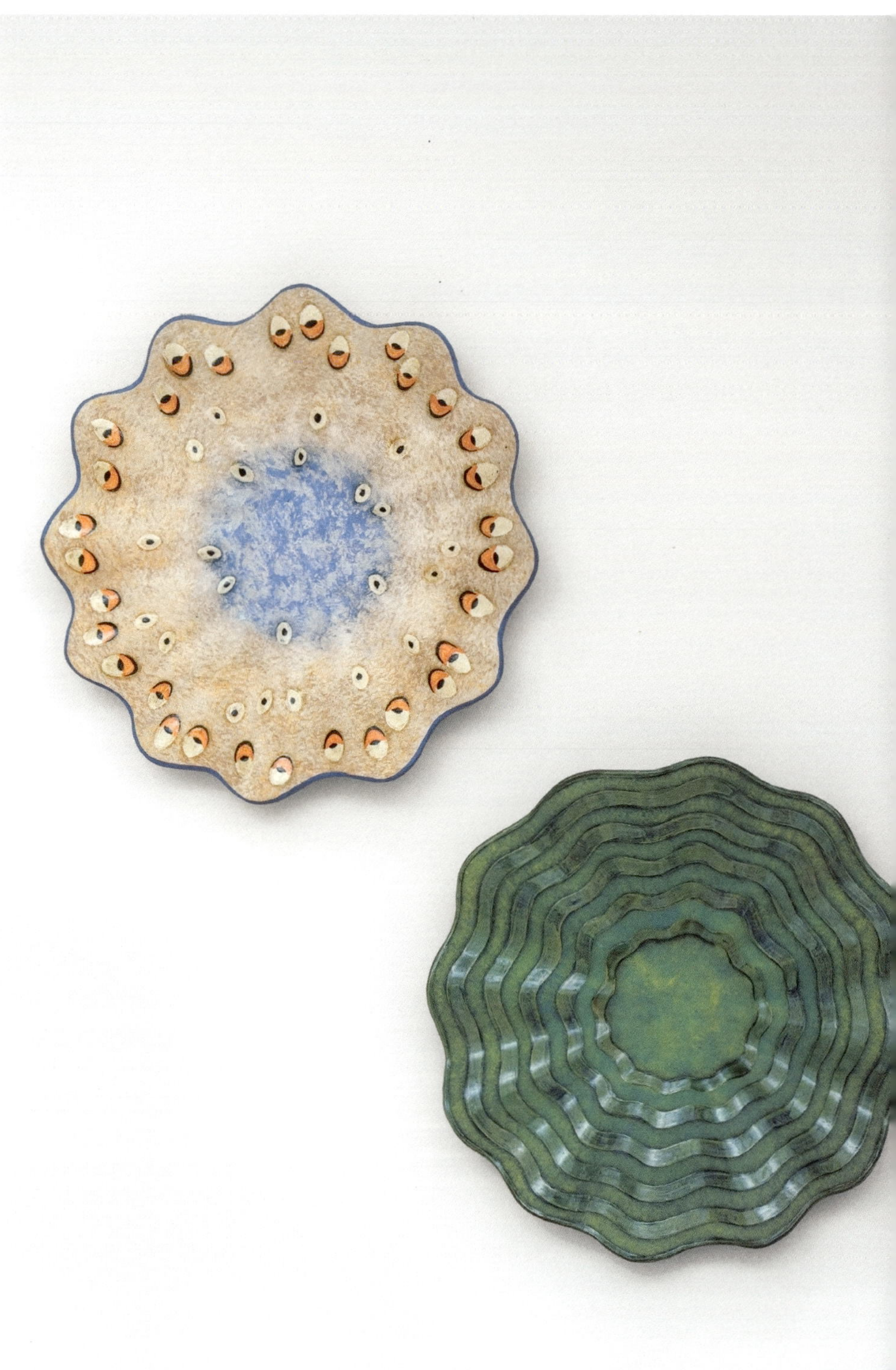

Veggfat med bølger, 1994—1997 (D: 53 cm)

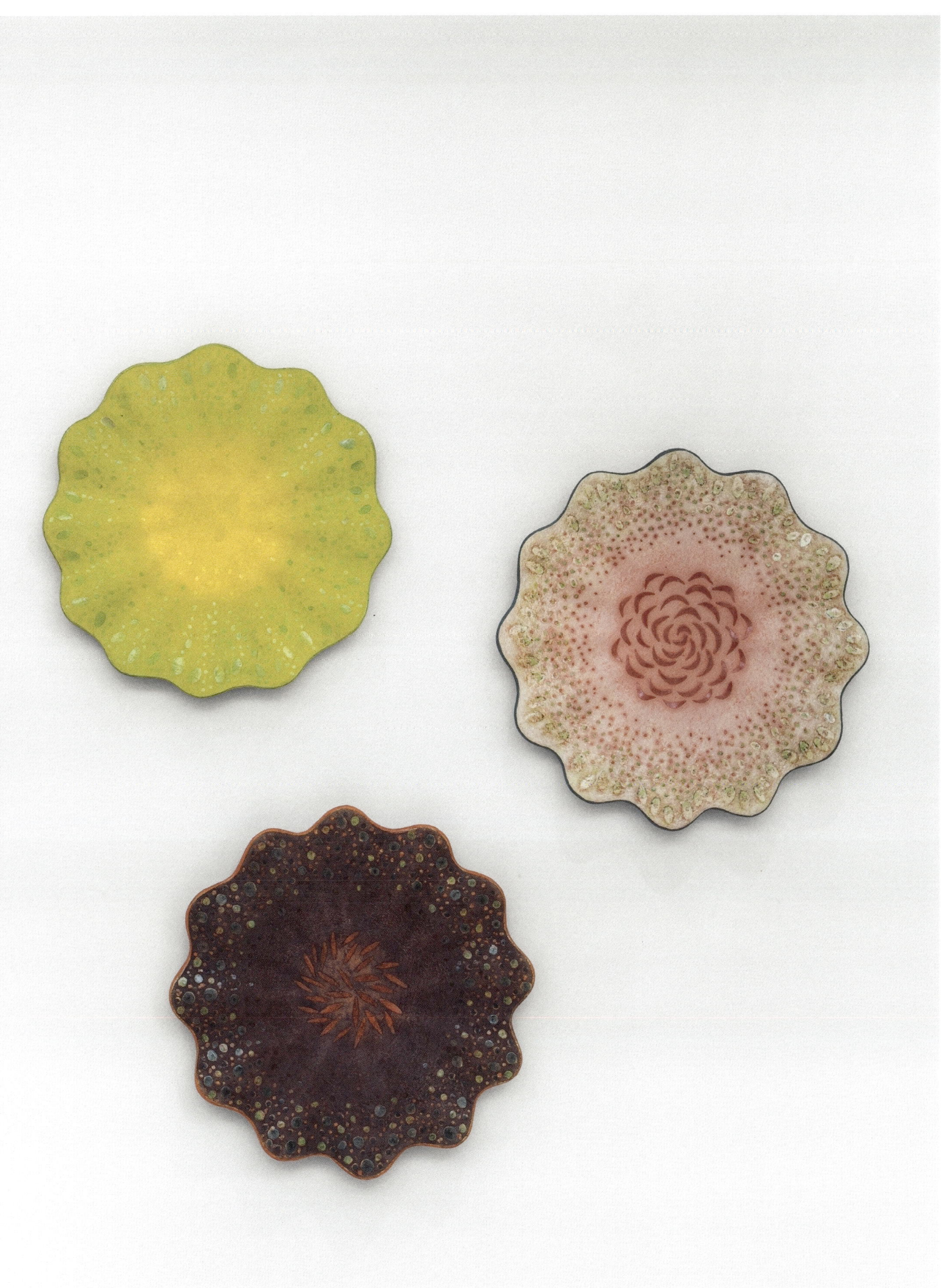

Veggfat med bølger, 1994—1997 (D: 53 cm)

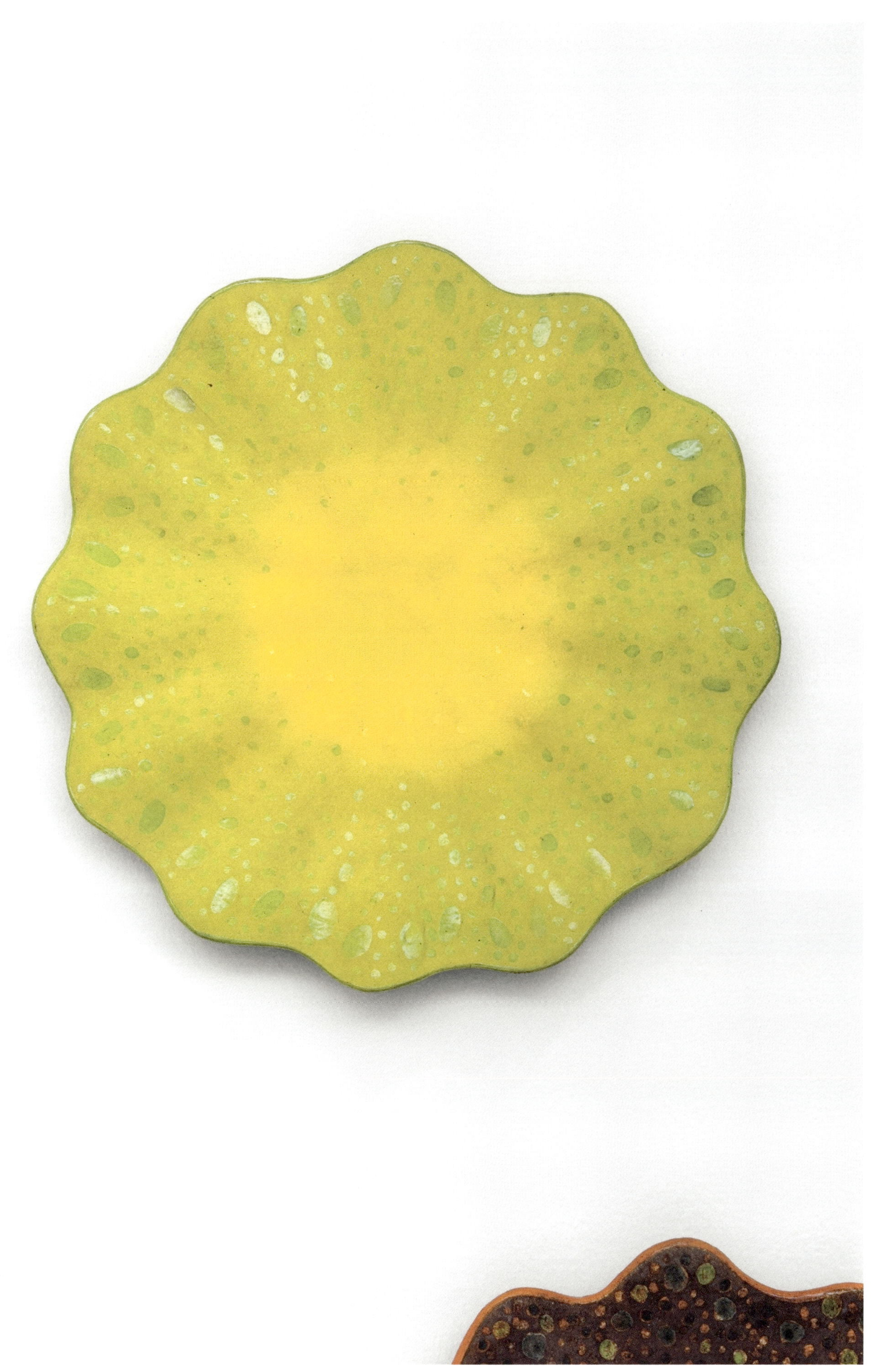

Veggfat med bølger, 1994—1997 (D: 53 cm)

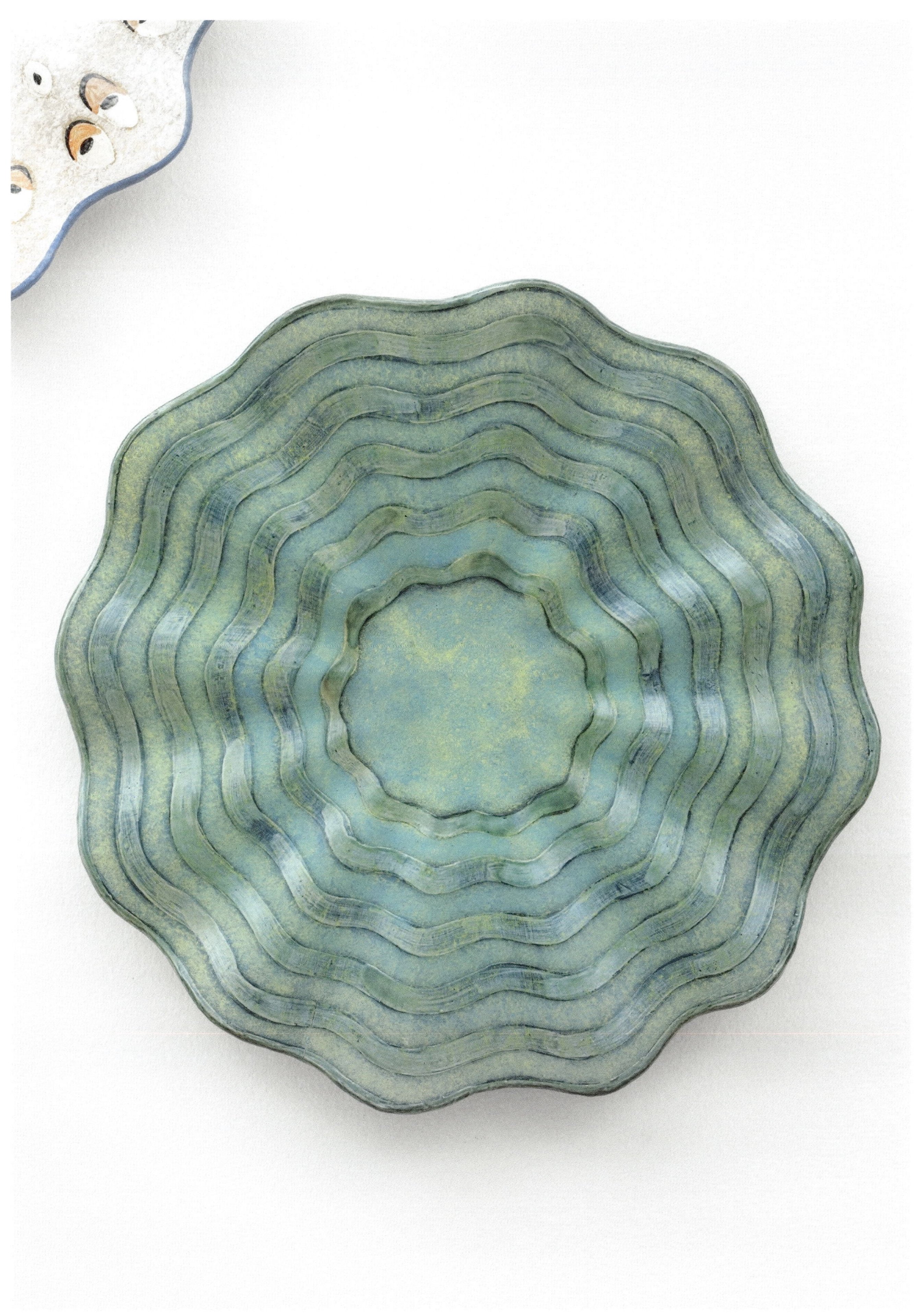

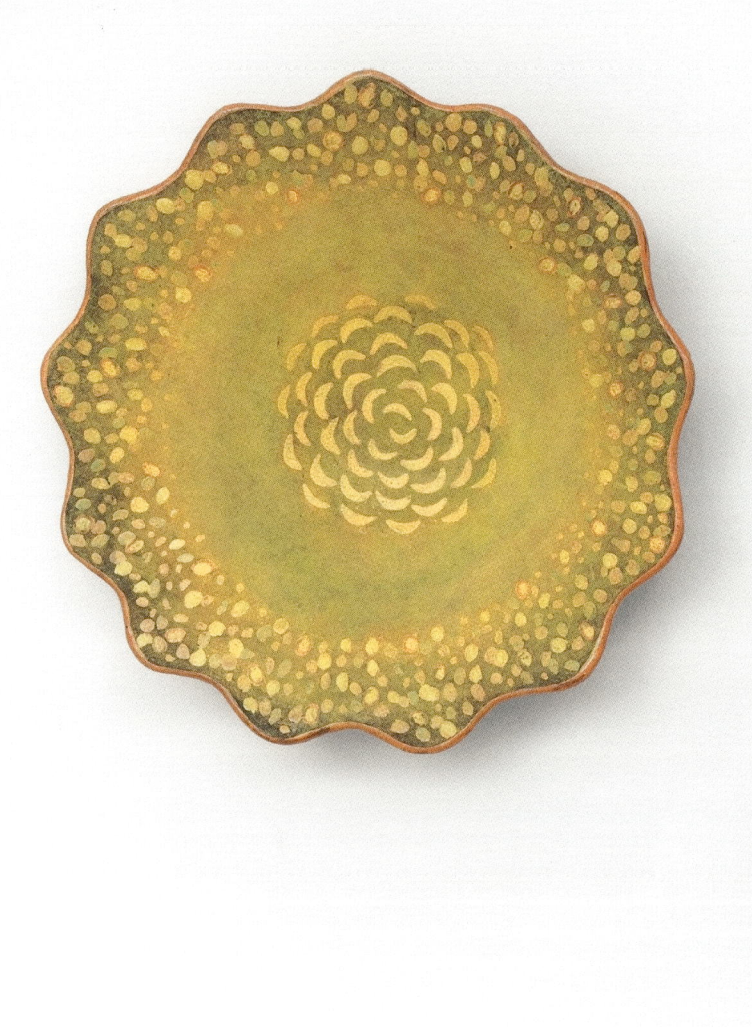

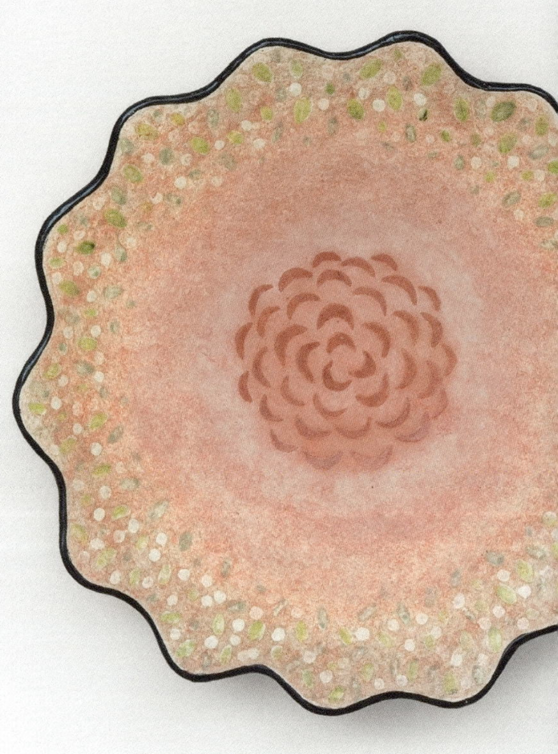

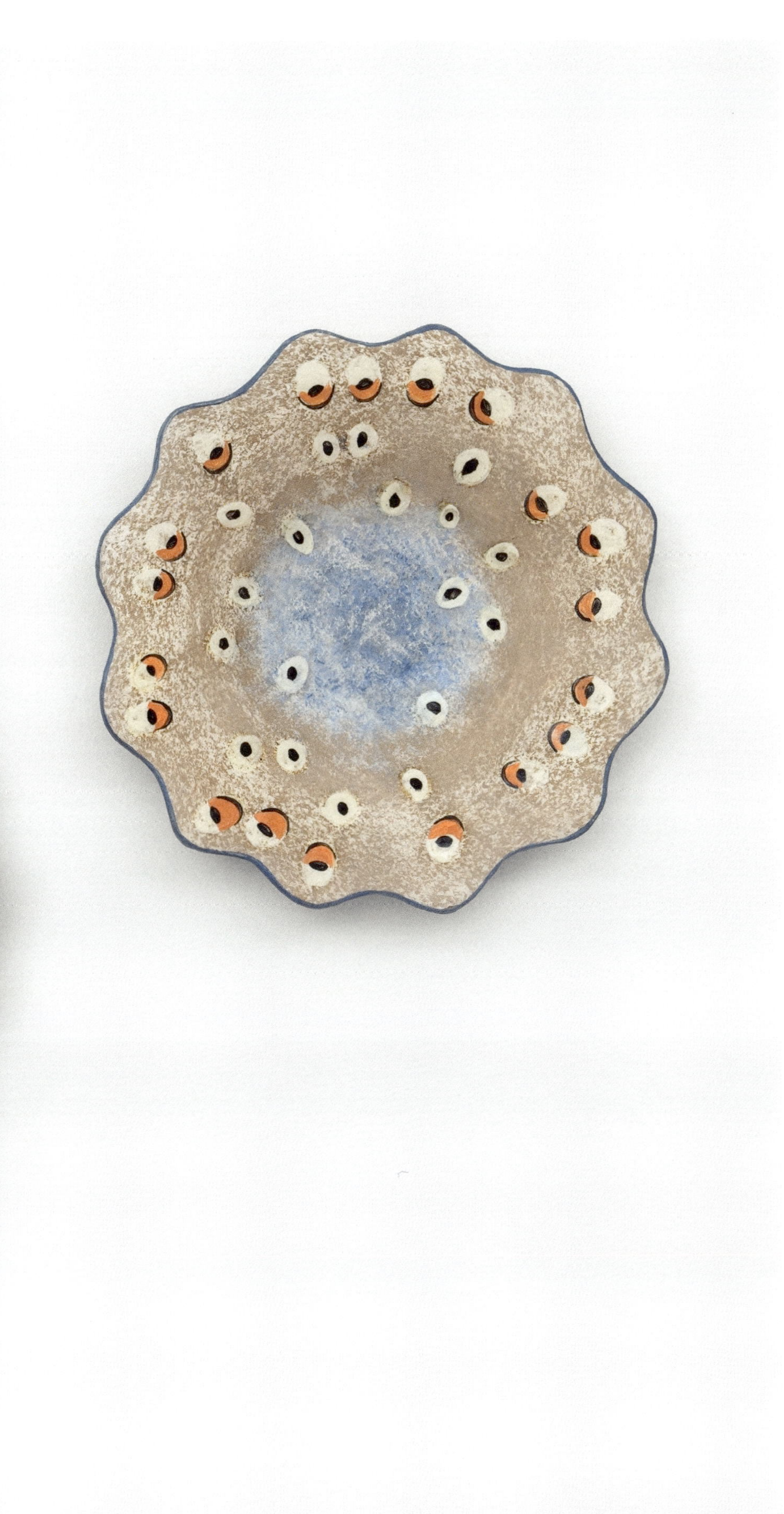

Veggfat med bølger, 1994—1997 (D: 38 cm)

1980 ———— 1990

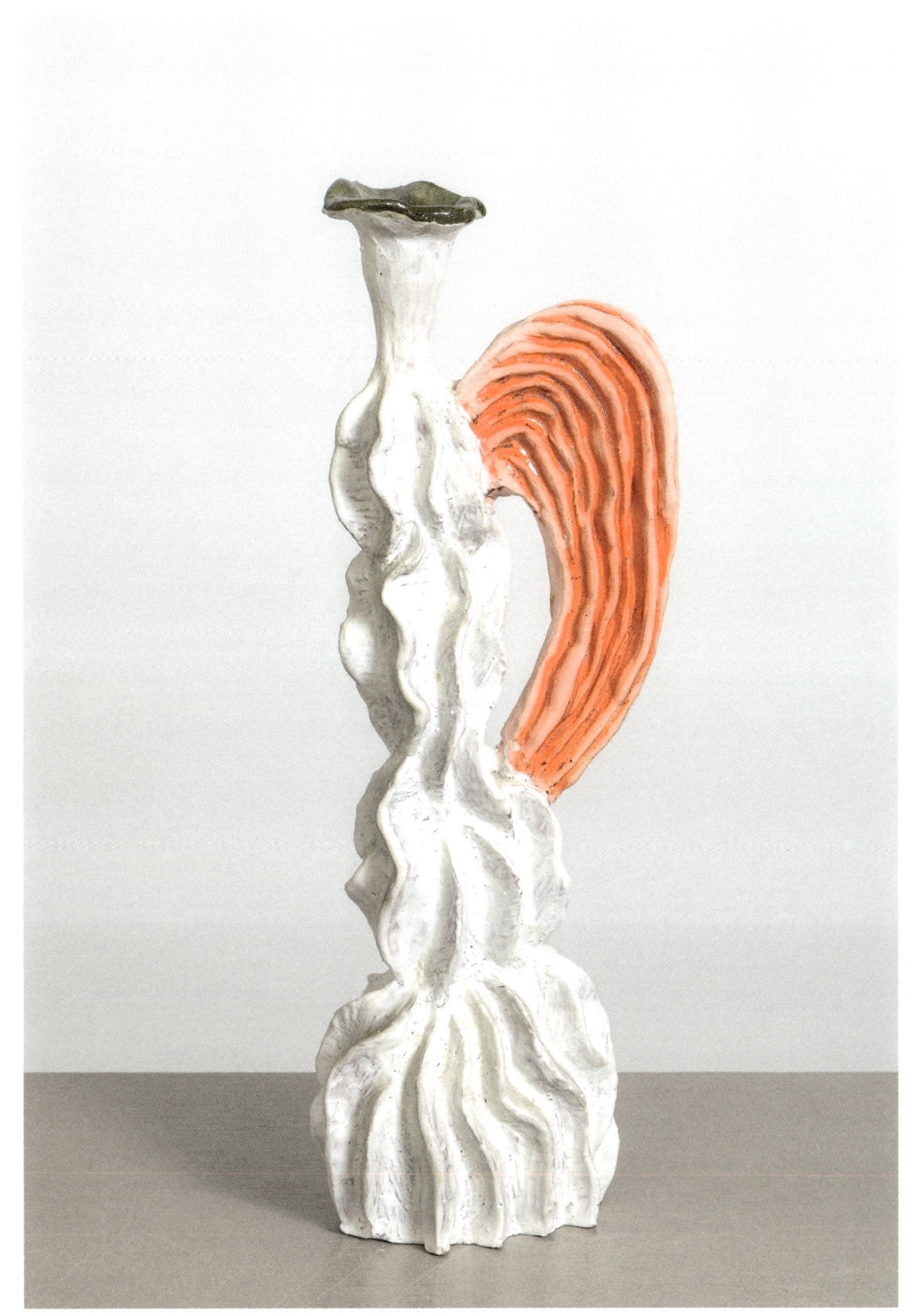

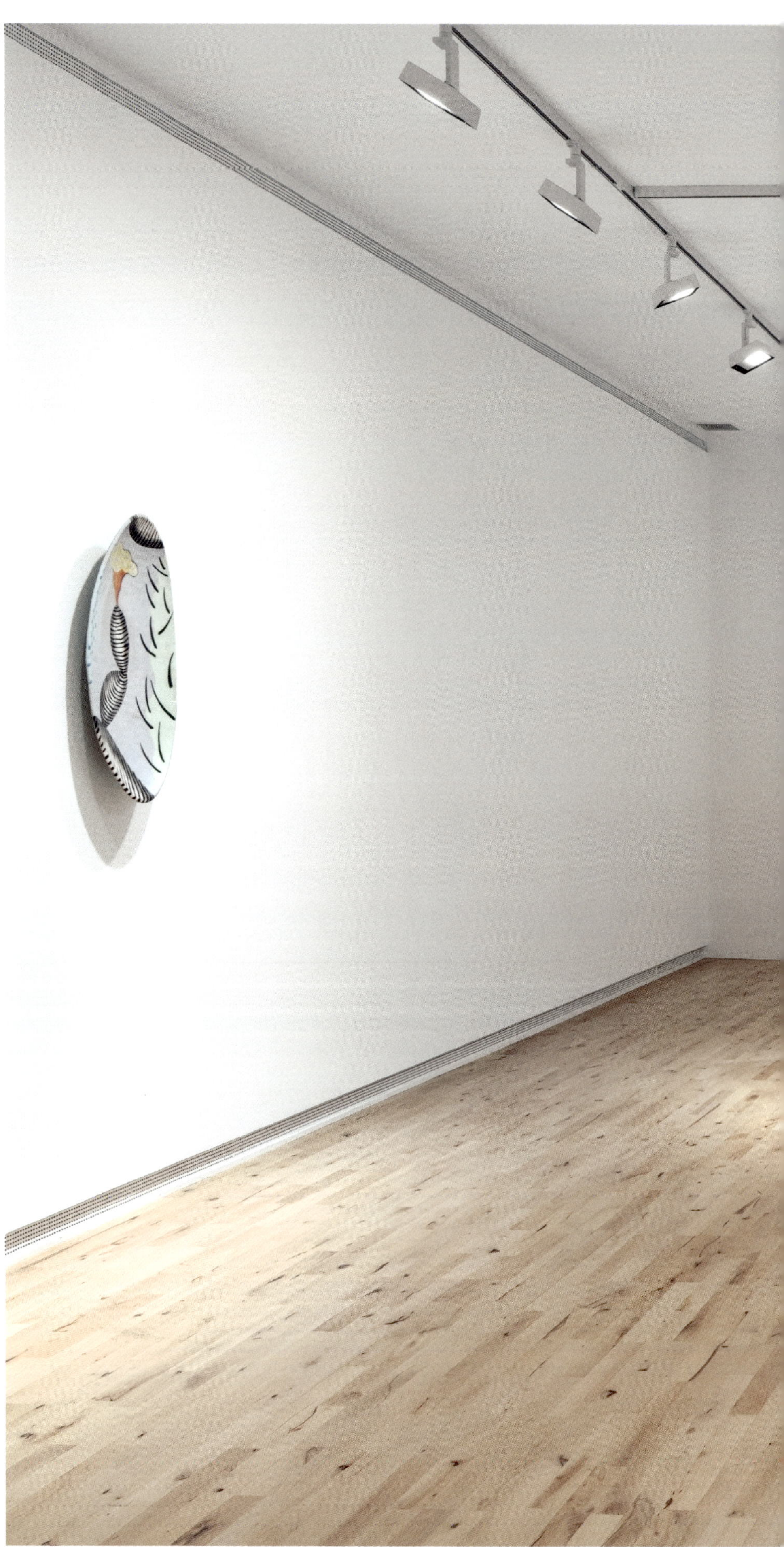

Previous page:
Lysestake med vinge, 1988 (H: 39 cm)

This page:
Ceramic works from 1980—2008.
Various titles, mixed techniques,
H: 17 cm — 66 cm

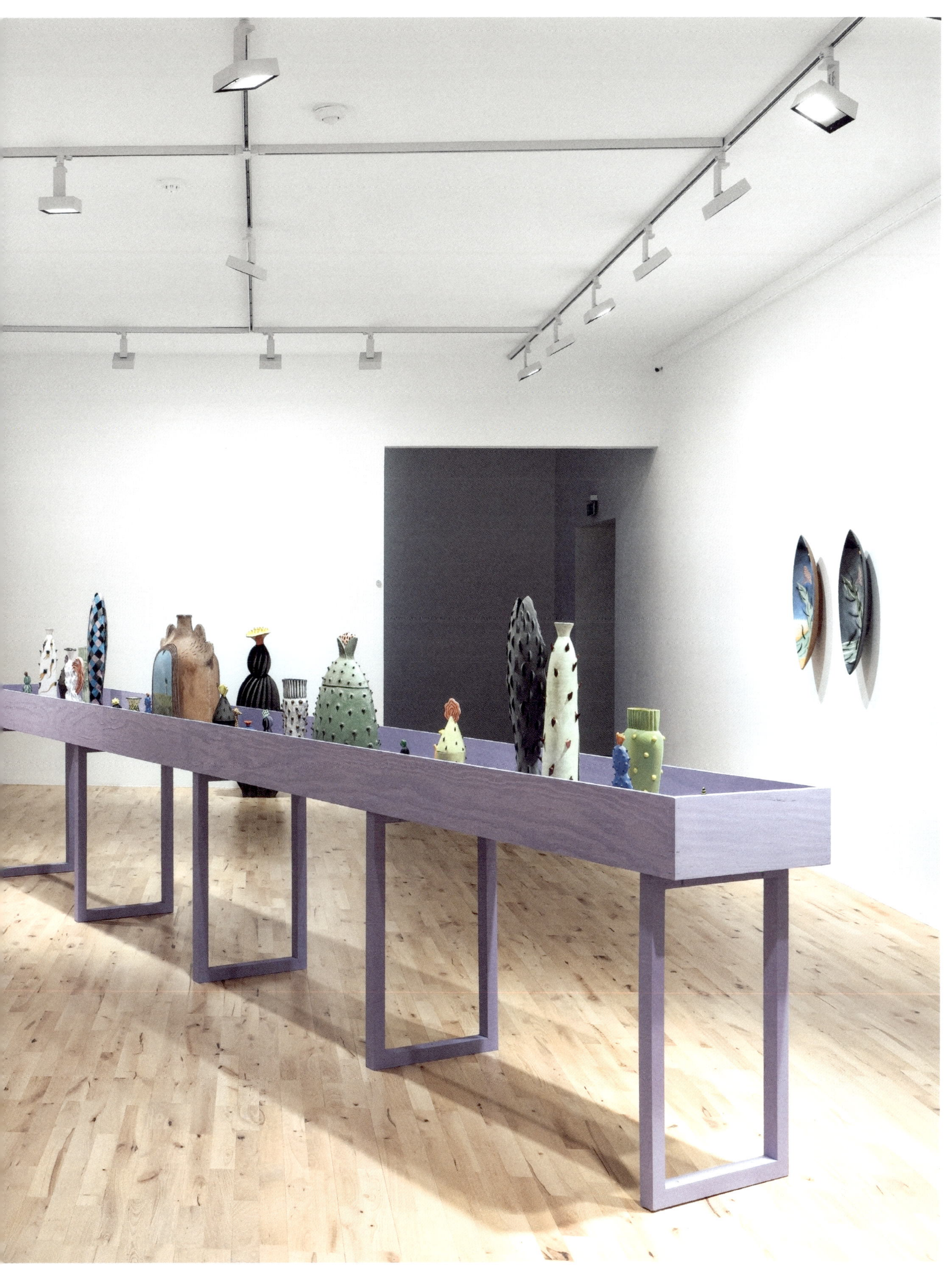

Pokal, 1983 (H: 34 cm)
Stående fisk 2, 1987 (H: 68 cm)
Vase med pigger, 1983 (H: 48 cm)

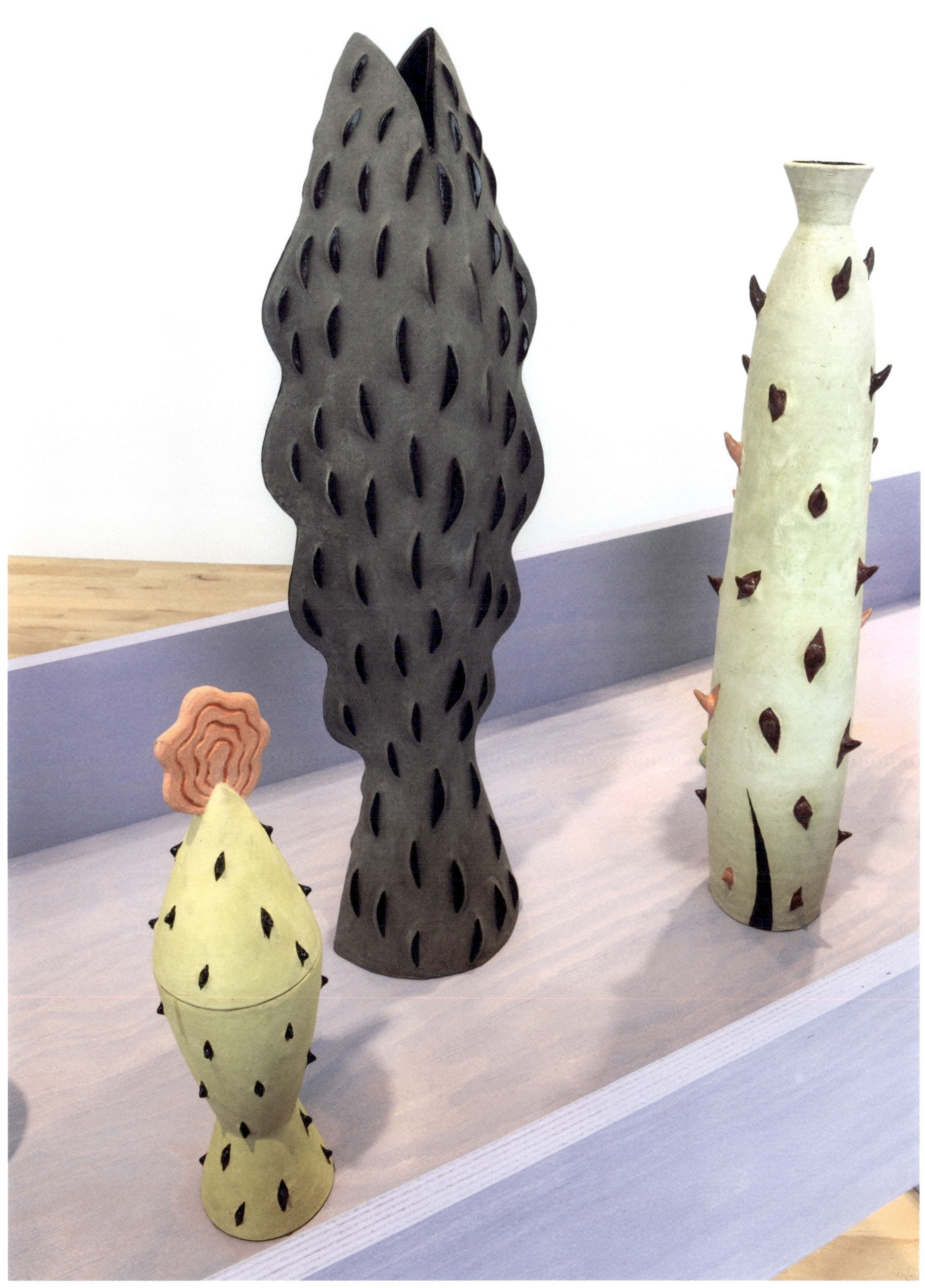

Kaktuskrukke 1—2, 1980s (H: 21—17 cm)
Pokal, 1983 (H: 31 cm)
Giraff i krukke, 1980 (H: 20 cm)
Vase med kuler, 2000 (H: 34 cm)
Veggfat med kaktus, 1988 (H: 73 cm)
Veggfat med kaktus, 1988 (H: 73 cm)

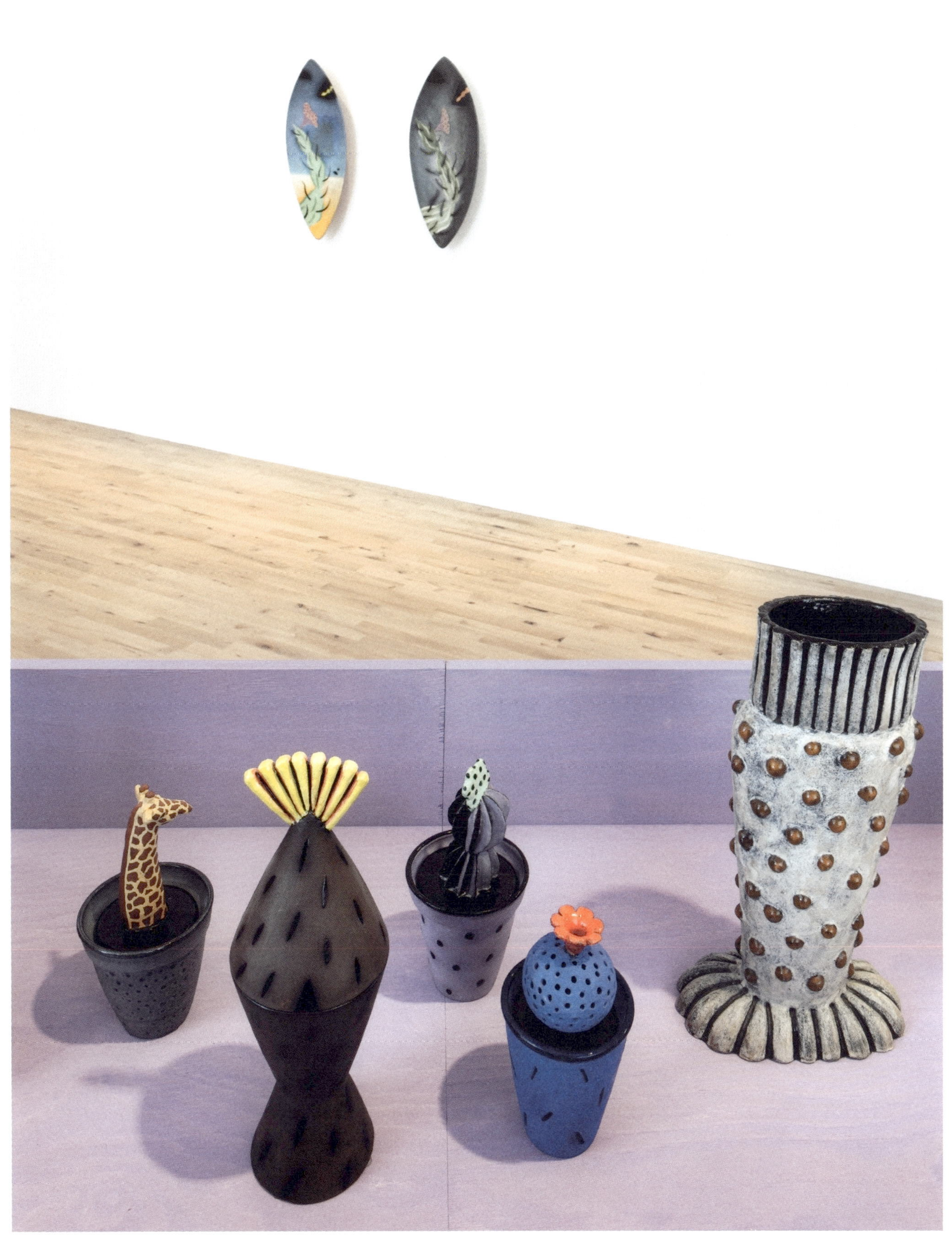

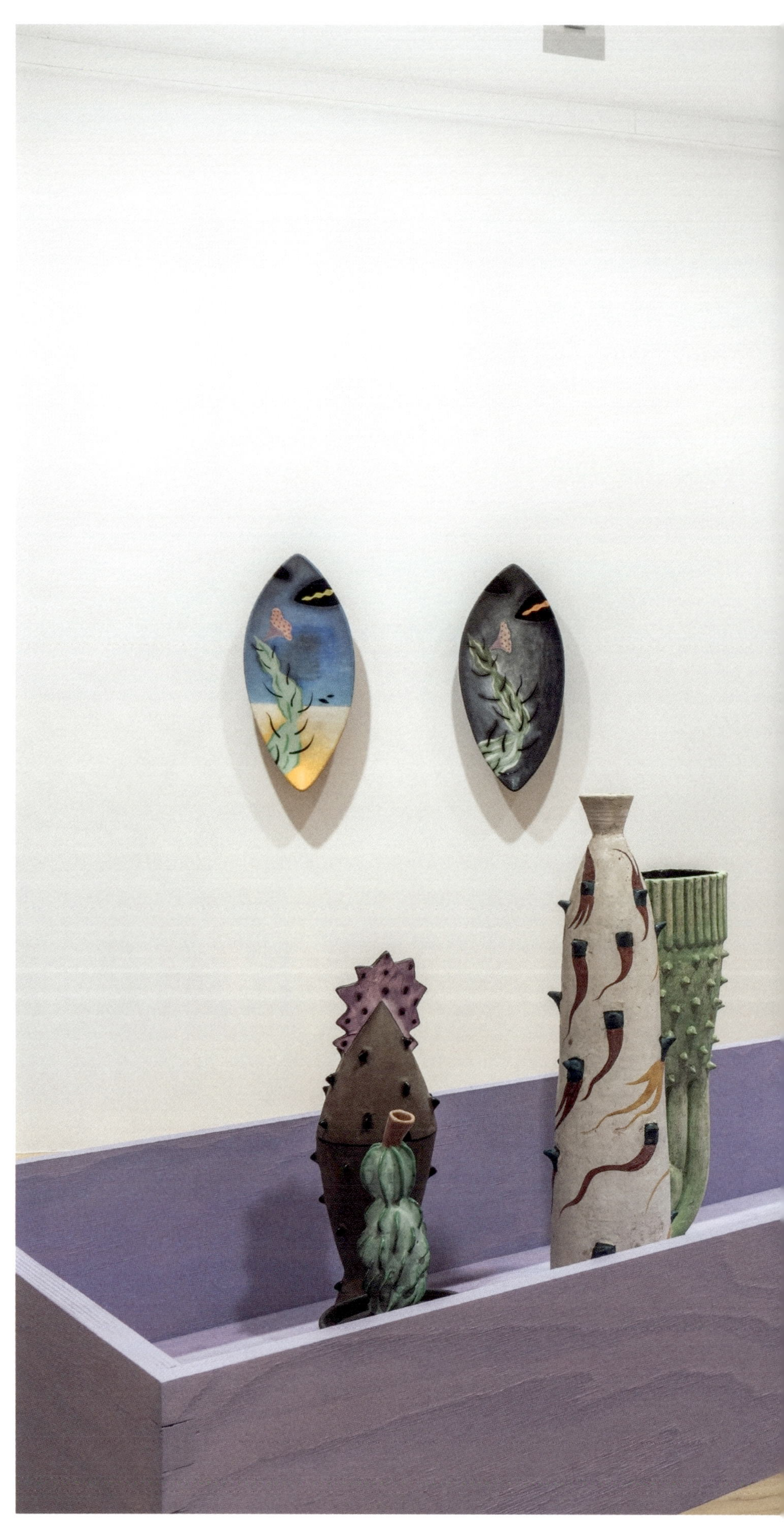

Ceramic works from 1980—2008.
Various titles, mixed techniques,
H: 17 cm — 66 cm

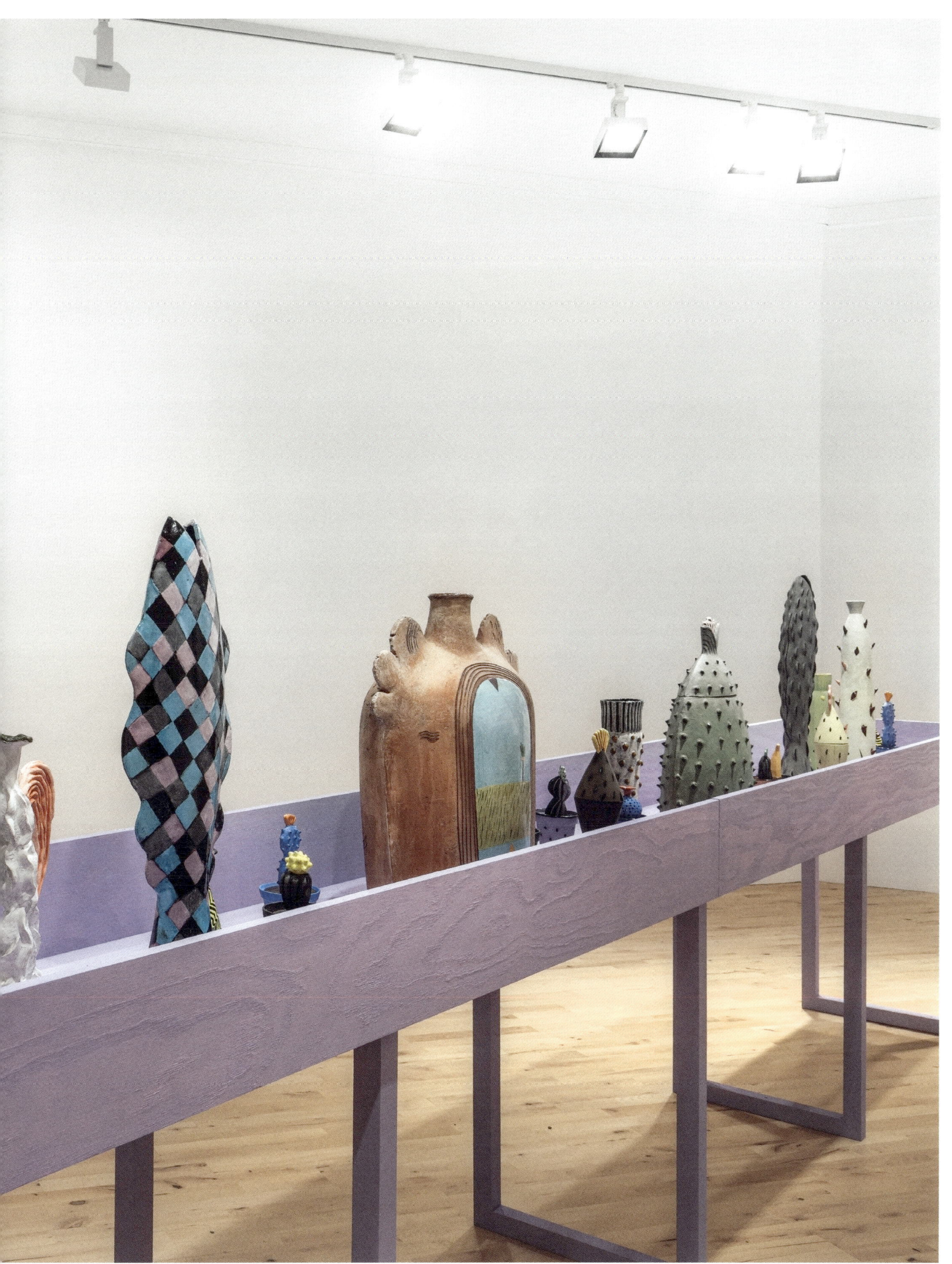

Kaktuskrukke, 1980 (H: 20 cm)
Pokal, 1983 (H: 34 cm)
Piggeste vase, 2000 (H: 39 cm)
Vase med pigger, 1983 (H: 48 cm)

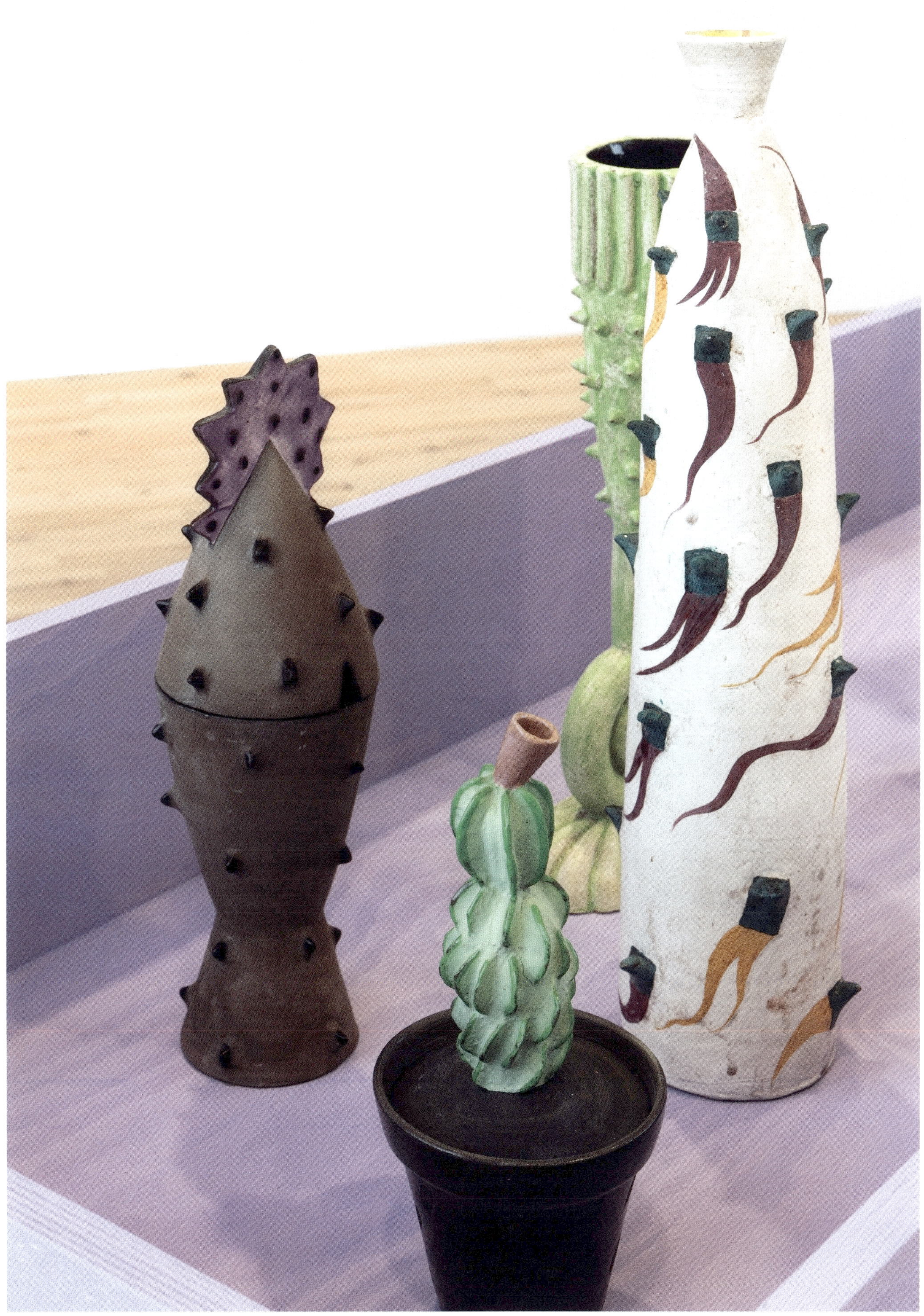

Kaktuskrukke 5—6, 1980s (H: 18—21 cm)
Sikksakk krukke, 1985 (H: 18 cm)
Stående fisk 1, 1987 (H: 66 cm)
Veggfat med kaktus, 1988 (H: 73 cm)
Veggfat med kaktus, 1988 (H: 73 cm)

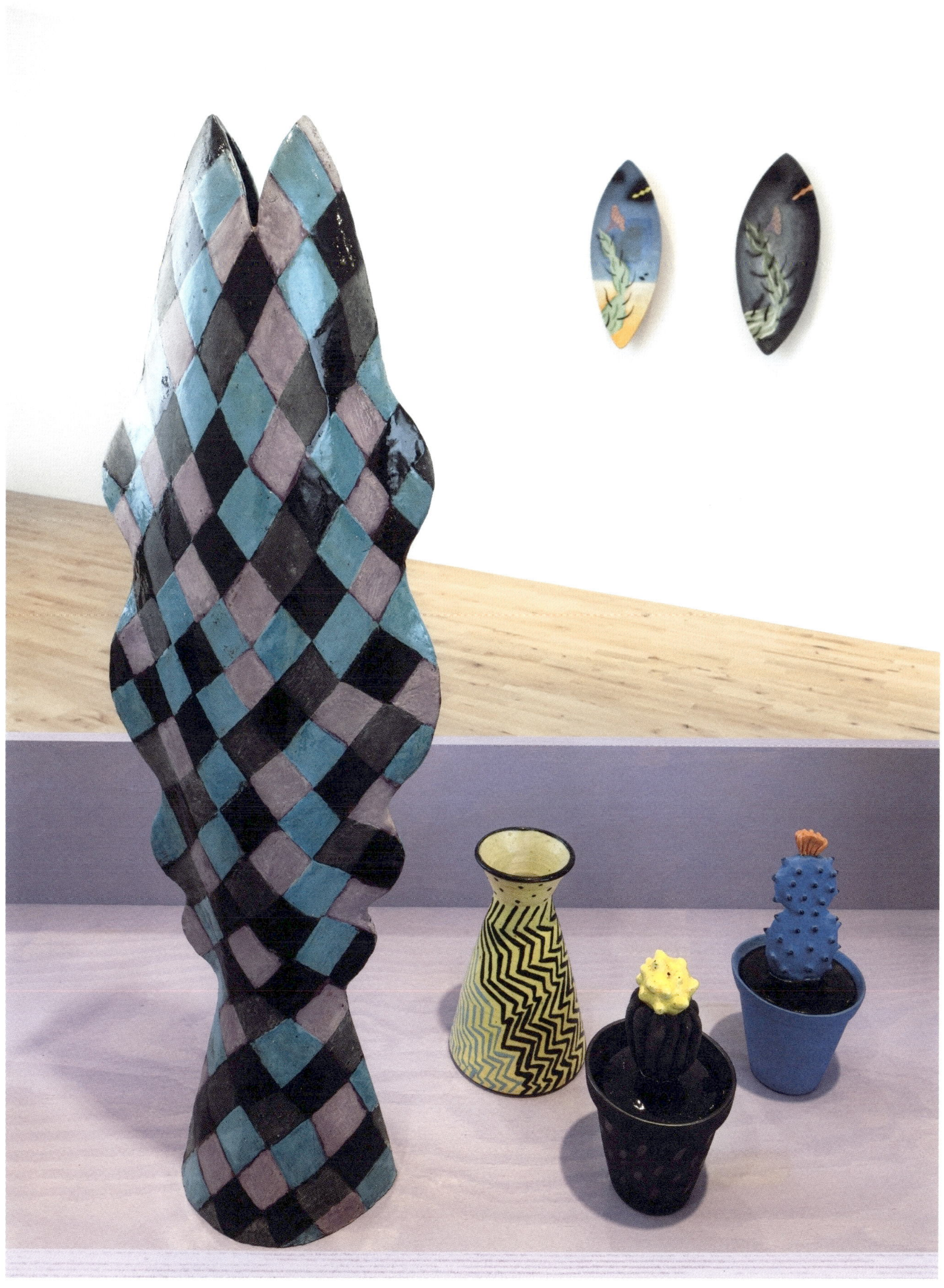

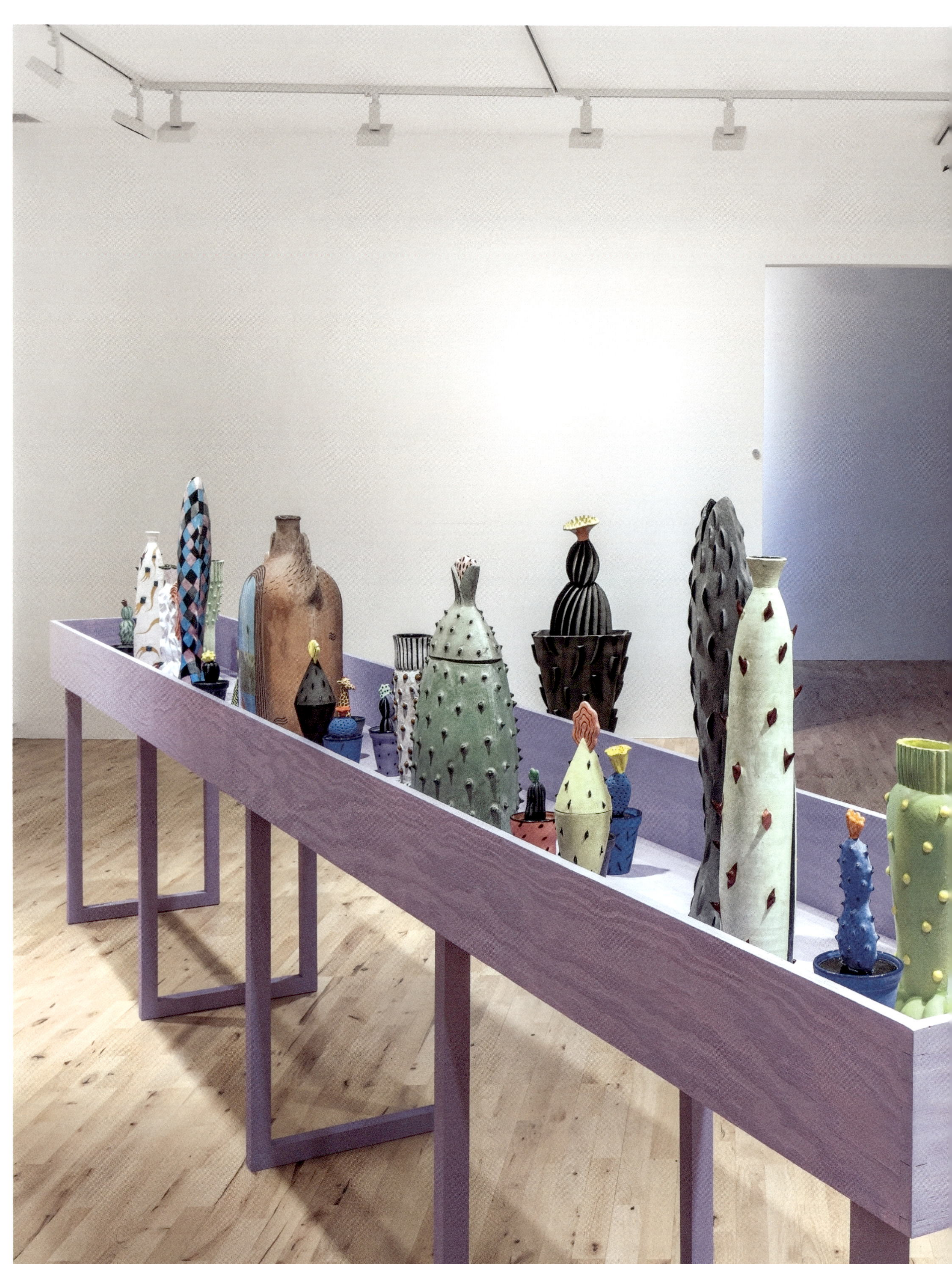

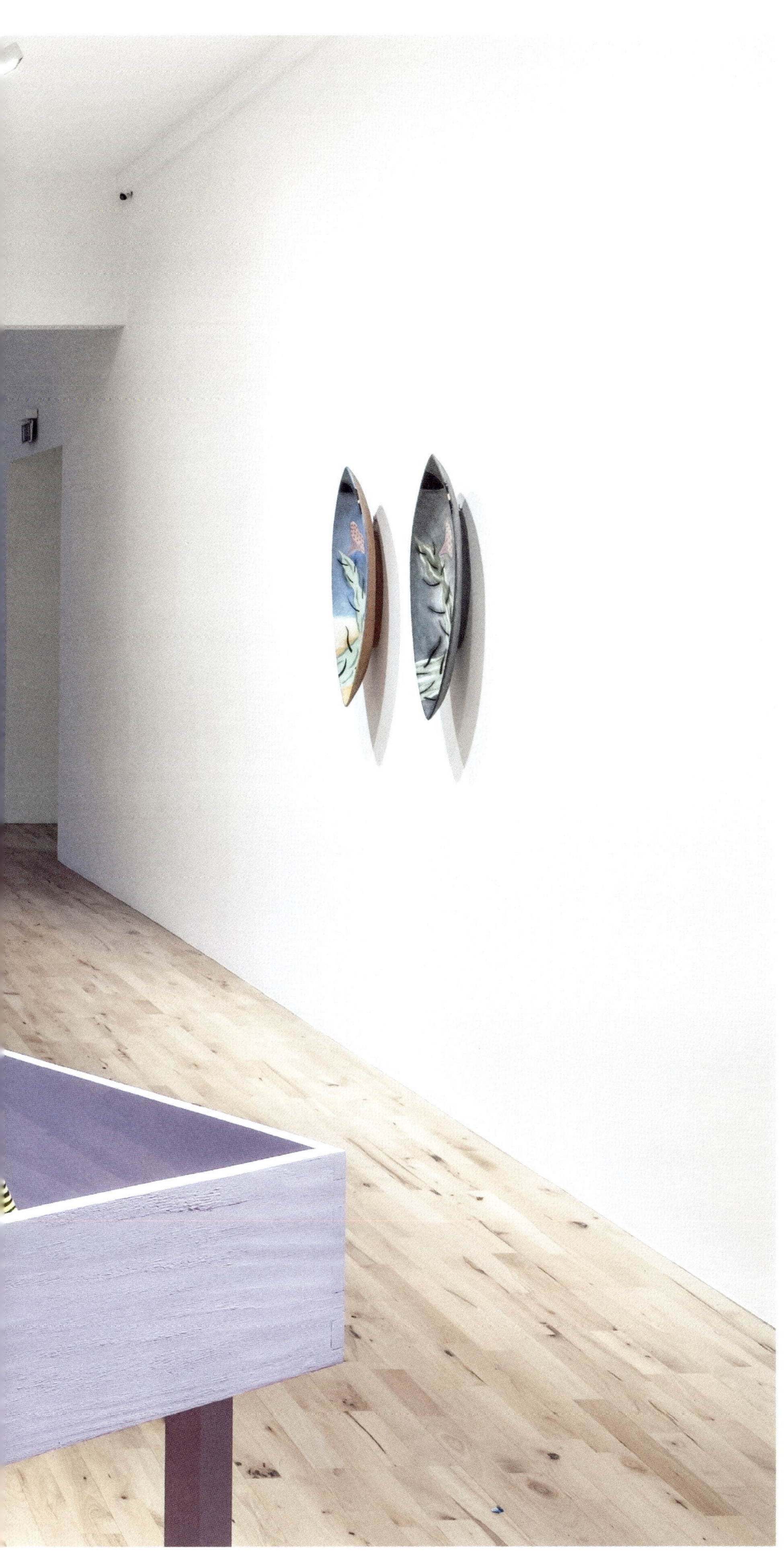

Ceramic works from 1980—2008.
Various titles, mixed techniques,
H: 17 cm — 66 cm

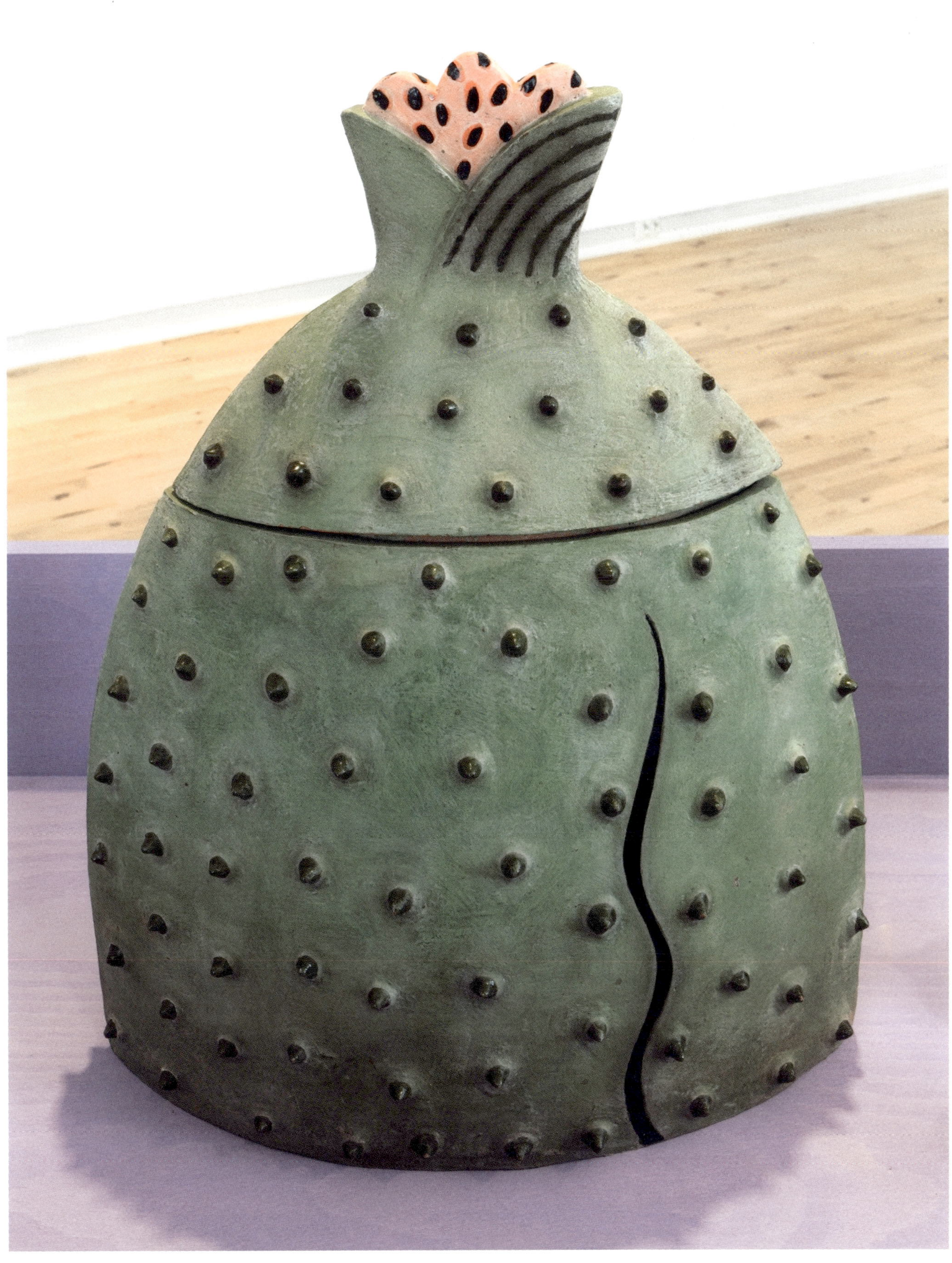

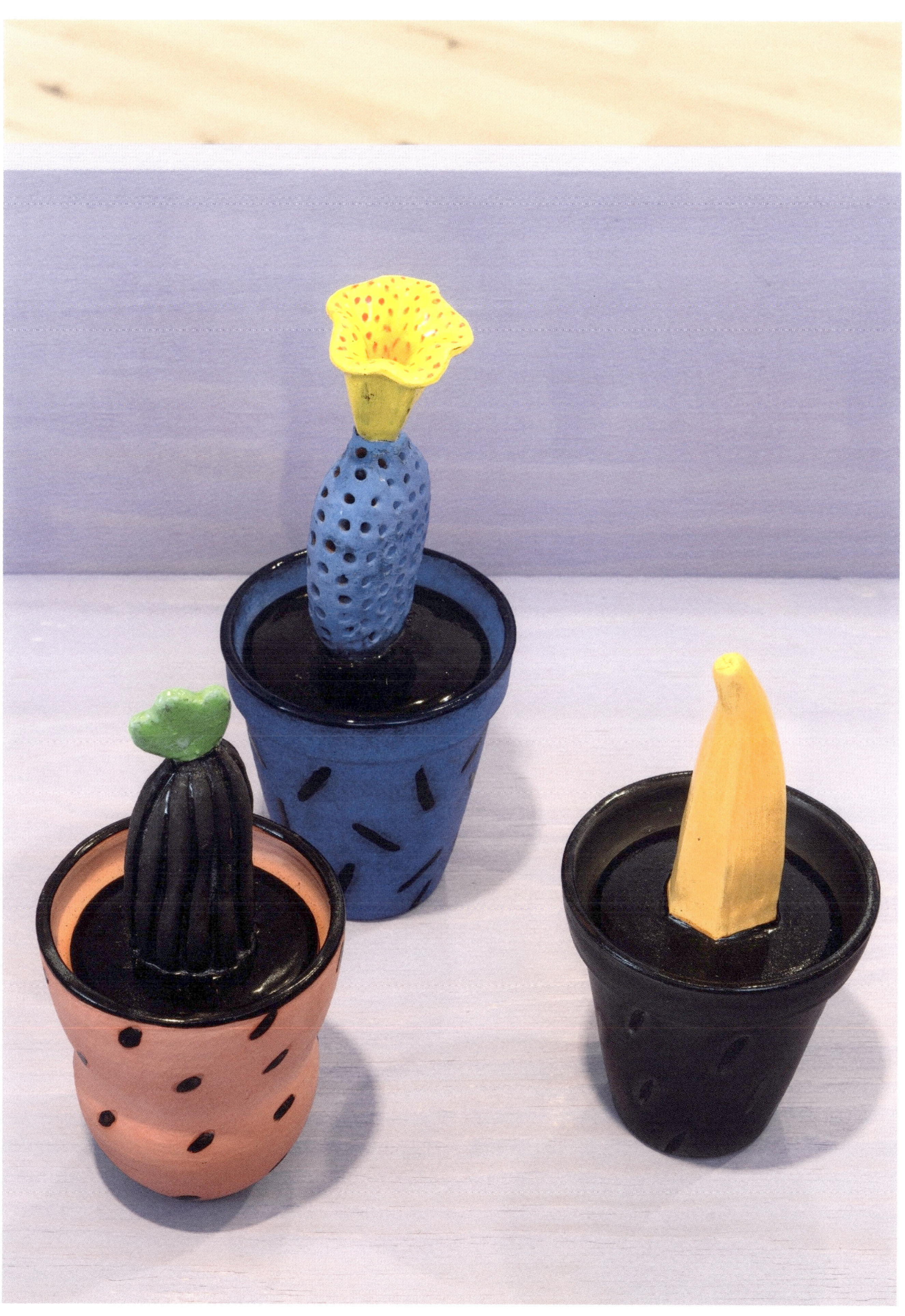

Giraff i krukke, 1980s (H: 20 cm)
Torso, 1980s (H: 57 cm)
Veggfat med kaktus, 1988 (H: 73 cm)
Veggfat med kaktus, 1988 (H: 73 cm)

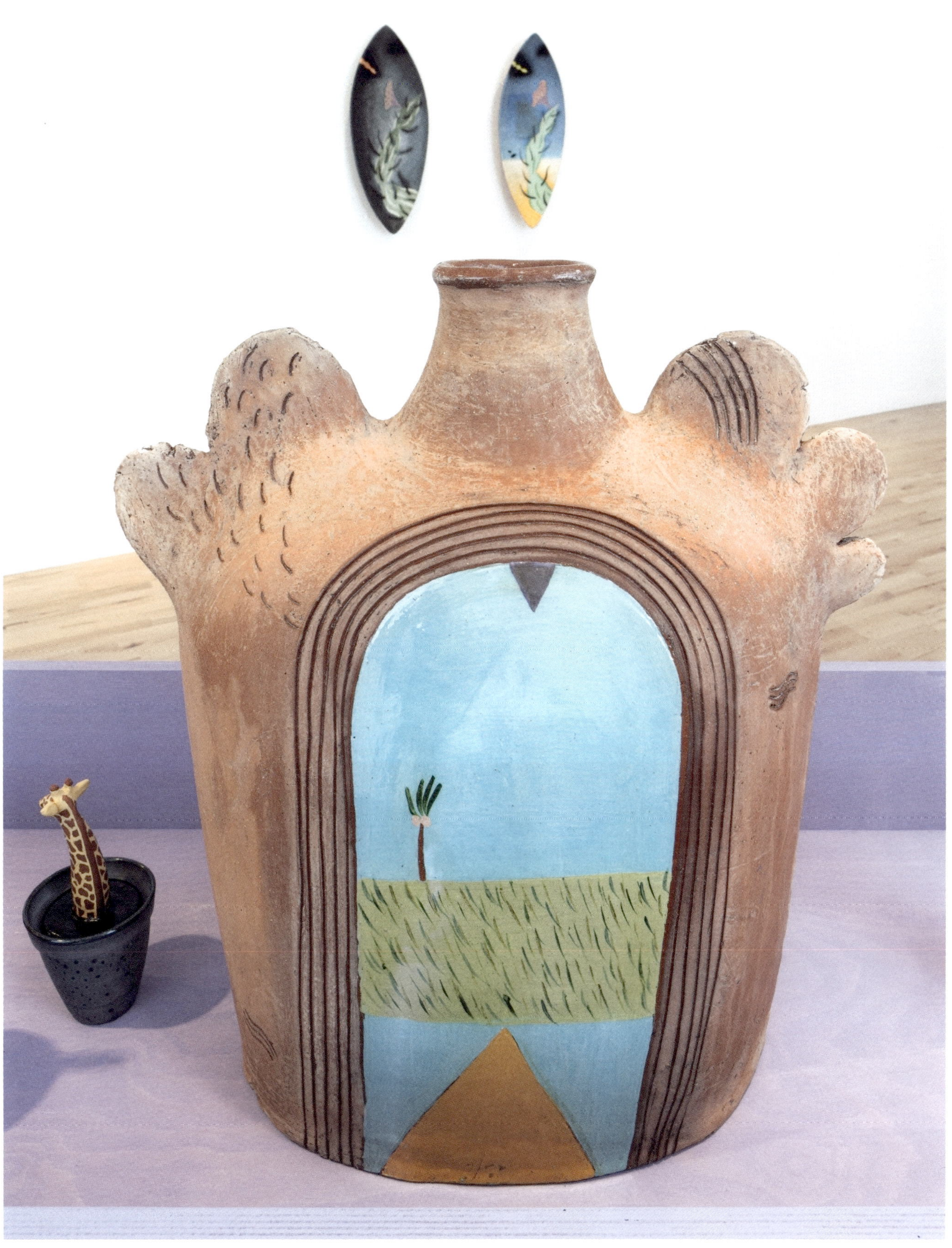

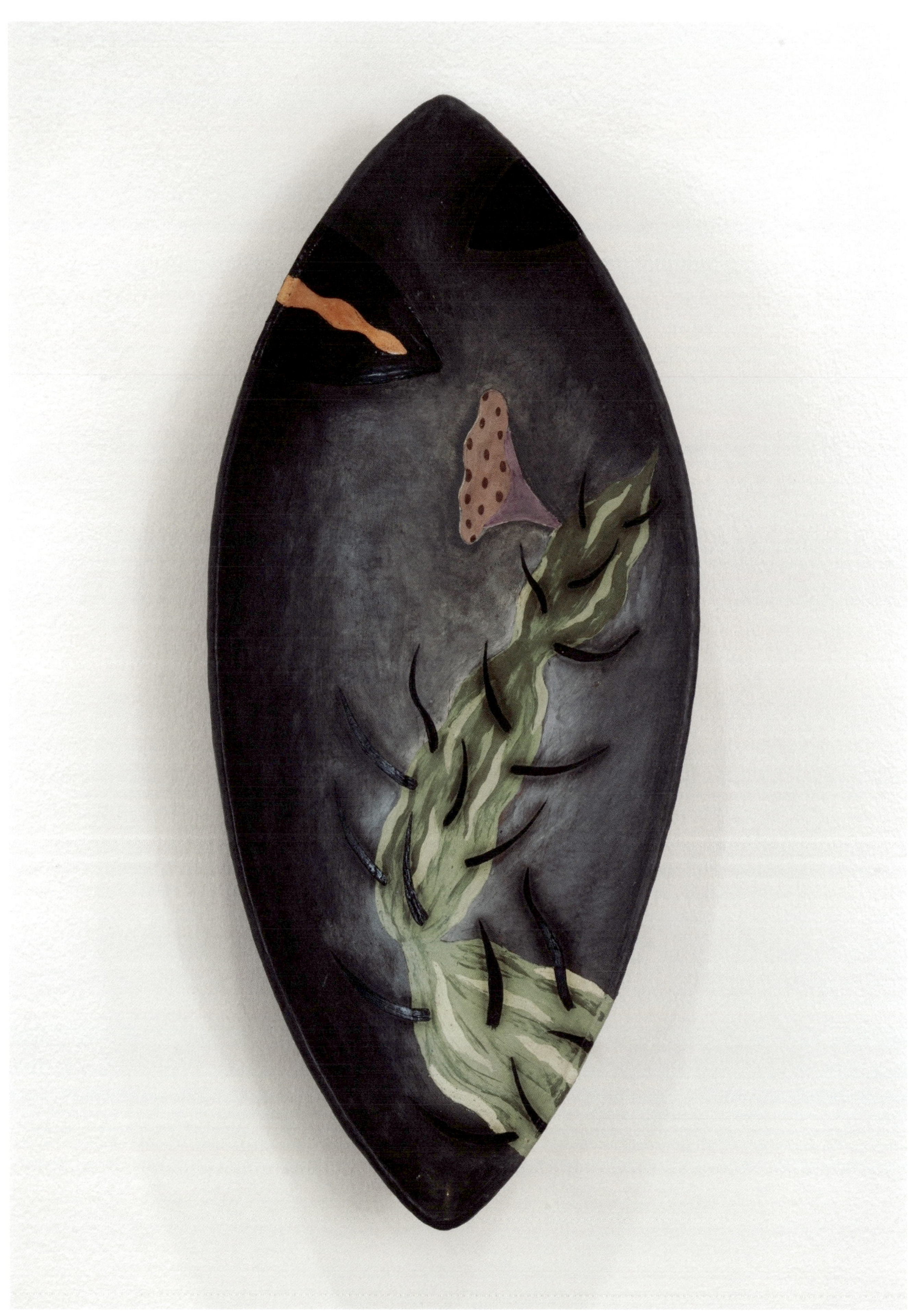

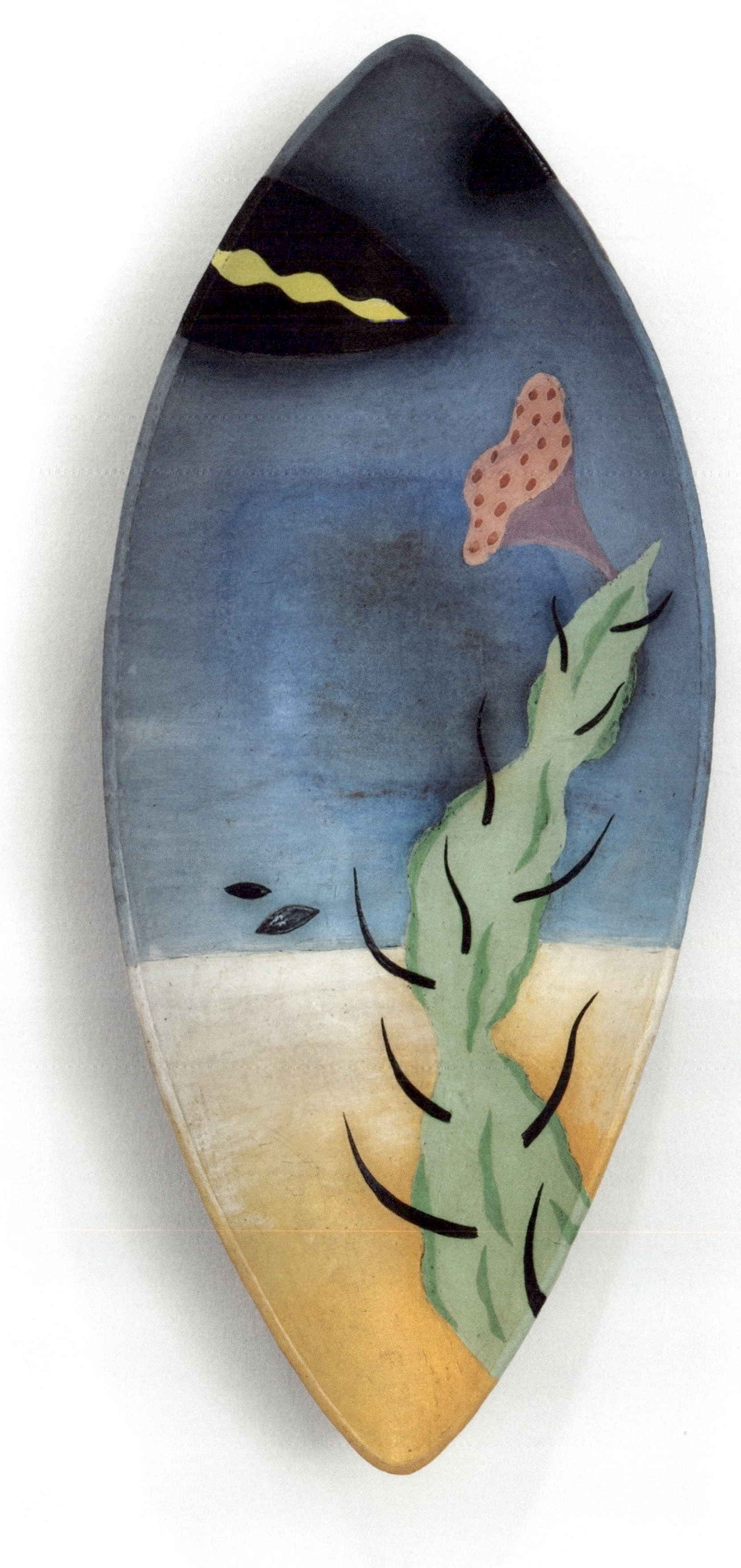

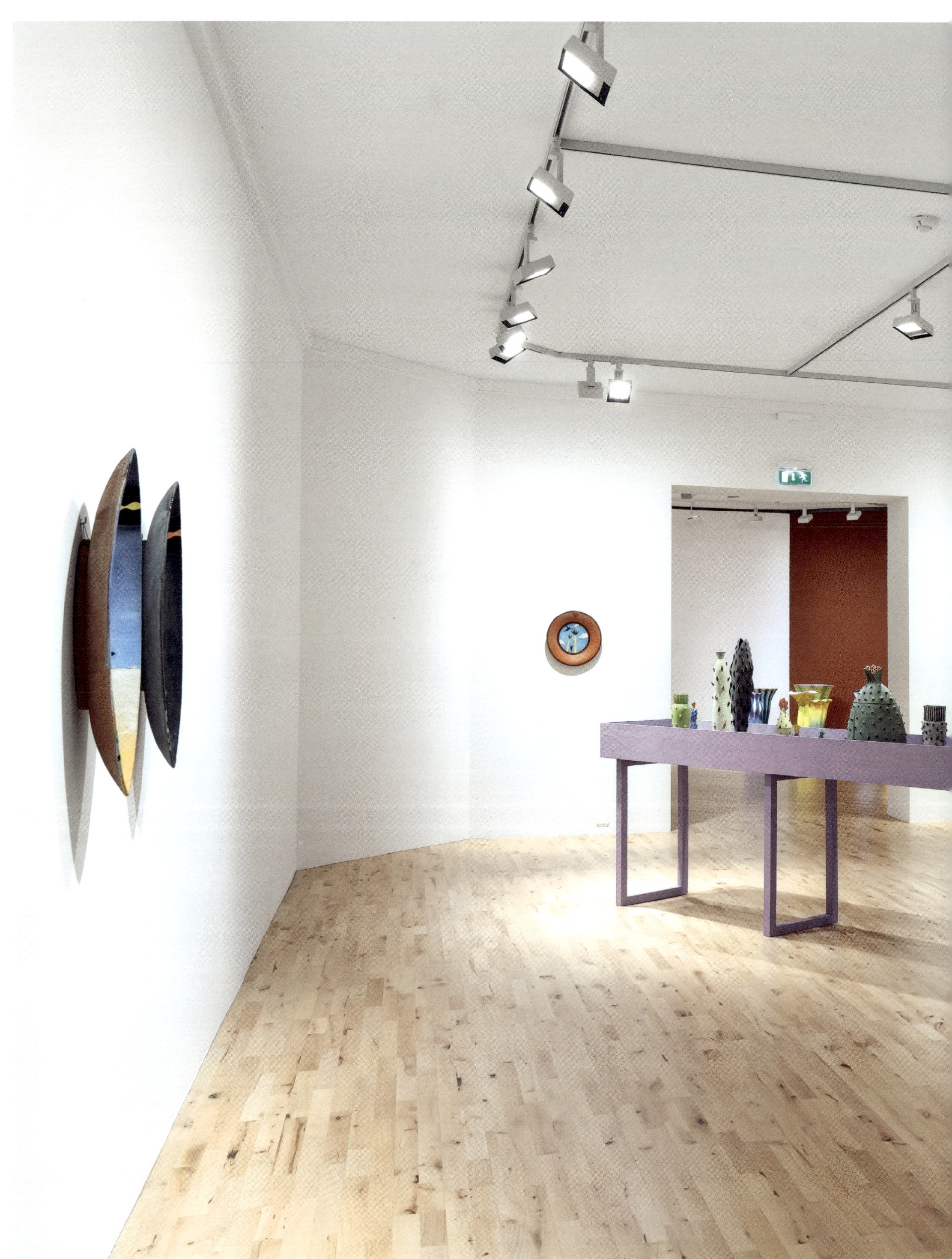

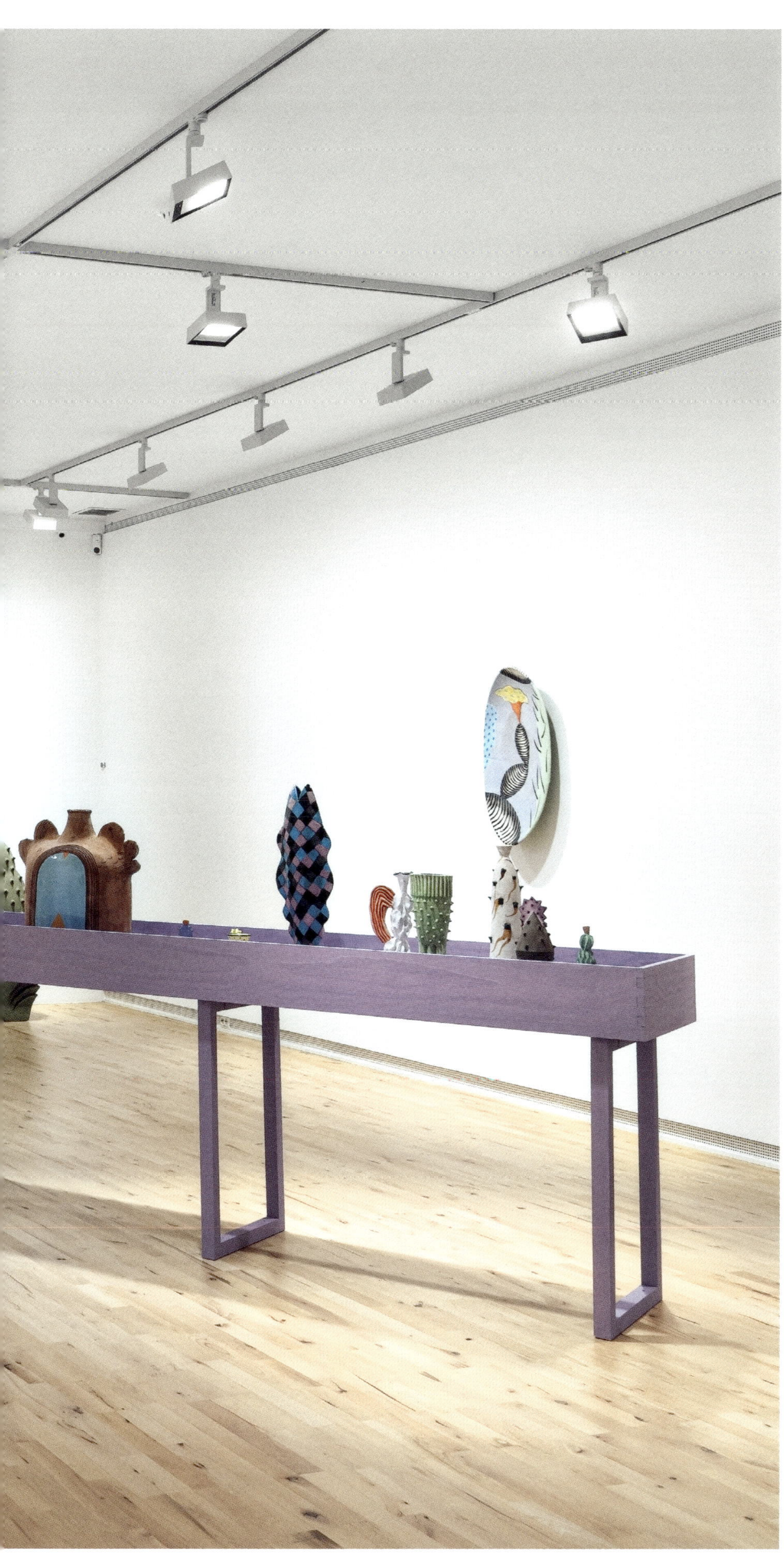

Ceramic works from 1980—2008.
Various titles, mixed techniques,
H: 17 cm — 66 cm

Veggfat, 1984 (D: 40 cm)

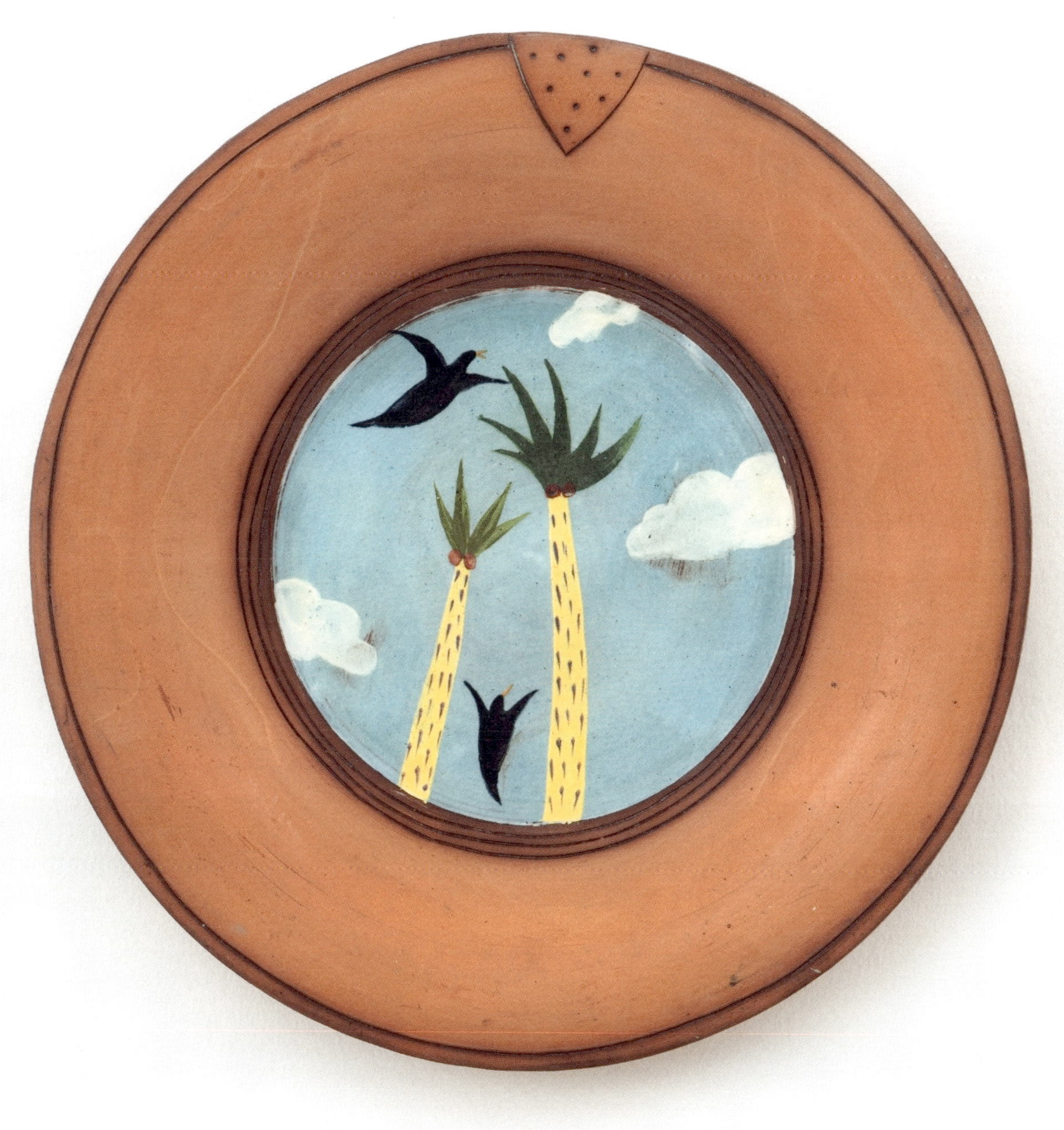

Stor kaktus 1, 1990 (H: 130 cm)

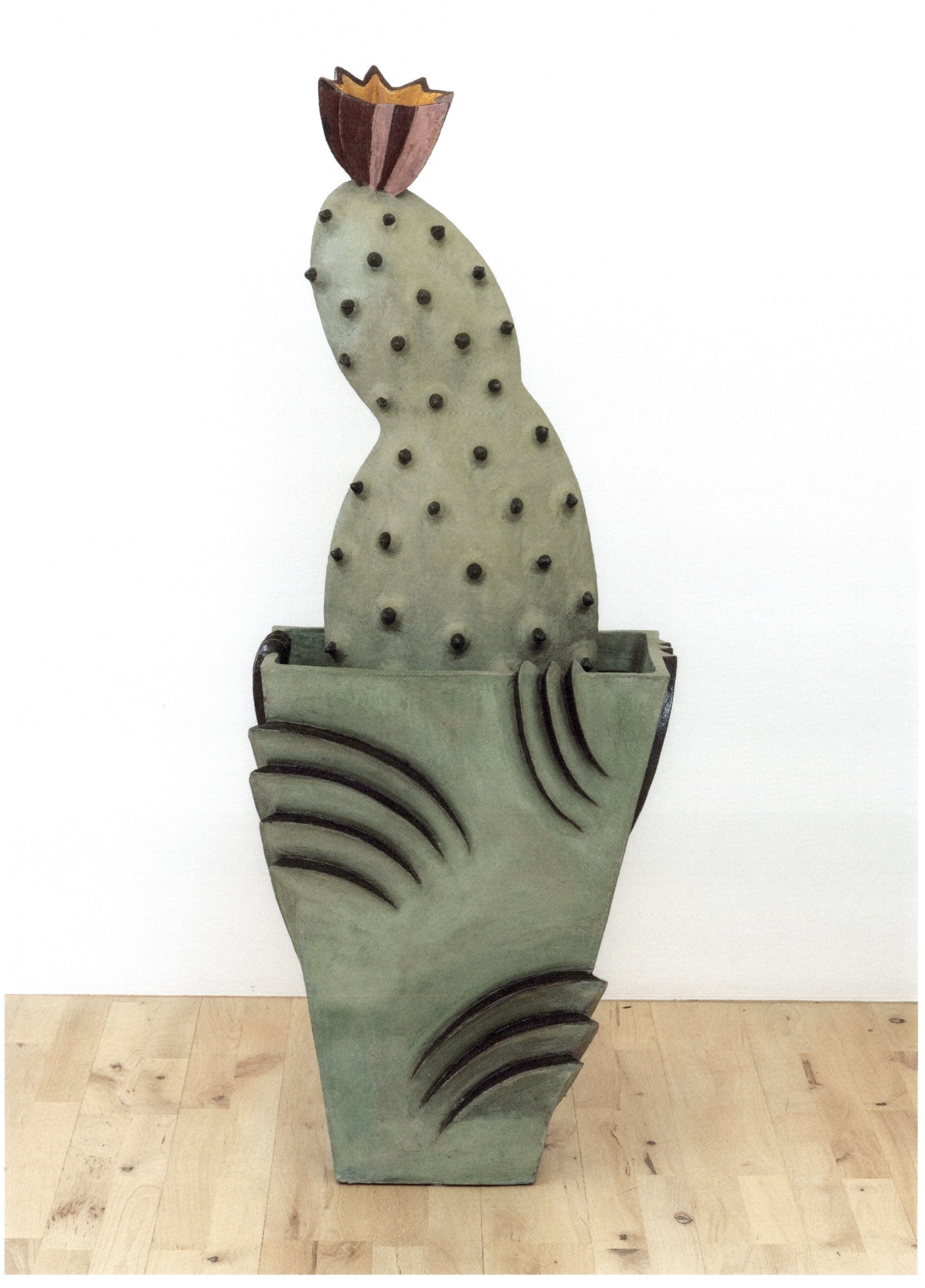

Stor kaktus 2, 1990 (H: 127 cm)

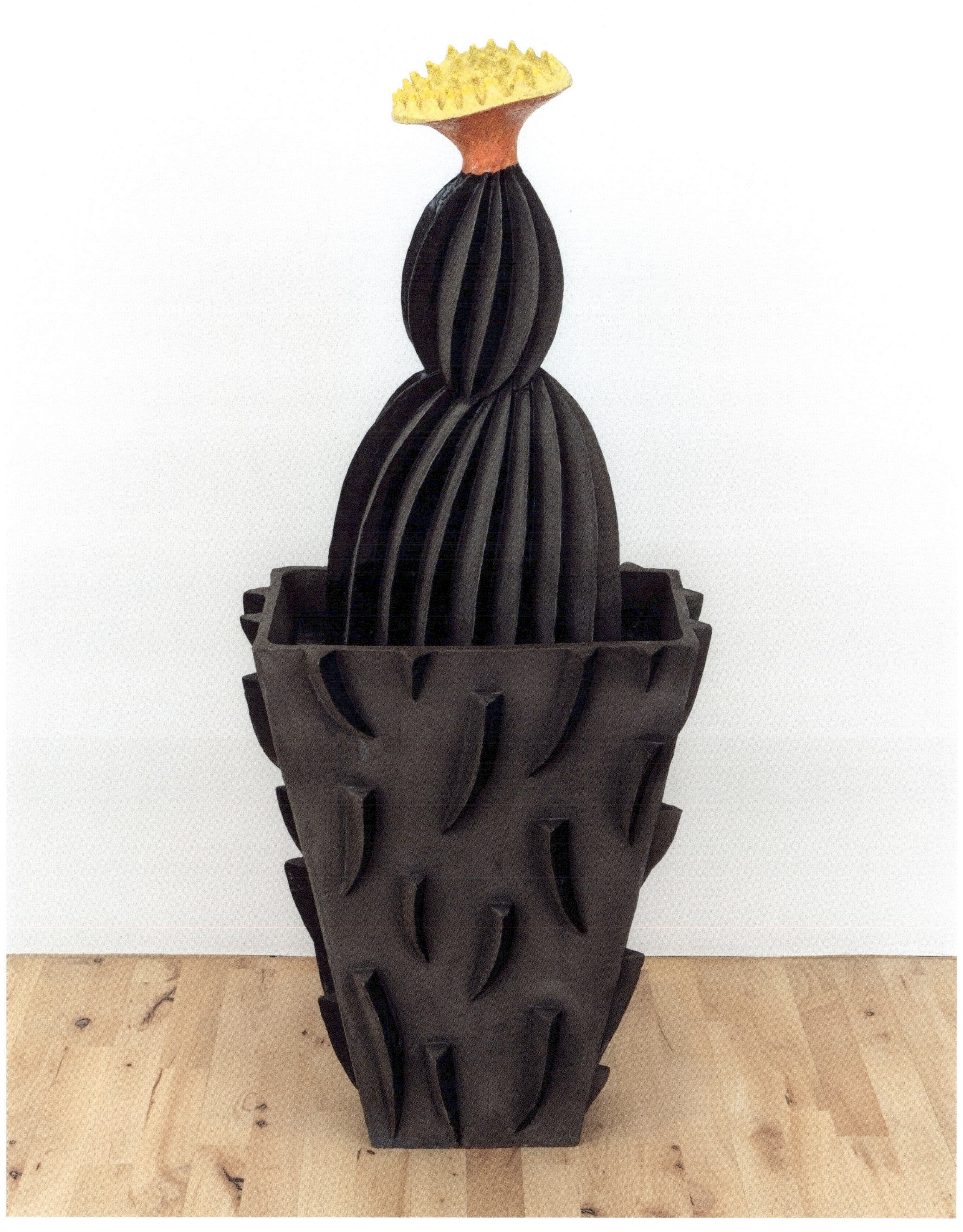

1970 —— 1980

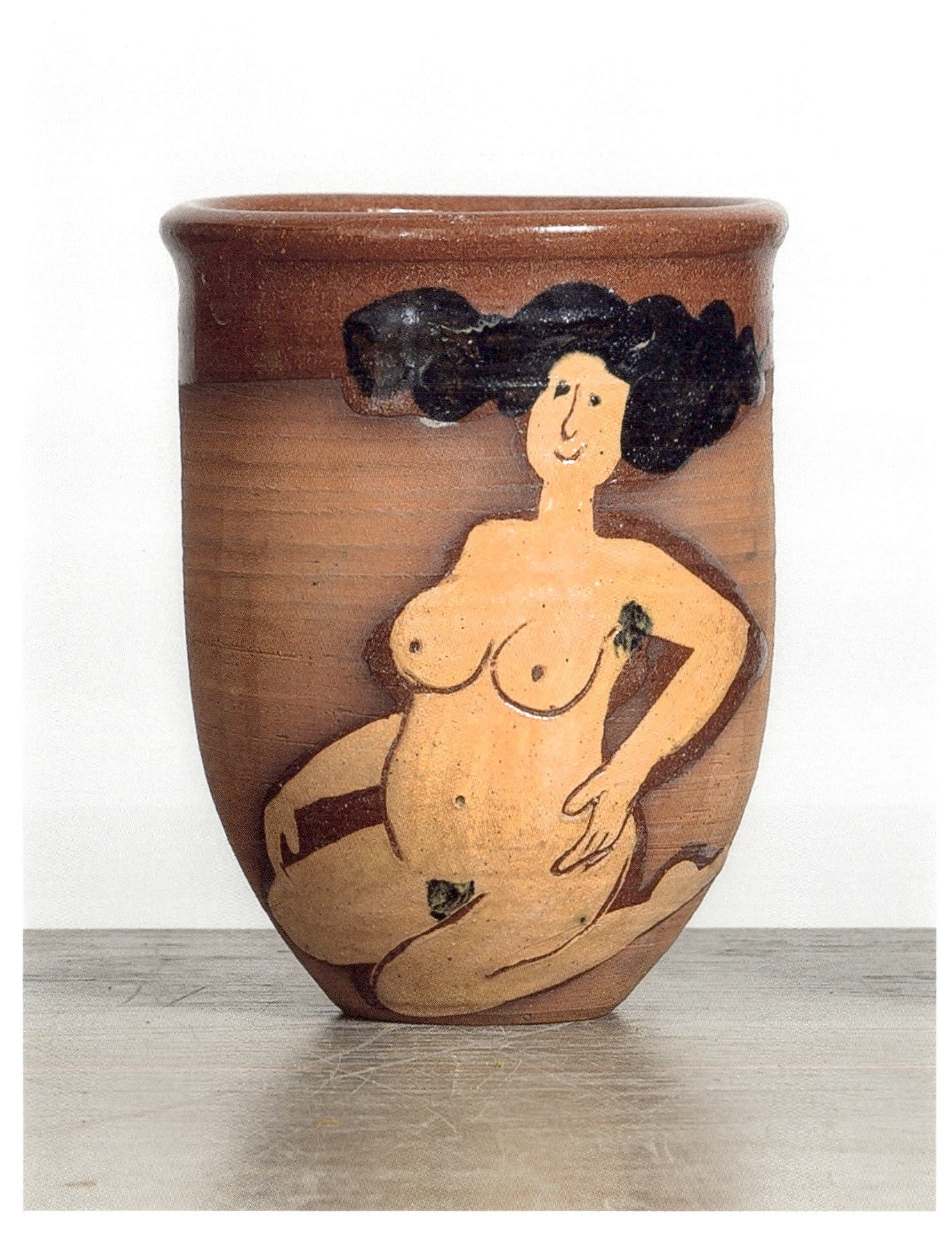

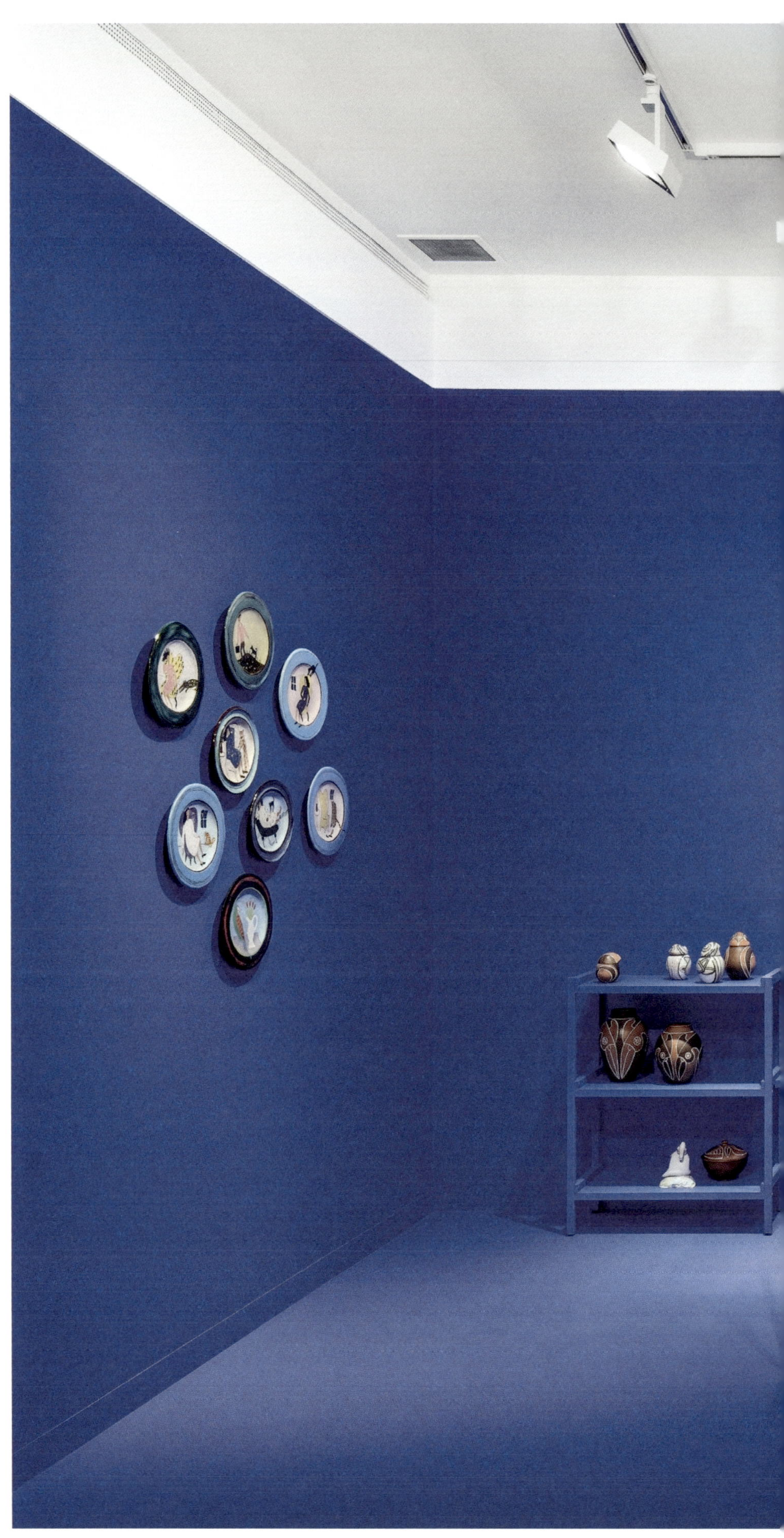

Previous page:
Krus, 1980 (H: 9 cm)

Ceramic works from 1970—1988.
Various titles, mixed techniques,
H: 8 cm — 34 cm

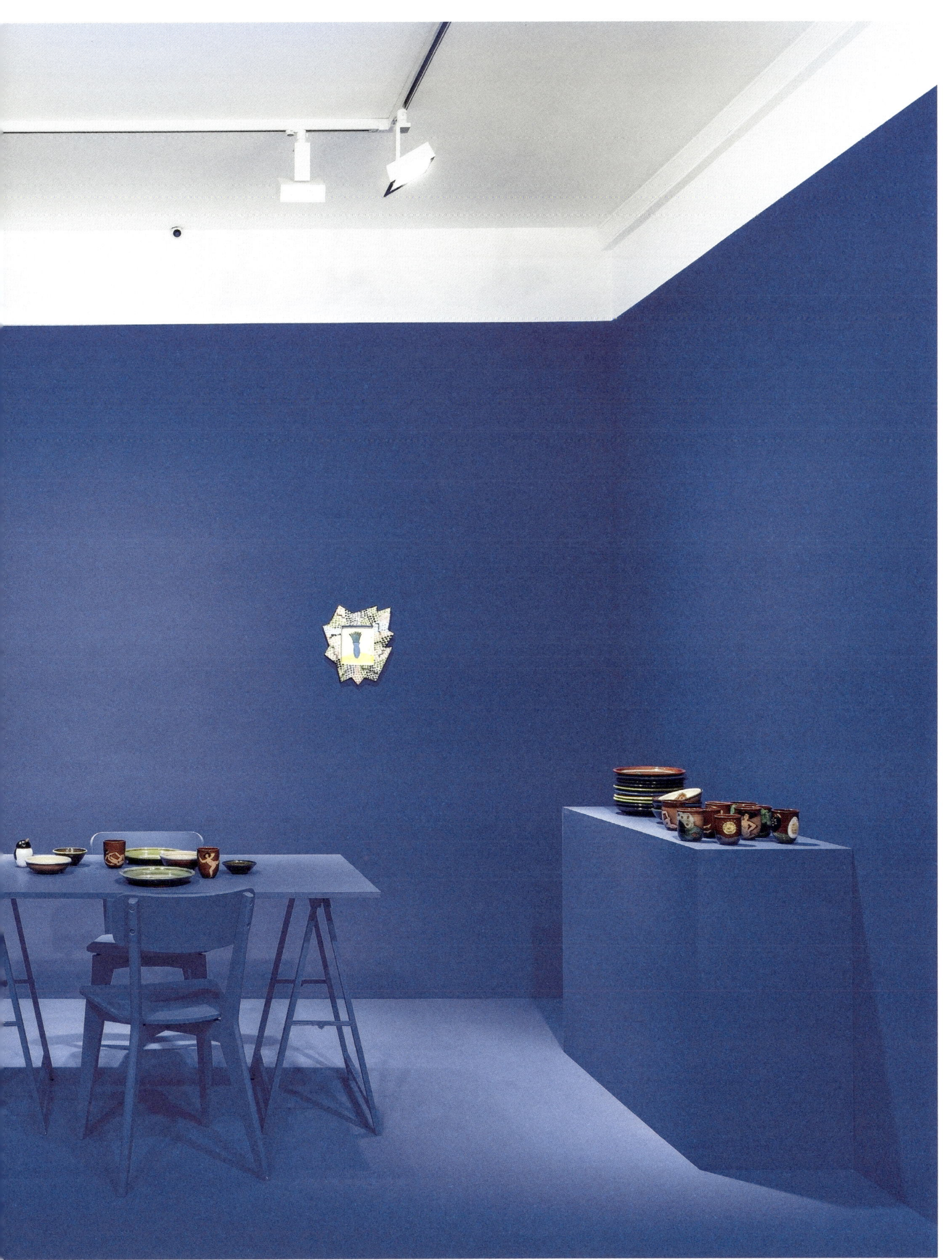

214

Fool on the Hill, 1970s (H: 12 cm)
Krukke med lokk 1—5, 1970s (H: 10—17 cm)
Vase, 1970s (H: 20 cm)
Vase, 1970s (H: 24 cm)

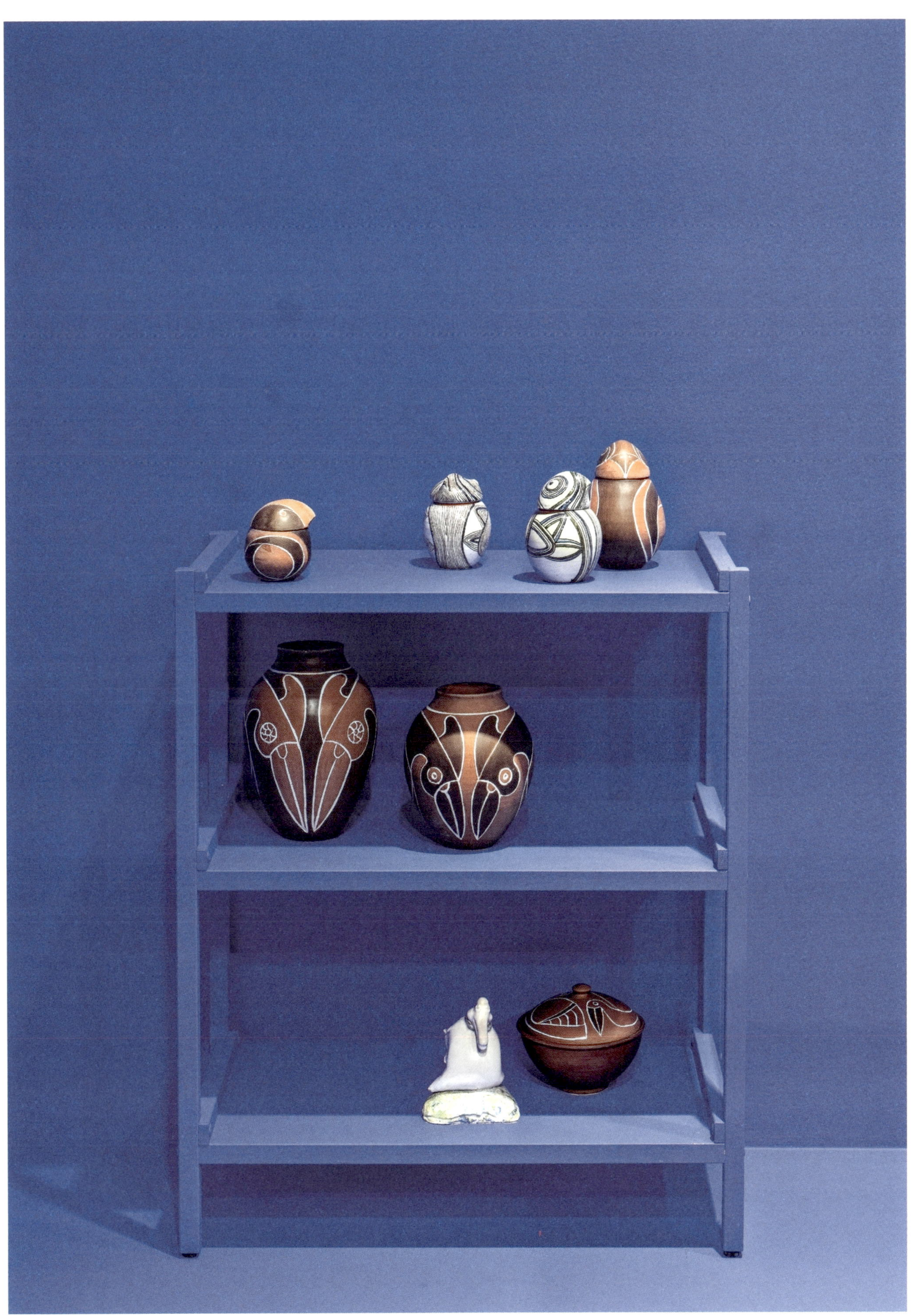

Veggfat, 2000 (H: 34 cm)

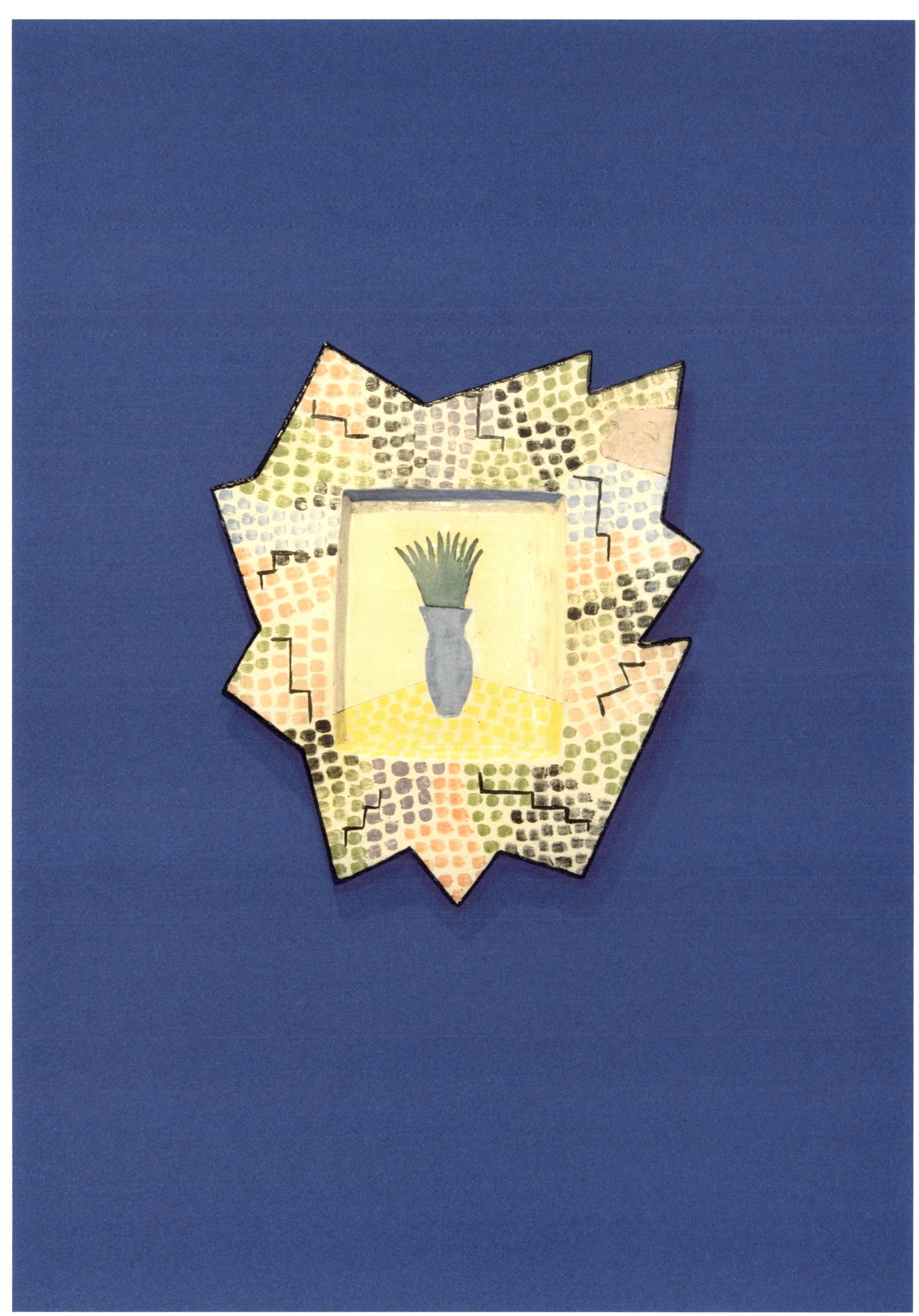

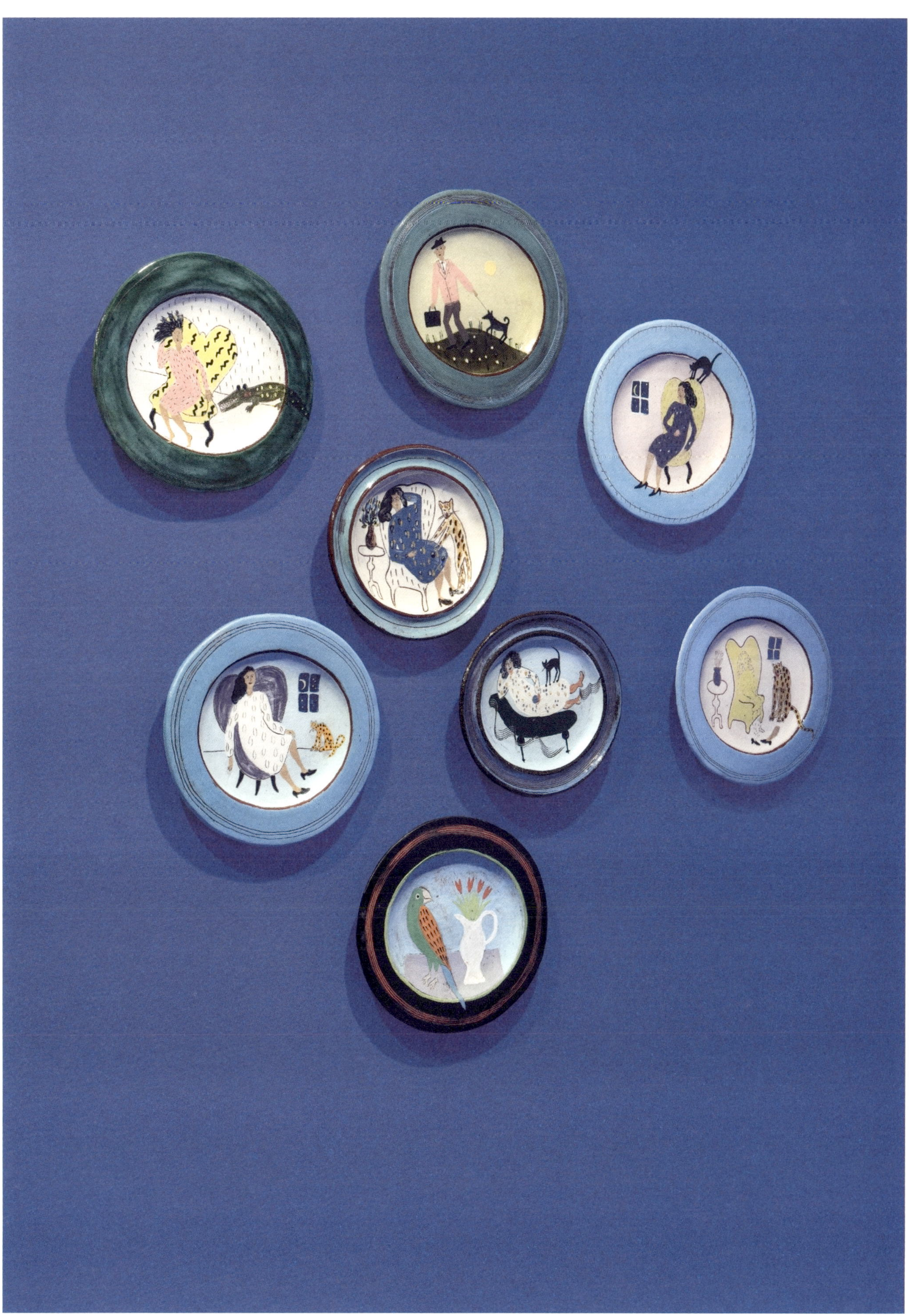

Veggfat, 1982 (D: 30 cm)
Veggfat, 1982 (D: 30 cm)

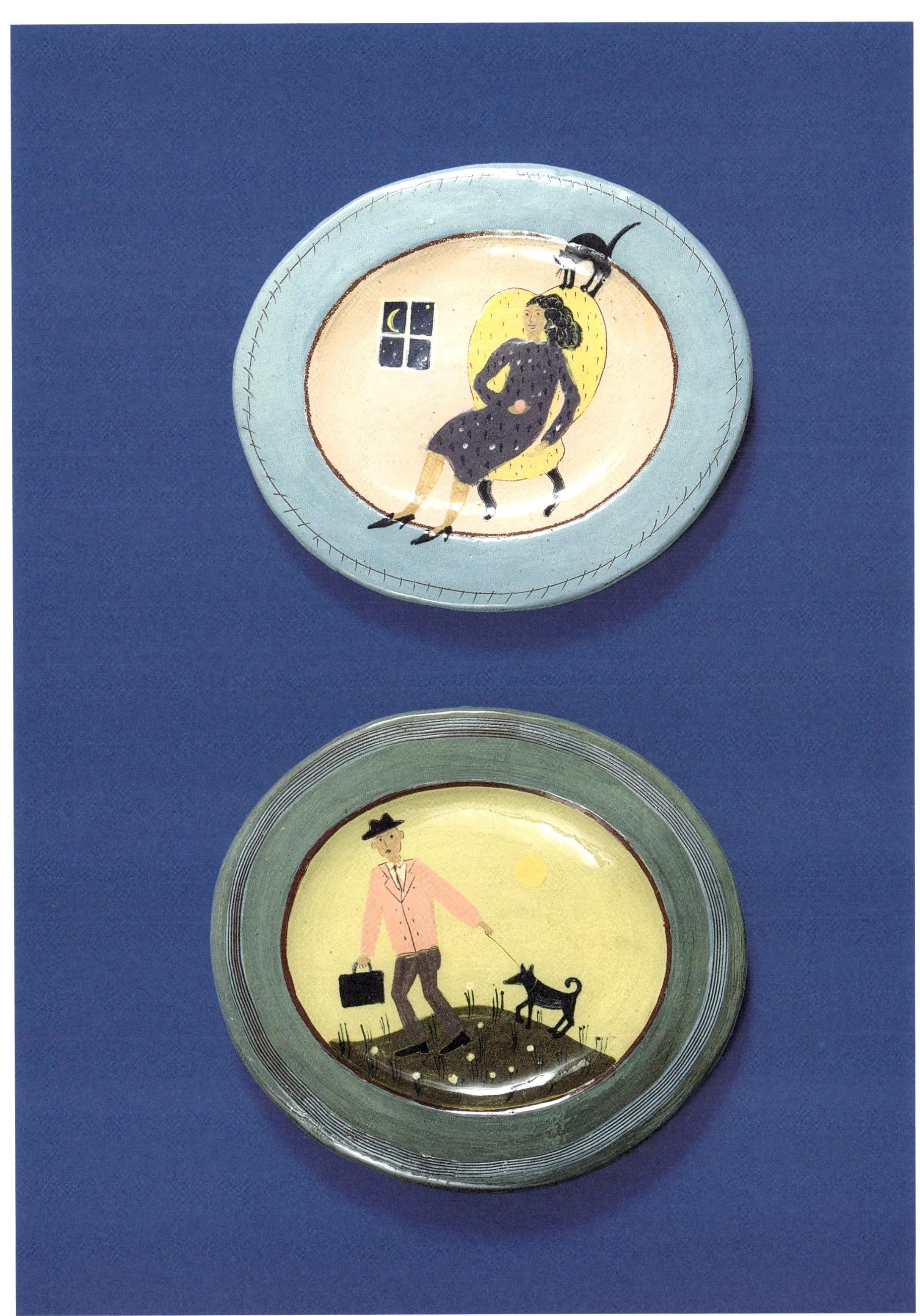

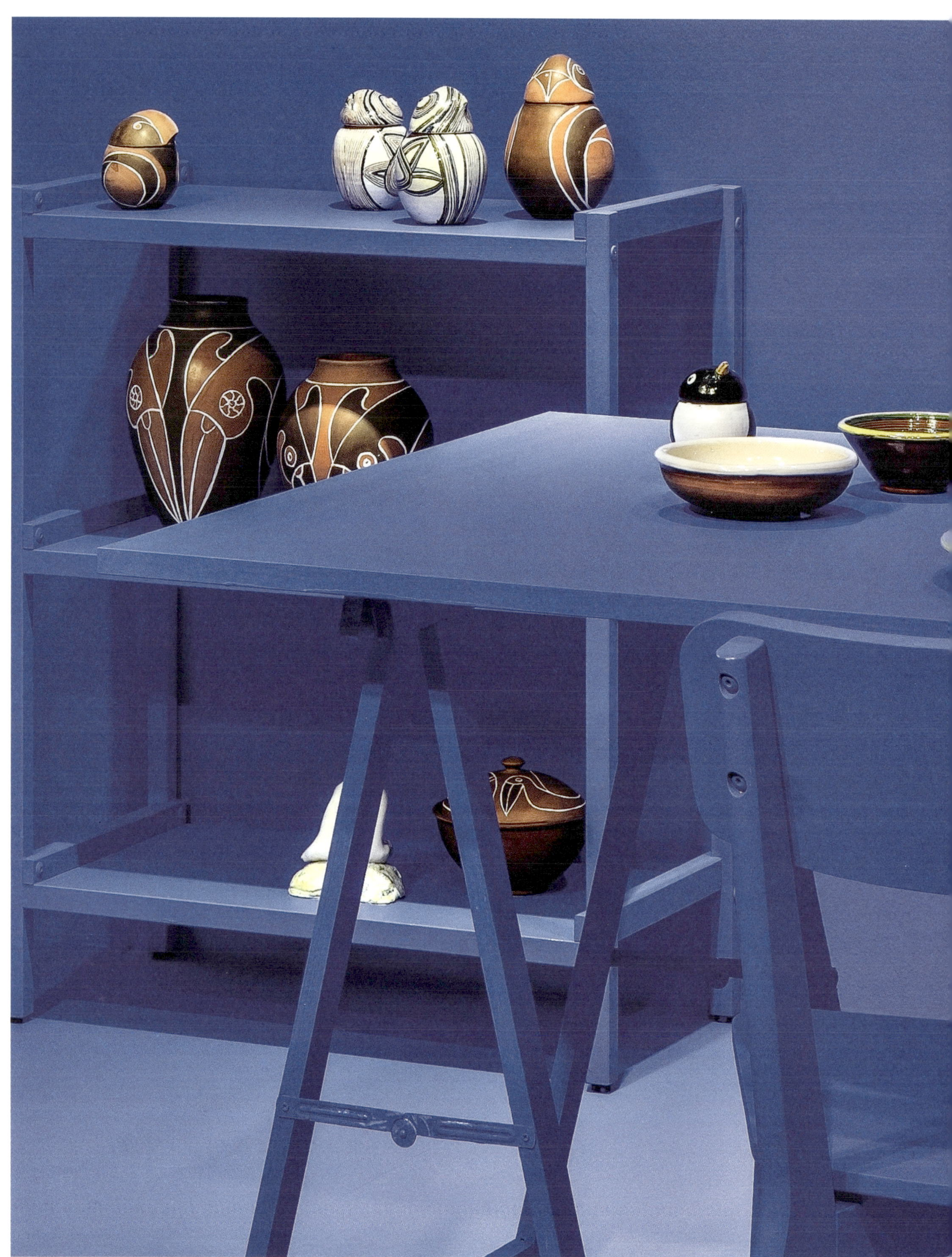

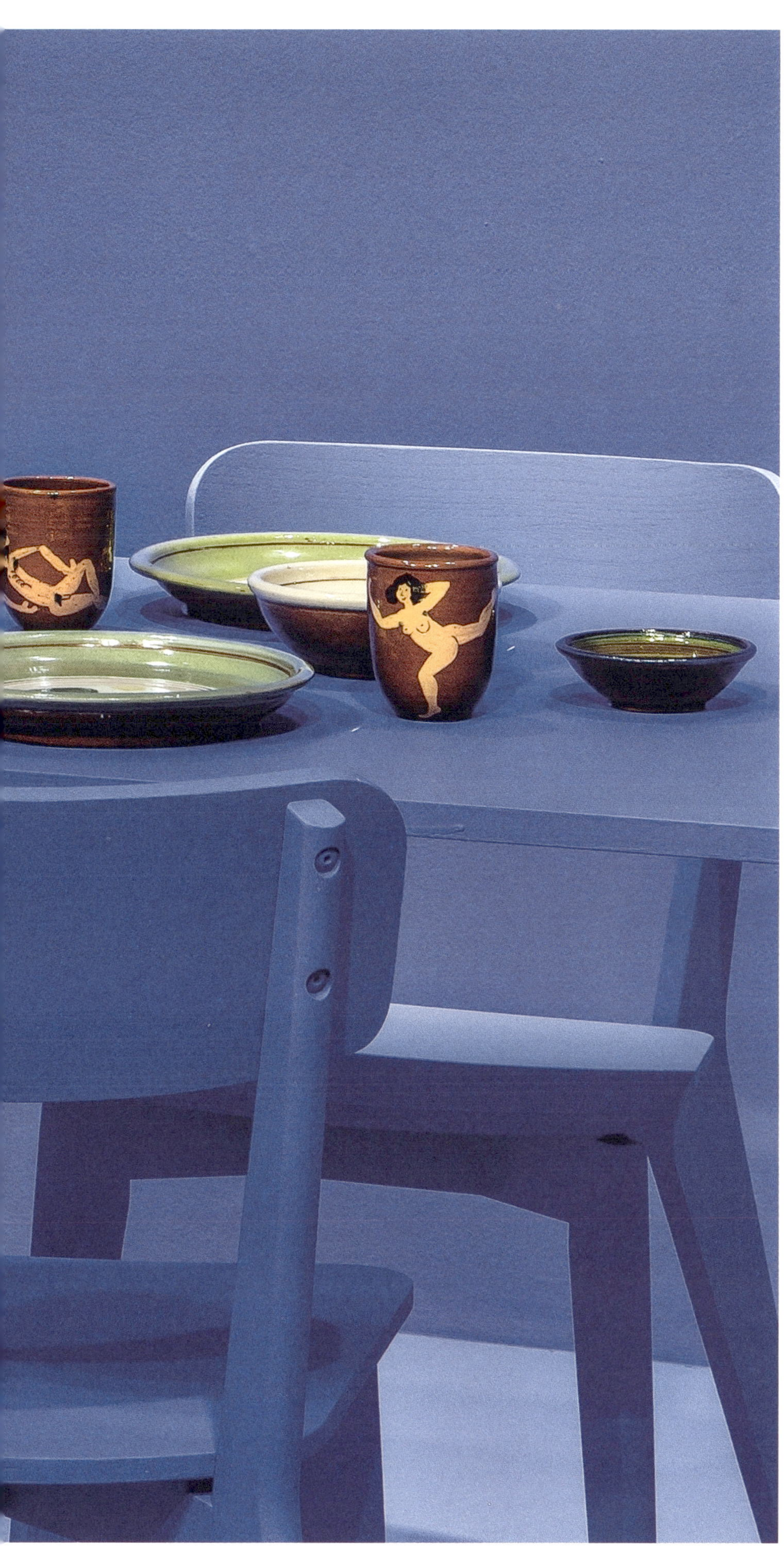

Ceramic works from 1970—1980.
Various titles, mixed techniques,
H: 8 cm — 24 cm

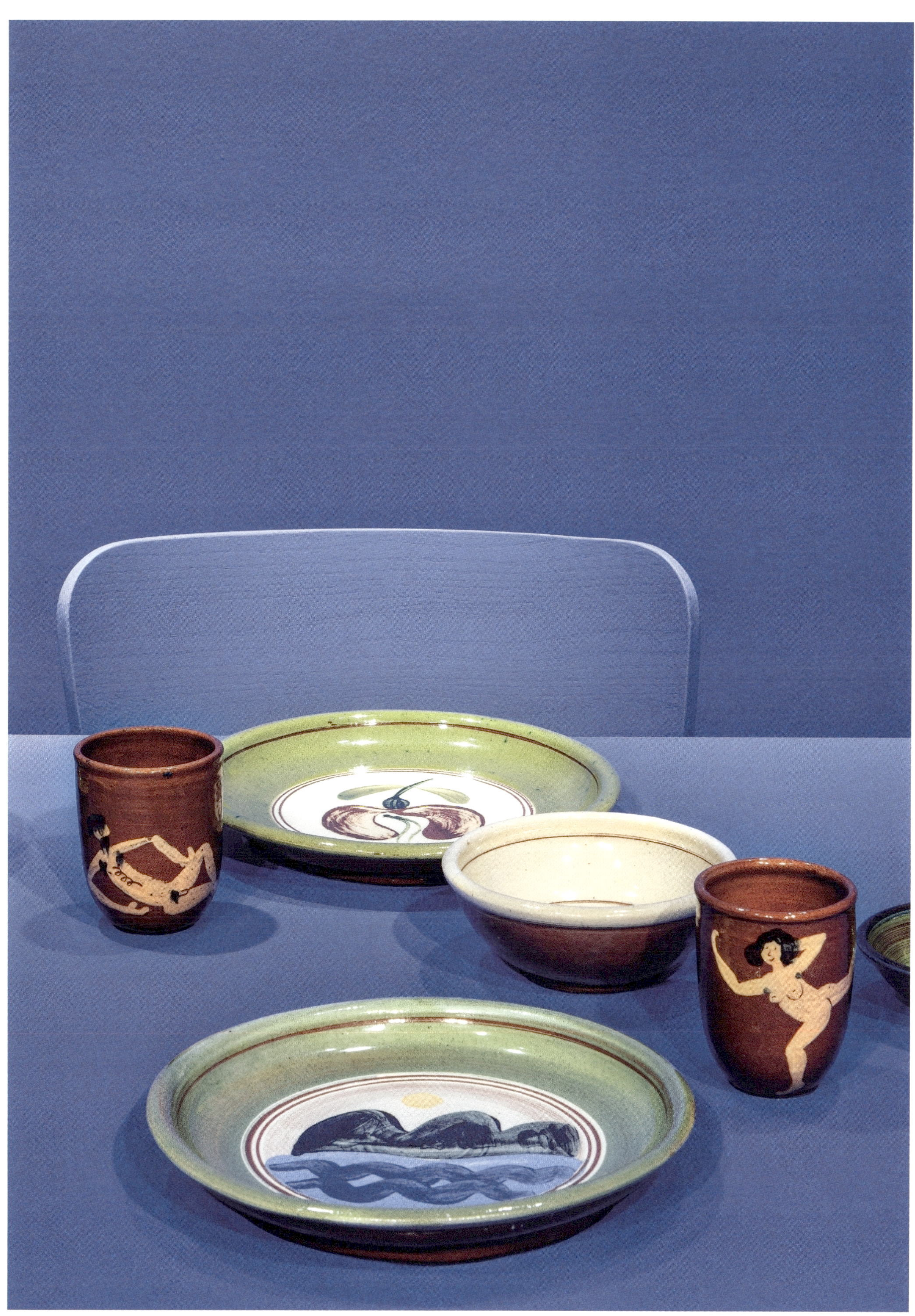

Pingvin-krukke, 1970s (H: 11 cm)
Skåler, 1970s (H: 12—15 cm)

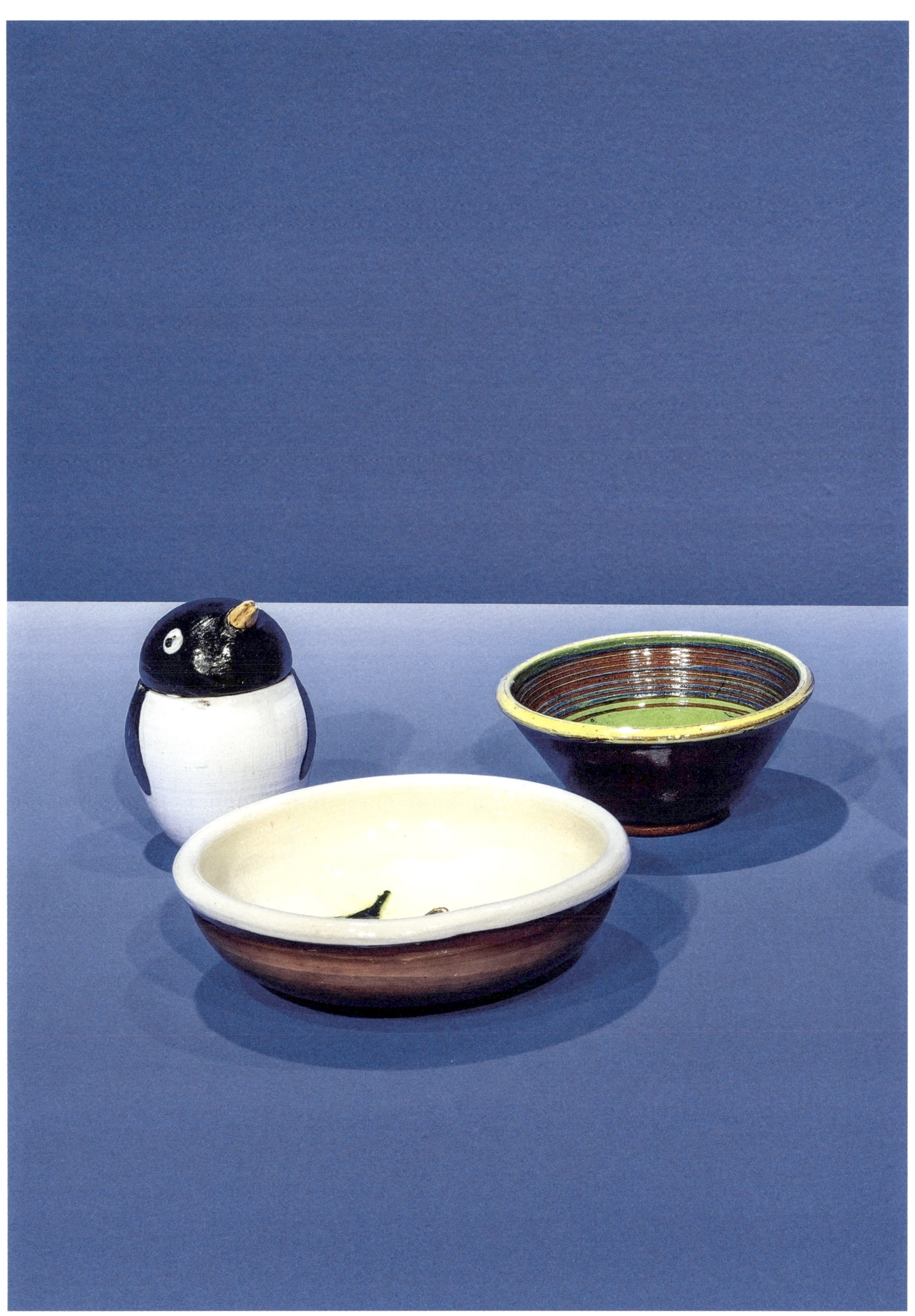

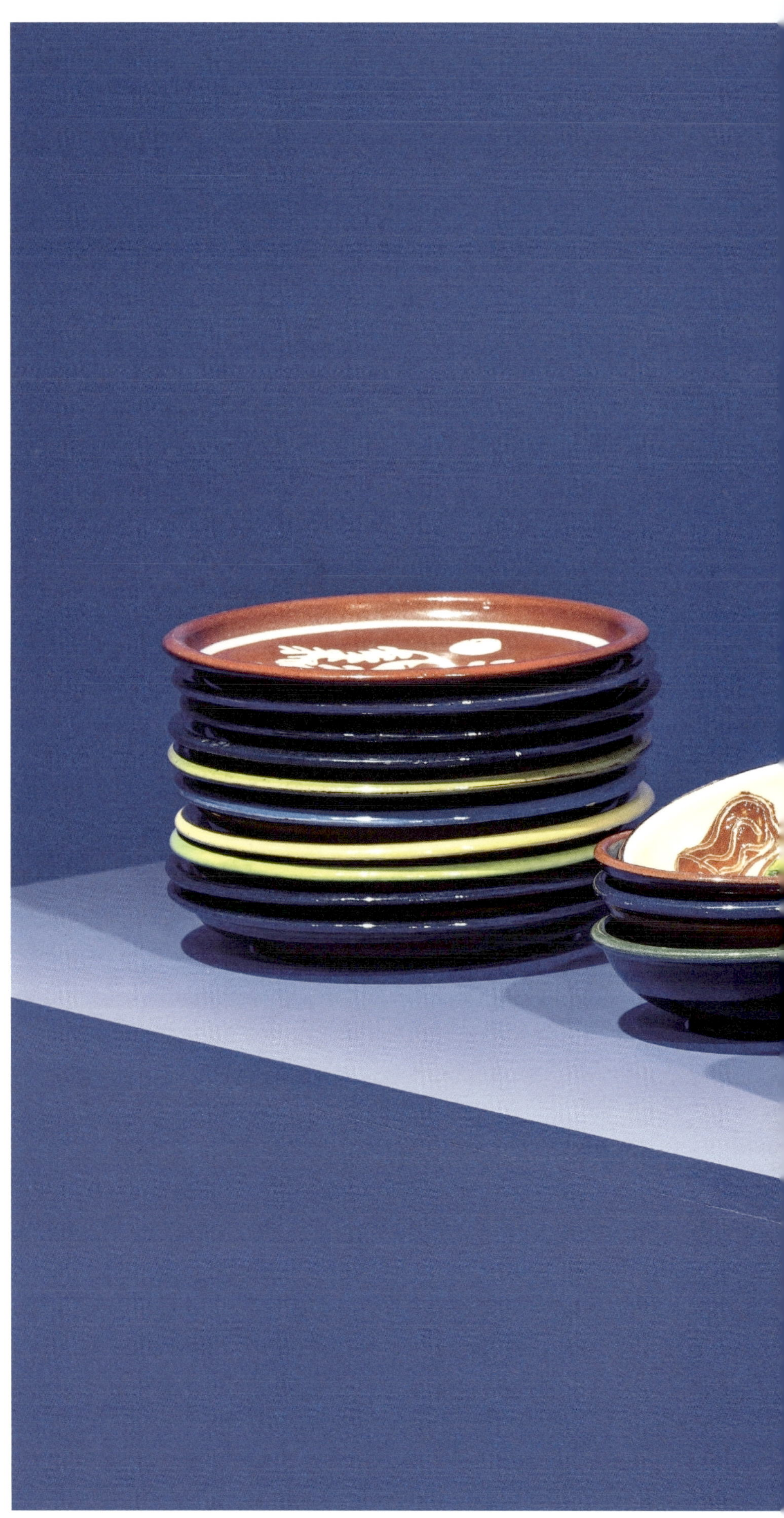

Protestkrus: Atomkraft? Nei takk!, 1970s (H: 8 cm)
Protestkrus: La jorda leve!, 1970s (H: 9 cm)
Protestkrus: Nei til burhøns!, 1970s (H: 9 cm)
Tallerken 1—10, 1979–80 (D: 24 cm)
Skål 1—4, 1970s (D: 15 cm)
Krus 1—6, 1970s (H: 9 cm)

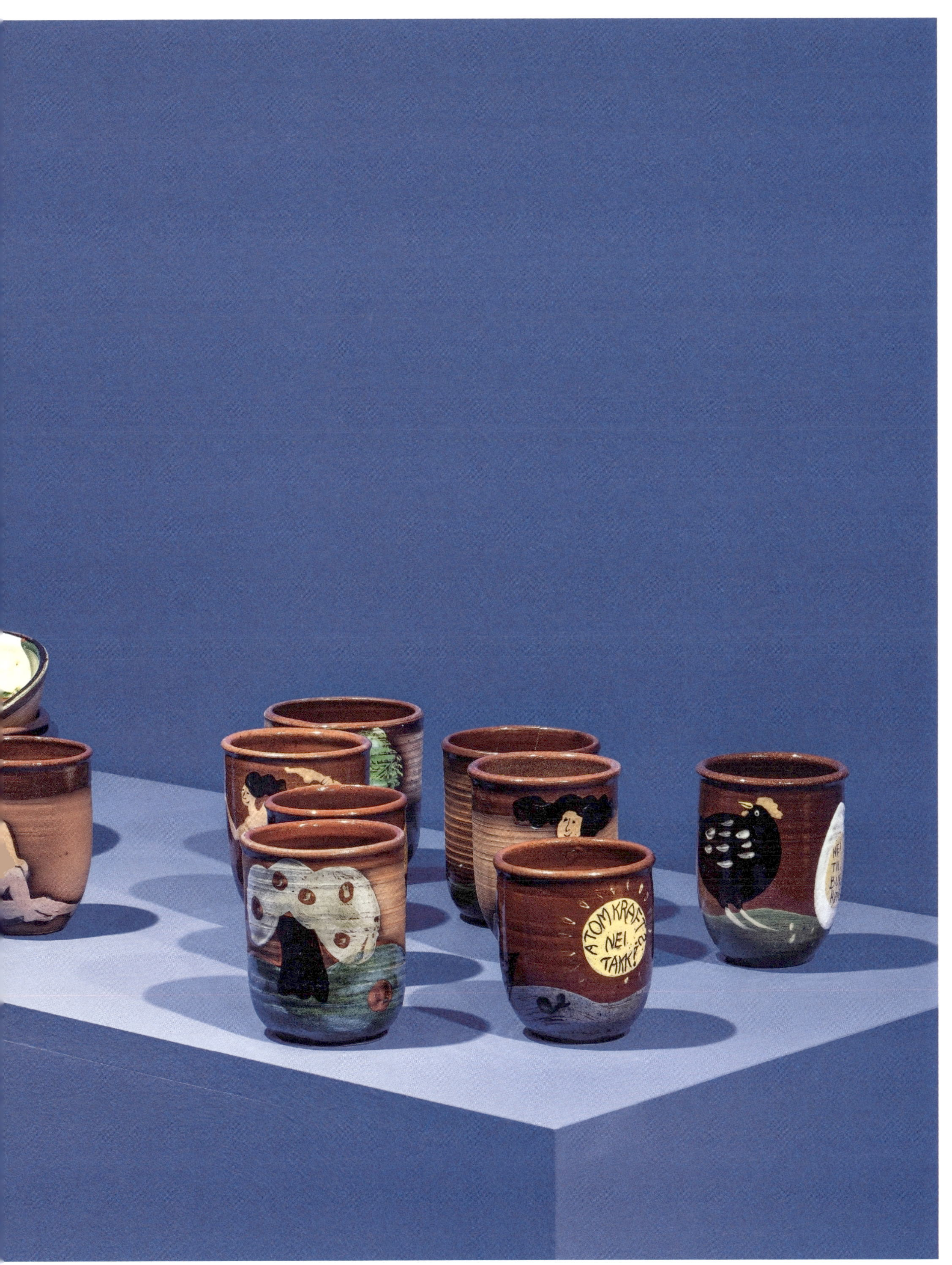

ATOM KRAFT
NEI
TAKK?

Protestkrus: Atomkraft? Nei takk!, 1970s (H: 8 cm)
Protestkrus: La jorda leve!, 1970s (H: 9 cm)
Protestkrus: Nei til burhøns!, 1970s (H: 9 cm)
Krus 1—6, 1970s (H: 9 cm)

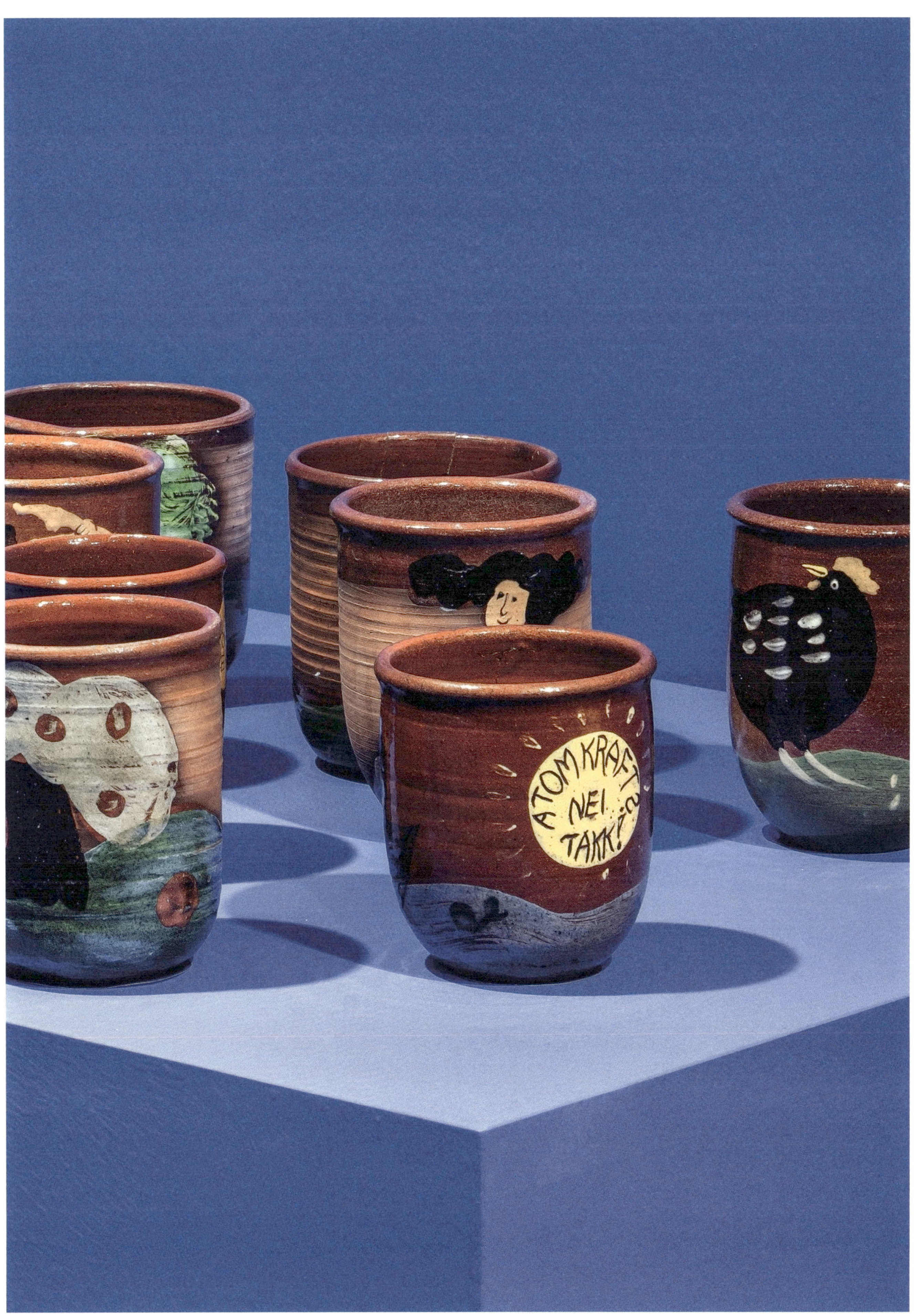
ATOM KRAFT
NEI
TAKK!

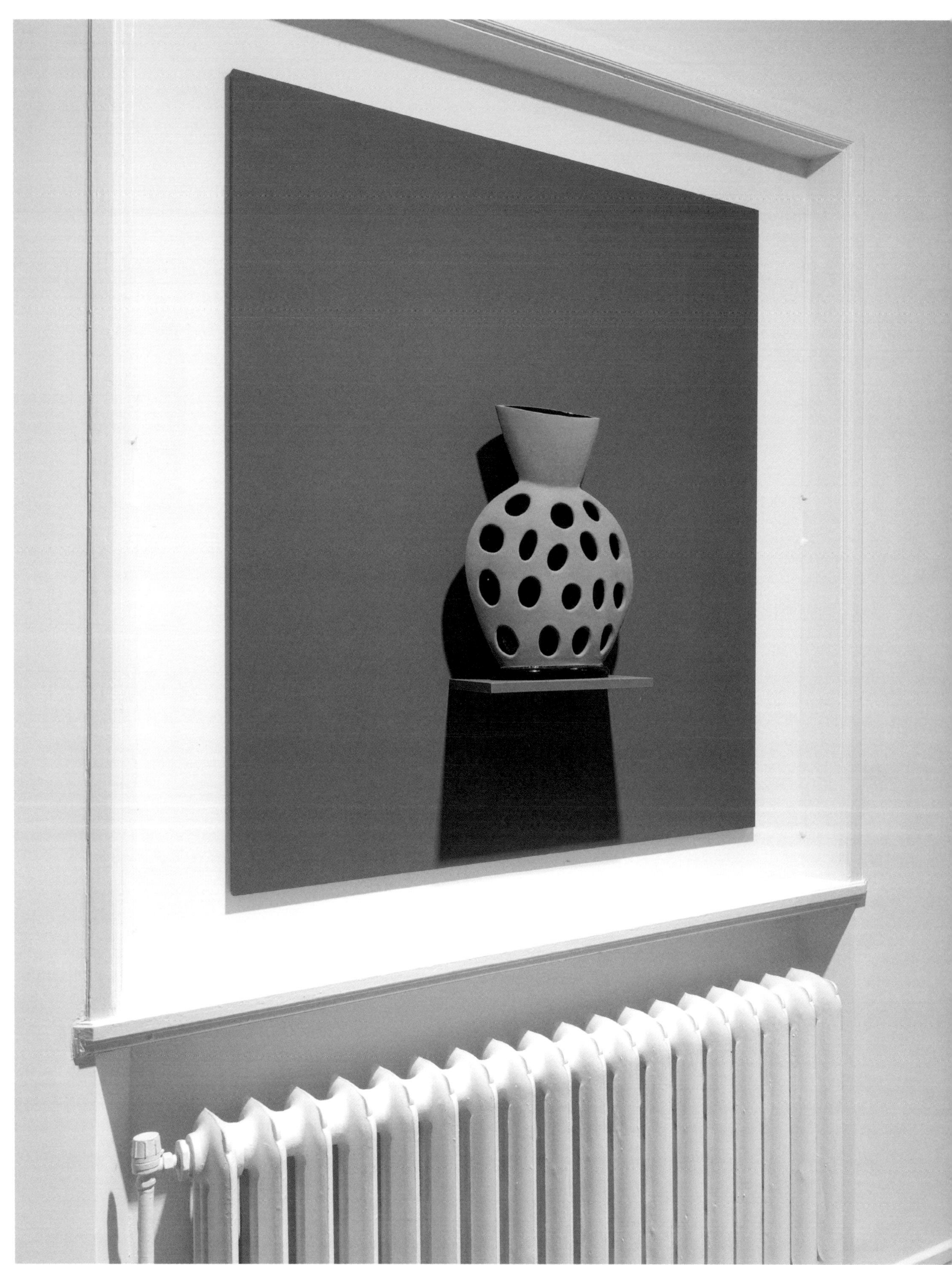

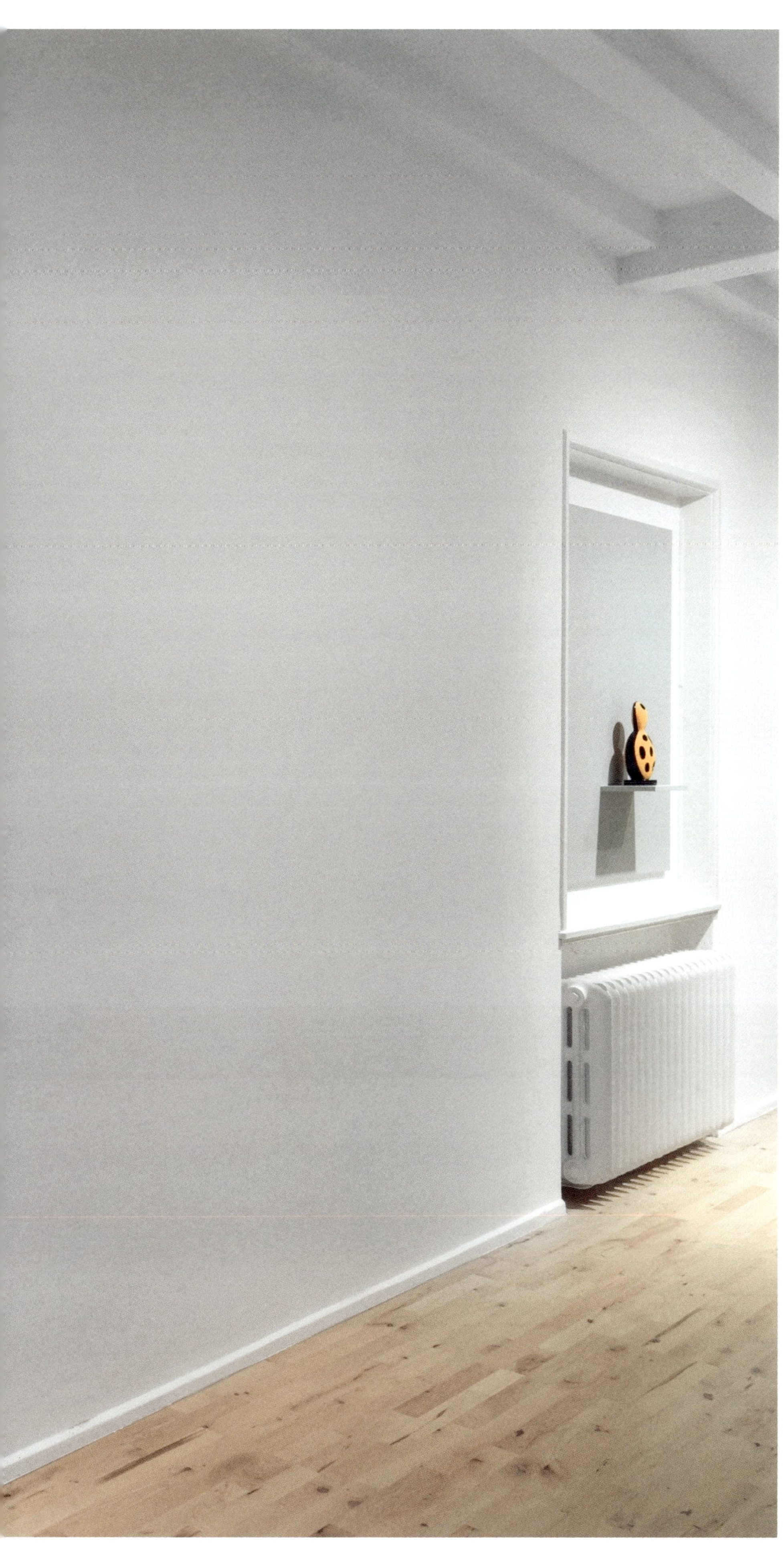

Hull, 2012 (H: 55 cm)
Småen, 2021 (H: 34 cm)

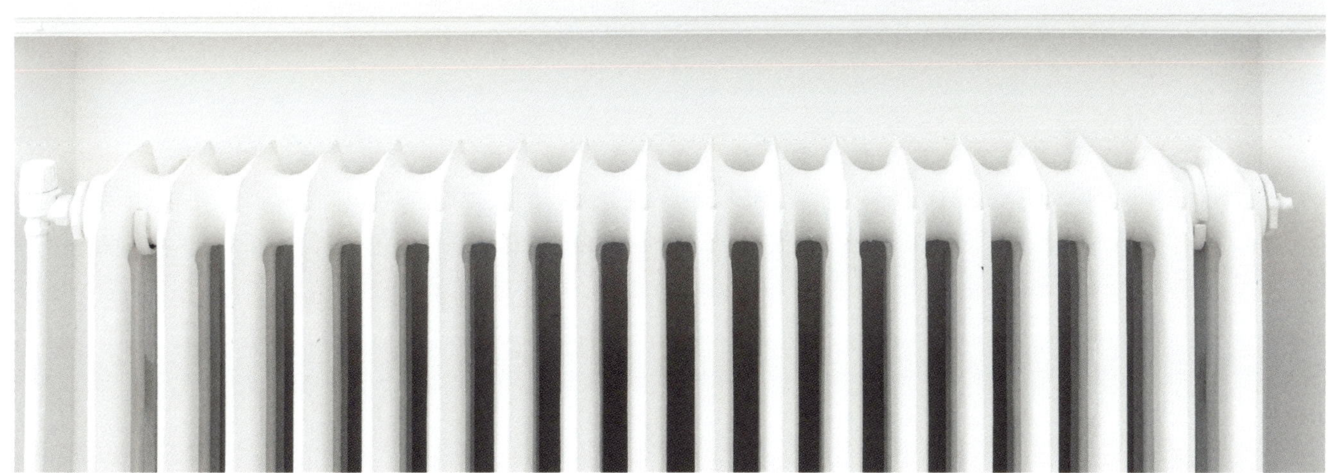

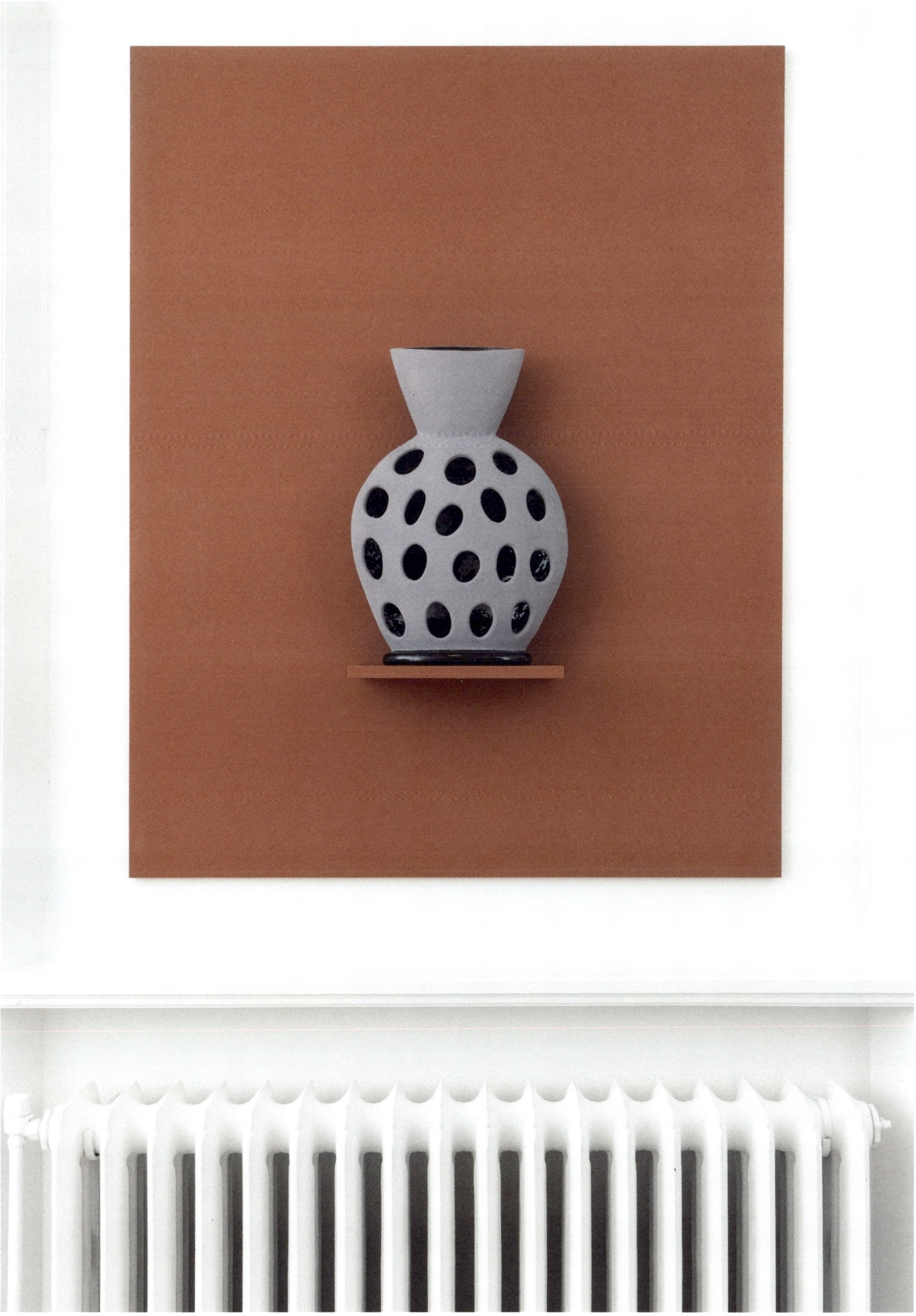

Småen, 2021 (H: 34 cm)

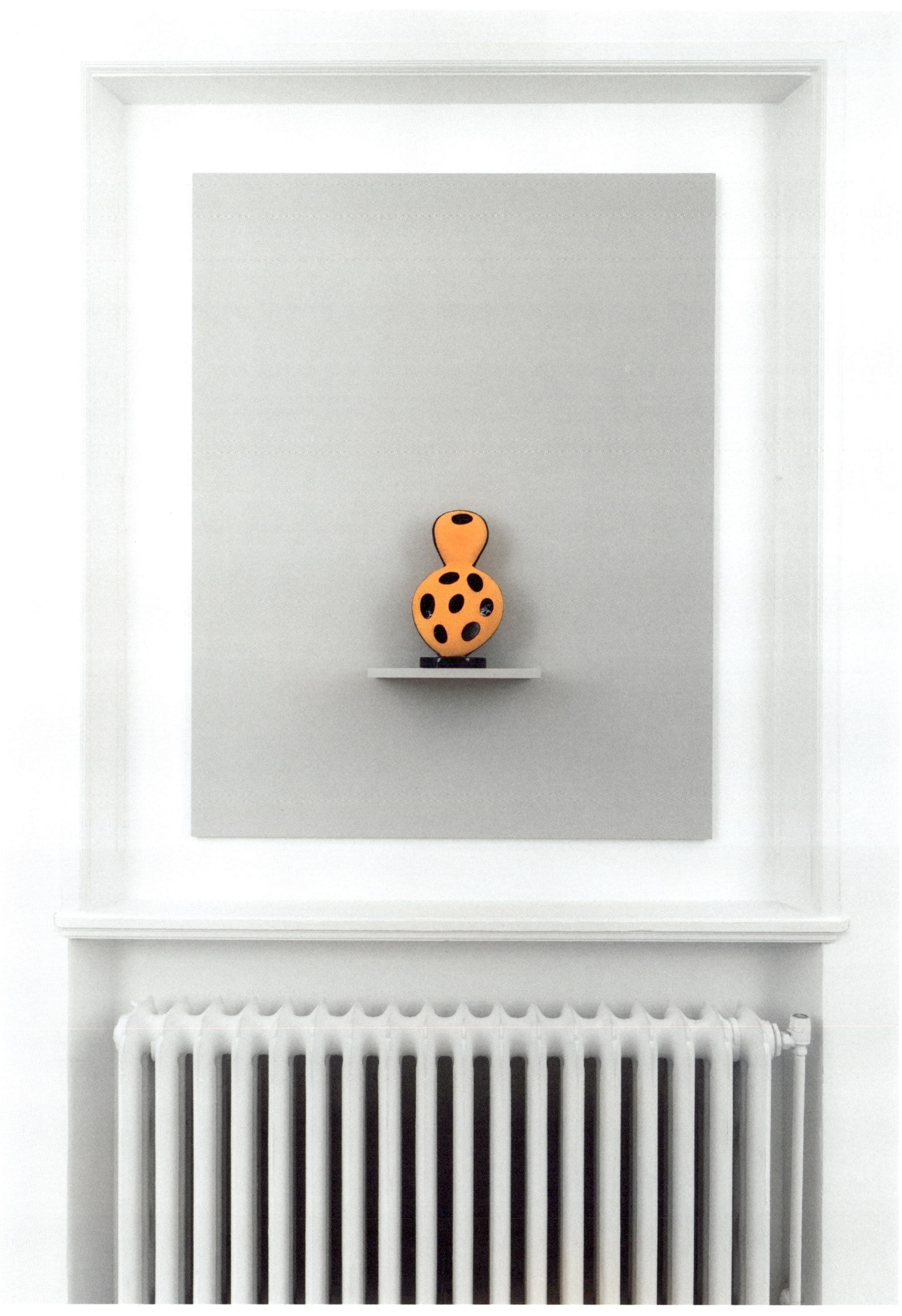

RETROSPECTIVE

Elisabeth von Krogh

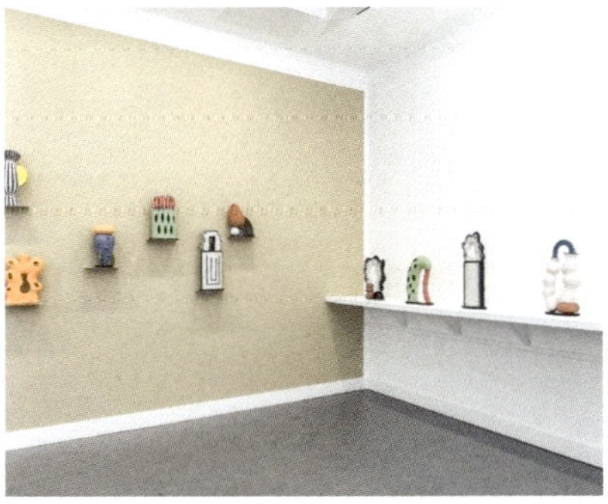

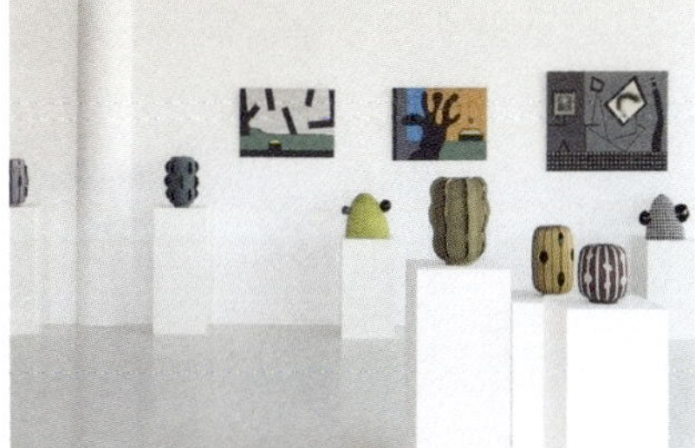

Fig. 1

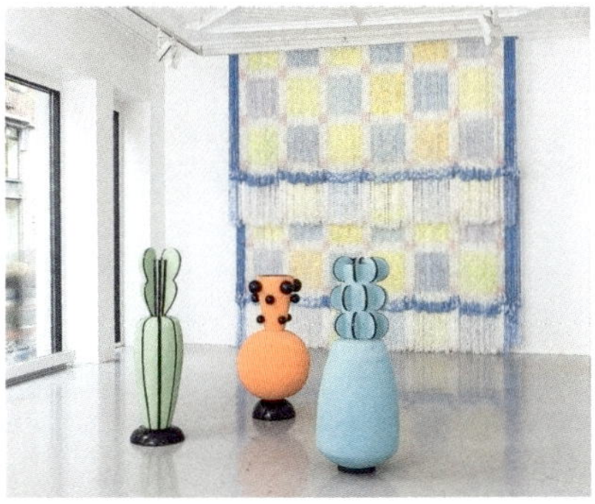

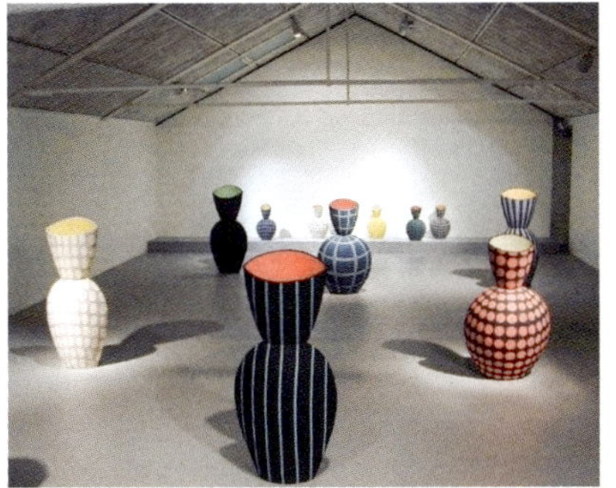

Fig. 2

Fig. 3

Fig. 4

Education

1967—1971	The National College of Art and Design, diploma 1971.

Solo Exhibitions

2024	*Retrospective—Prospective*, Haugar Art Museum, Tønsberg, Norway.
2022	*Entanglement*, Kunstnerforbundet, Oslo, Norway. [Fig. 1]
2019	*Constellations*, together with Ellen Grieg (textile). Format Gallery, Oslo, Norway. [Fig. 2]
2017	*Connection 8*, together with Tore Aarholt (collages). The Glass Barn Art Center, Hadeland, Norway.
2016	*Ceramic works*, Telemark Gallery, Notodden, Norway.
2016	*Connection 7*, together with Tore Aarholt. Sandnes Art Association, Norway.
2015	*Connection 6*, together with Tore Aarholt. The Yellow House, Asker, Norway.
2014	*Connection 5*, toghether with Tore Aarholt. Larvik Art Association, Norway. [Fig. 3]
2013	*Connection 4*, together with Tore Aarholt. Gallery Falkum, Skien, Norway.
2011	*Ceramic works*, Gallery Format, Bergen, Norway.
2010	*Connection 3*, together with Tore Aarholt. Gallery KS, Tønsberg, Norway.
2010	*Connection 2*, together with Tore Aarholt. Bærum Art Association, Norway.
2009	*Ceramic works*, Kunstnerforbundet, Oslo, Norway.
2008	*Connection 1*, Sandefjord Art Association, Norway.
2002	*Vessels*, Hå gamle prestegård, Jæren, Norway.
2002	*Illusions*, together with Bente Sætrang. Haugar Art Museum, Tønsberg, Norway.
2002	*Vessels*, Regional Art Centre, Bergen, Norway.
2001	*Vessels*, RAM galleri, Oslo, Norway. [Fig. 4]
1996	Lillehammer Art Association, Norway.
1994	Kunstnerforbundet, Oslo, Norway.
1989	Galleri Langegården, Bergen, Norway.
1989	Verkstedutsalget, Gabelsgate, Oslo, Norway.
1988	Galleri M, Åsgårdstrand, Norway.
1988	Galleri Snipetorp, Skien, Norway.
1987	Kunstnerforbundet, Oslo, Norway.
1982	Kunstnerforbundet, Oslo, Norway.

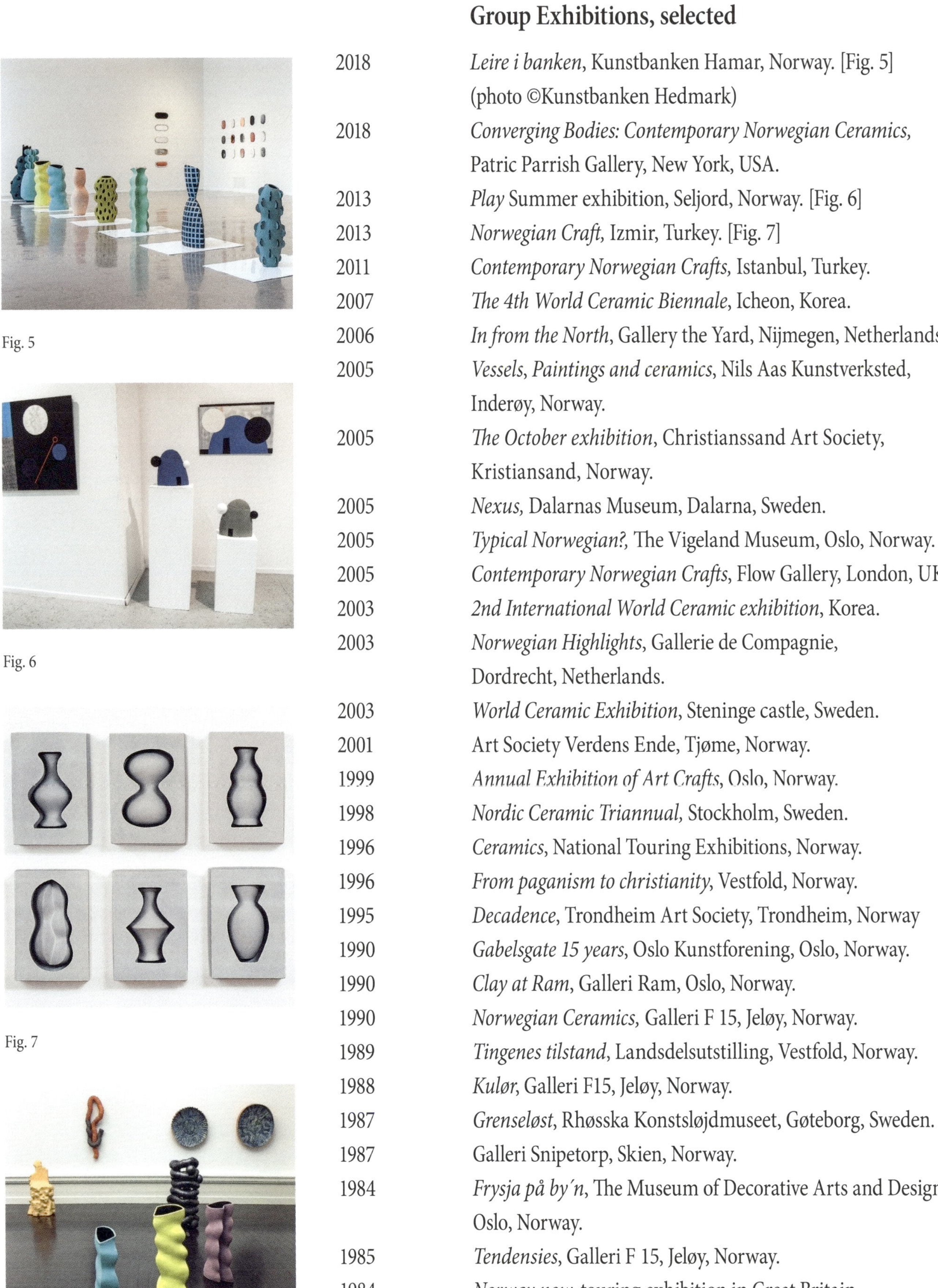

Fig. 5

Fig. 6

Fig. 7

Fig. 8

Group Exhibitions, selected

2018	*Leire i banken*, Kunstbanken Hamar, Norway. [Fig. 5] (photo ©Kunstbanken Hedmark)
2018	*Converging Bodies: Contemporary Norwegian Ceramics*, Patric Parrish Gallery, New York, USA.
2013	*Play* Summer exhibition, Seljord, Norway. [Fig. 6]
2013	*Norwegian Craft*, Izmir, Turkey. [Fig. 7]
2011	*Contemporary Norwegian Crafts*, Istanbul, Turkey.
2007	*The 4th World Ceramic Biennale*, Icheon, Korea.
2006	*In from the North*, Gallery the Yard, Nijmegen, Netherlands.
2005	*Vessels, Paintings and ceramics*, Nils Aas Kunstverksted, Inderøy, Norway.
2005	*The October exhibition*, Christianssand Art Society, Kristiansand, Norway.
2005	*Nexus*, Dalarnas Museum, Dalarna, Sweden.
2005	*Typical Norwegian?*, The Vigeland Museum, Oslo, Norway.
2005	*Contemporary Norwegian Crafts*, Flow Gallery, London, UK.
2003	*2nd International World Ceramic exhibition*, Korea.
2003	*Norwegian Highlights*, Gallerie de Compagnie, Dordrecht, Netherlands.
2003	*World Ceramic Exhibition*, Steninge castle, Sweden.
2001	Art Society Verdens Ende, Tjøme, Norway.
1999	*Annual Exhibition of Art Crafts*, Oslo, Norway.
1998	*Nordic Ceramic Triannual*, Stockholm, Sweden.
1996	*Ceramics*, National Touring Exhibitions, Norway.
1996	*From paganism to christianity*, Vestfold, Norway.
1995	*Decadence*, Trondheim Art Society, Trondheim, Norway
1990	*Gabelsgate 15 years*, Oslo Kunstforening, Oslo, Norway.
1990	*Clay at Ram*, Galleri Ram, Oslo, Norway.
1990	*Norwegian Ceramics*, Galleri F 15, Jeløy, Norway.
1989	*Tingenes tilstand*, Landsdelsutstilling, Vestfold, Norway.
1988	*Kulør*, Galleri F15, Jeløy, Norway.
1987	*Grenseløst*, Rhøsska Konstsløjdmuseet, Gøteborg, Sweden.
1987	Galleri Snipetorp, Skien, Norway.
1984	*Frysja på by´n*, The Museum of Decorative Arts and Design, Oslo, Norway.
1985	*Tendensies*, Galleri F 15, Jeløy, Norway.
1984	*Norway now*, touring exhibition in Great Britain.
1980	*Tendensies*, Galleri F15, Jeløy, Norway.
1975—1995	Annual Exhibitions of Art Crafts, Norway.

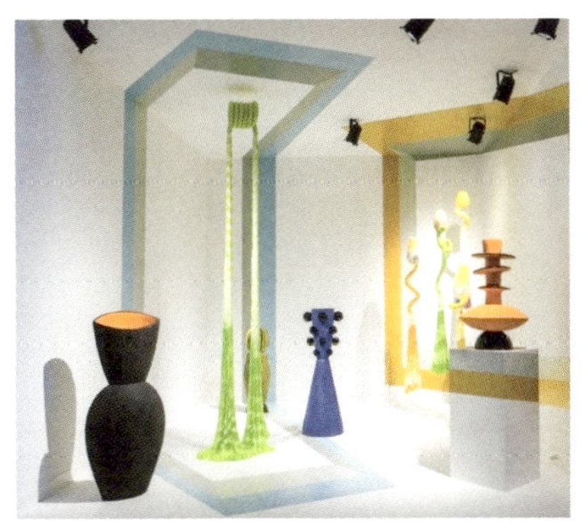

Fig. 9

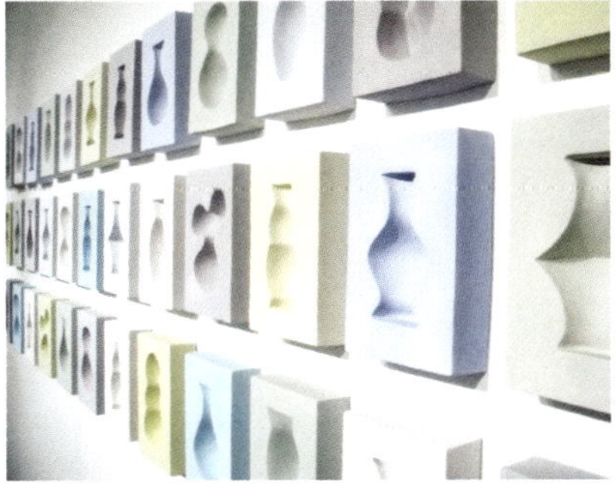

Fig. 10

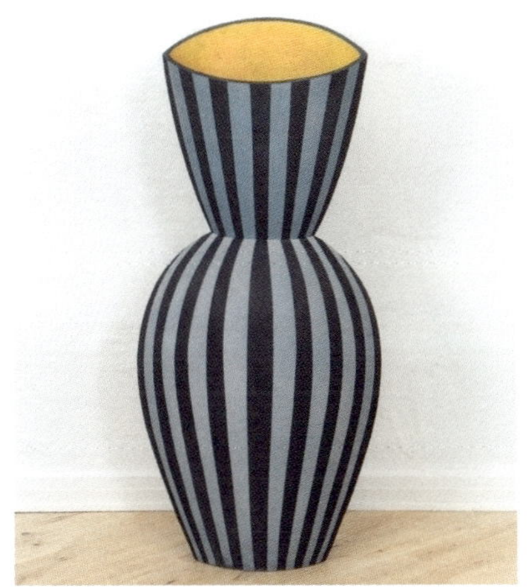

Fig. 11

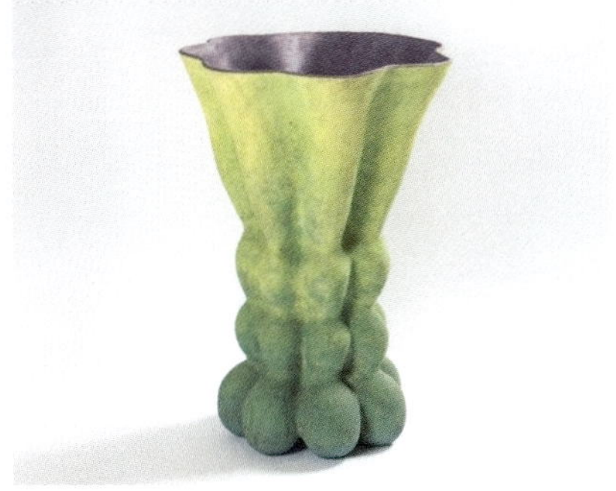

Fig. 12

Art Fairs

2019	Nomad, St. Moritz, Switzerland.
2018	Chart Design Art Fair, Copenhagen, Denmark. [Fig. 8]
2018	Collect, London, UK.
2017	Insurbordinate Creatures, with Ellen Grieg (textile), Curio Design Miami, USA. [Fig. 9]
2017	Taste Contemporary Craft and Big and Bold, Tresor Contemporary Craft Fair, Basel, Switzerland.

Public Collections/Purchases

2018	Bank of Norway.
2017	The Norwegian Craft Acquisition Fund.
2011	The Norwegian Craft Acquisition Fund.
2009	The Norwegian Craft Acquisition Fund.
2008	Kunstsilo, Norway.
2005	The National Museum, Norway. [Fig. 10]
2002	Arts Council Norway.
2003	The Fritt Ord Foundation. [Fig. 11]
1999	The Norwegian Craft Acquisition Fund.
1996	Vestfold County Council, Norway.
1996	Haugar Art Museum, Tønsberg, Norway. [Fig. 12]
1994	The Norwegian Craft Acquisition Fund.
1987	Rhøsska konstsløjdmuseum, Gøteborg, Sweden.
1983	National Museum of Decorative Arts and Design, Norway.
1987	National Museum of Decorative Arts and Design, Norway.
1992	National Museum of Decorative Arts and Design, Norway.
1984	The National Museum, Norway.
1988	The National Museum, Norway.
1990	The National Museum, Norway.
1982	Akershus County Council, Østfold County Council, Norway.
1985	Akershus County Council, Østfold County Council, Norway.
1982	National Touring Exhibitions, Norway.
1982	National Touring Exhibitions, Norway.
1987	National Touring Exhibitions, Norway.
1980	Arts Council Norway.
1982	Arts Council Norway.
1987	Arts Council Norway.
1988	Arts Council Norway.
1989	Arts Council Norway.
1994	Arts Council Norway.

Commisions

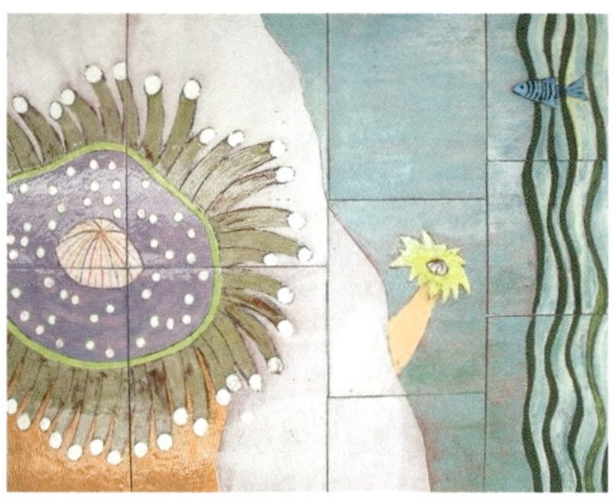

Fig. 13

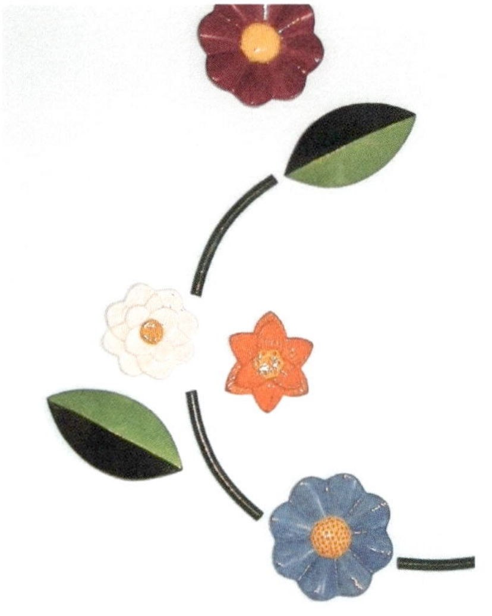

Fig. 14

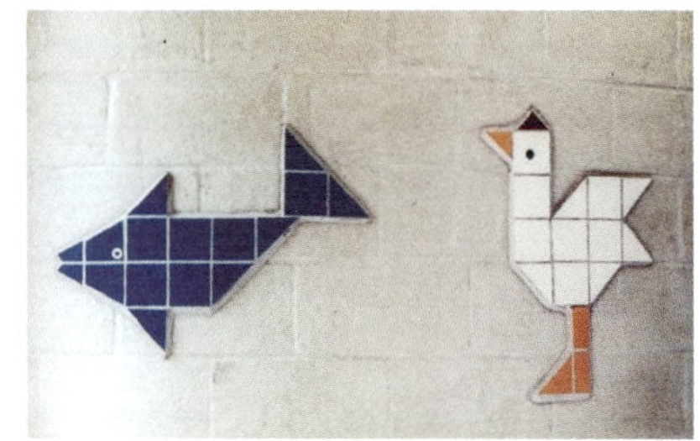

Fig. 15

2017	Færder Municipality, Municipal Council hall, Norway.
2016	Oslo Airport, Norway, *Arrangement of Five Jars*, new location and reassembly. [Fig. 13]
2014	Færder High School, Tønsberg, Norway.
2008	Oslo Airport, Norway, *Arrangement of Five Jars*, new location and reassembly.
2006	Odda Nursing Home, Odda, Norway. [Fig. 14]
2004	Gassco, Karmøy, Norway.
2004	Odda Primary school, Odda municipality. [Fig. 15]
2003	Departement of Health, Oslo, Norway.
2002	M/S Navigator of the seas, cruiseship.
2002	Vest–Agder Museum of Nature, Norway.
2002	Rosthaug Primary School, Åmot, Norway.
2002	Oseberg House of Culture and hotel, Norway.
2002	University of Bergen, Norway.
2001	Ministry of Government building, Oslo, Norway.
2000	HABU (Hability Center for children and youngsters), Vest–Agder County hospital, Kristiansand, Norway.
2000	Kirkebygden Primary School, Våler / Østfold, Norway.
1999	Drøbak Primary School, Frogn / Akershus, Norway. [Fig. 16]
1998	Oslo Airport, Norway, NSB Gardermobanbanen, Norway.
1998	Byfogdløkken health and social centre, Tønsberg, Norway.
1997	Bokkotunet Senior Centre, Odda, Norway.
1997	Kringsjå Primary School, Oslo, Norway.
1996	Parkgården Senior Centre, Hamar, Norway.
1994	Skien Prison, Skien, Norway.
1993	Sem Prison, Tønsberg, Norway.
1991	Bastø ferry M/S Østfold, Norway.
1990	Vest–Agder County hospital, Kristiansand, Norway.
1990	Kråkefjellveien HVPU-senter, Larvik, Norway.
1986	Hjerkinnhus Military camp, Hjerkinn, Norway.
1986	Vestfold County hospital, Tønsberg, Norway.
1985	Slemdal Primary School, Oslo, Norway.
1985	Paulus Nursing Home, Oslo, Norway.
1984	Lilleborg Nursing Home, Oslo, Norway.

Fig. 16

Grants

2023	3 year working grant; Statens kunstnerstipend, Oslo.
2017	Grant; Norske Kunsthåndverkeres fordypningsstipend, Oslo.
2017	Grant; The Arts Council Norway, Oslo.
1991—2014	Government guarantee income for Artists, Oslo.
1988	Grant; Statens reise og studiestipend for kunstnere, Oslo.
1981	3 year working grant; Statens kunstnerstipend, Oslo.
1979	Grant; Statens reise og studiestipend for kunstnere, Oslo.

Awards

1999	The Award for Art Crafts, Norway.
1998	Vestfold County award for artists, Norway.

Elisabeth von Krogh is a trusted member of
The Norwegian Association for Arts and Crafts

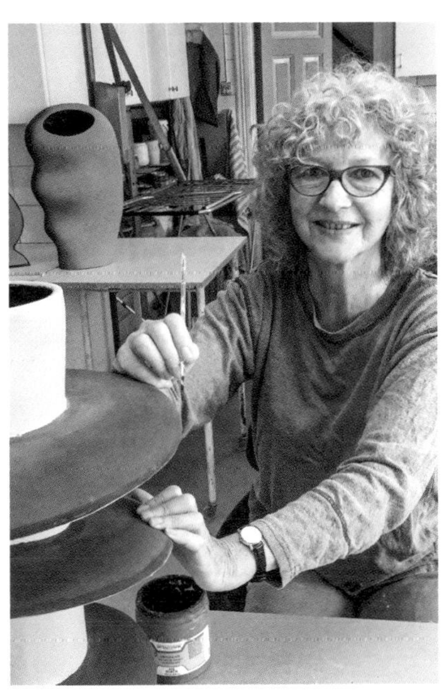

Elisabeth von Krogh,
Nøtterøy, 2017

The present publication is published on the
occasion of the exhibition *Elisabeth von Krogh:
Retrospektiv—Prospektiv | Retrospective—Prospective*
at Haugar Art Museum, Tønsberg, Norway,
January 27—May 20, 2024

www.arnoldsche.com

Editors and authors
Ida Bringedal, Kjersti Solbakken

Translation
Ella Jahr Nygaard

The titles of Elisabeth von Krogh's works are all in
Norwegian. As the titles are of a more general nature,
they have not been translated into English.

Copy editing
Wendy Brouwer, Stuttgart

Graphic designer
Anette L'orange, Oslo

Offset reproductions
Schwabenrepro, Fellbach

Printed and bound by
GPS Group, Villach

Paper
Munken Kristall 170 g/qm, Surbalin Glatt

arnoldsche Project coordination
Greta Garle

Bibliographic information published
by the Deutsche Nationalbibliothek
The Deutsche Nationalbibliothek lists this
publication in the Deutsche Nationalbibliografie;
detailed bibliographic data are available at
www.dnb.de.

ISBN 978-3-89790-718-8

Made in Europe, 2024

Photo credits
Øystein Thorvaldsen, Oslo
Bjørn Harstad, Tønsberg
Photo © Haugar Kunstmuseum

This publication is funded by
Norwegian Ministry of Foreign Affairs
and Norwegian Crafts.

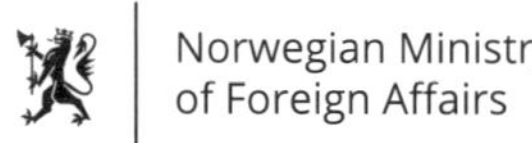